非洲法语国家
发展与合作

FRANCOPHONE AFRICA

DEVELOPMENT AND COOPERATION

主　编　张永宏　詹世明
副主编　林泉喜　张佳梅

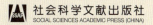
社会科学文献出版社
SOCIAL SCIENCES ACADEMIC PRESS (CHINA)

前　言

目前，以法语作为官方语言（之一）的非洲国家有 22 个，以法语作为通用语言的非洲国家有 5 个。非洲法语国家总面积约占非洲总面积的一半，人口约 2.5 亿（2010 年数据），资源丰富，市场潜力巨大。中非合作论坛建立以来，中国与非洲法语国家的合作进入了一个新的历史时期。2018 年 9 月 3 日中非合作论坛北京峰会在北京举行，北京峰会把中国发展同非洲发展更加紧密地联系起来，把"一带一路"倡议、联合国《2030 年可持续发展议程》、非盟《2063 年议程》和非洲各国发展战略更加紧密地结合起来，推动中非合作共赢、共同发展走向更加协调、均衡、可持续，带动、引领"南南合作"。加强对非洲法语国家的研究，对构建更加紧密的中非命运共同体和推进中非携手共建"一带一路"，具有重要的意义。

2018 年 8 月 26 日，在中非合作论坛北京峰会召开前夕，中国亚非学会、《西亚非洲》编辑部和云南大学非洲研究中心联合举办首届"非洲法语国家：发展与合作"学术研讨会。来自中国社会科学院西亚非洲研究所、北京外国语大学、北京语言大学、外交学院、国际关系学院、上海国际问题研究院、南京大学、中国海洋大学、武汉大学、天津职业技术师范大学、浙江师范大学、电子科技大学、西安外国语大学、湘潭大学、扬州大学、中非贸易研究中心、红河学院、云南大学等研究机构和高校的专家学者、媒体人士80余人出席研讨会。此次研讨会，是中国亚非学会、《西亚非洲》编辑部推动中国加强非洲法语国家研究的重要举措，在中国非洲法语国家研究领域具有里程碑意义。

研讨会围绕"发展与合作"这一主题，从"非洲法语国家与地区研究"、"非洲法语国家对外关系"与"中国的非洲法语国家研究"三个方面展开深入研讨。

在会议主旨演讲中，中国亚非学会会长张宏明教授指出，法国曾是非洲最大的殖民国家之一，自非洲独立之后，法国并没有像英国一样彻底退出非洲，而是与各个独立的原法属非洲殖民地国家通过双边或多边关系加强了对非洲法语国家的干预，以长期保持在非洲的影响力。法国已经形成了"四位一体"的全面对非政策，维持其自身在非洲法语国家的军事存在和军事干预。张宏明教授引用法国政坛长期流行的一句话，即"失去了非洲，法国将彻底沦为二流国家"，以此说明法国不会放弃在非洲的利益。非洲法语区凸显了法国在非洲的作用，尤其是在非洲法语国家中的作用。法国是最早将法非关系纳入基本法的国家，同时注重法非文化的交流与融合，进而维护法非关系在各个领域的协同。与之相应，非洲法语国家也重视与法国的关系。随着中国在非洲影响力的扩大，中法关系成为推进中非关系不可或缺的一部分，中法关系的良性互动也将显得至关重要。

外交部石晓璎参赞指出，由于难民问题、恐怖袭击和中国在非洲影响力的扩大，欧盟加强了与非洲国家的关系。除了加大对非投资外，德国还率先推出了"非洲马歇尔计划"，推动欧洲进一步关注非洲问题。近年来，欧非关系进入重塑与调整时期，欧洲对非合作的主导力量由英、法共同主导变为英国退居幕后，法国的影响力不断上升，德国也日渐活跃。石晓滢参赞认为，随着中国在非影响力的扩大，以及欧洲对非政策的开放，中欧非三方具有很好的合作前景。

刘鸿武教授指出，在中非关系上应以知识共同体来推动命运共同体，双方共同努力形成共同的知识体系，塑造共同利益，进而在中国学术界形成全面的国别学，以服务于国家发展战略的需要。为了实现这一目标，中国的非洲研究学者应以学科建设为本体，以智库服务为功用，以媒体传播为手段，以国际合作为路径，以扎根非洲为特色，这样才能更好地了解非洲，促进中非双方关系的良性互动。

甘雪春教授指出，中国云南省与法国有着深厚的历史渊源，红河也因其所处的地理位置，在云南省对外交往历史中发挥过重要的作用，较早受到法国文化影响，云南省首个外国领事馆就设在蒙自。滇越铁路是云南省的第一条铁路，原是法国殖民当局根据不平等条约修建的，是连接云南省和越南的重要通道。

在分主题研讨阶段，有的学者从宏观层面对非洲法语国家进行整体探讨，有的学者则聚焦个案考察，进行细致的实证分析。例如，中国社会科学院西亚非洲研究所王洪一副研究员指出，民族矛盾、大国矛盾和地区经济结构的重组是导致非洲法语地区"去法语化"的重要原因；语言重叠地区种族矛盾不断加剧，加上非洲法语地区一体化趋势的增强，使非洲法语国家陷入了认同危机，这会影响到中非关系的发展。云南大学非洲研究中心王涛副教授从"反恐"的视角，指出以往的反恐斗争是针对单个恐怖组织的，其效果是极其有限的，这也使反恐斗争进入效果不理想的恶性循环，出现了"越反越恐"的现象。因此，他提出应从恐怖组织的体系层面着手，研究恐怖组织体系中各个单元的分类、互动，以及其目标的异同，进而了解恐怖组织的体系文化，从而在体系上对其进行瓦解。中国社会科学院西亚非洲研究所的孟瑾助理研究员以科特迪瓦为例，分析了非洲法语国家的冲突管理，认为最高层次的政要和军事领导人、中间层次的宗教和学术团体的个人和领袖以及最低层次的地方组织机构之间产生的"信任危机"，降低了政府机构的效能和公信力，这不利于其国内经济的发展和社会矛盾的解决。中国前驻卢旺达大使舒展通过对卢旺达本土治国理政实践的个案考察，揭示了该国治国理政的原则和内容，指出卢旺达实行绩效合同制的目的是反腐，实行轮换制则减少了反对小集团的形成；倡导国际价值观与本土价值观的融合，这既承认了民主与自由，也认可了本地民族的优良品德。浙江师范大学非洲研究院赵俊副研究员对卢旺达的"Girinka"和"Umuganda"两项政策的实地调研进行解读，指出卢旺达探索的发展道路相对比较成功，但其国内依然面临人口出生率高和人地矛盾等挑战。中国海洋大学贺鉴教授考察了阿尔及利亚宪法变迁的背景和在不同时期的表现，分析了不同发展时期影响宪法变迁的原因。云南大学非洲研究中心梁益坚副研究员指出，阿尔及利亚在2017年面临的经济低迷、民生危机、社会裂痕与政改滞后等问题令其内政面临多重危机，如国内青年失业率高、通货膨胀严重、外汇储备锐减和私营经济发展乏力，加之近年受国际原油价格持续走低的影响，阿尔及利亚经济增速放缓，社会矛盾也日益突出，是又一个受"资源诅咒"困扰的国家。中国社会科学院西亚非洲研究所郭佳助理研究员通过对刚果（金）选情的分析，指出该国国内派系林立、反对派不断分裂重组，再加上其东北部、东部和东南部的人道主义危机，因而其国内的选举一拖再拖。中国社会科学院西亚非洲研究所李文刚副研究员分析了尼日利亚与法语邻国在非传统安全领域的合作。浙江师范大学中非国际商学院黄玉沛讲师分析了中国与刚果（布）产能合作的现状和启示。

在非洲法语国家与法国的关系方面，外交学院非洲研究中心李旦教授对法国与非洲法语国家的双边贸易、对非投资和援助以及人员往来进行了深入分析，指出法国通过非洲法郎、官方援助、债务管理、行业巨头和文化产业，强化了其在非洲法语国家的影响力，与此同时，法国因素在一定程度上制约了中国与非洲法语国家经贸关系的进一步发展。国际关系学院非洲研究所刘天南副教授从法国的"影响力外交"引出法国对非洲法语国家的主要文化策略，对法国影响力外交未来的发展趋势进行剖析。外交学院法语国家研究中心齐建华教授聚焦《法国在非洲：传统与现代的较量》一书，指出非洲的非殖民化并没有从根本上改变法国与非洲的关系。天津职业技术师范大学非盟研究中心潘良助理研究员通过对非盟委员会换届的系统查证，指出非洲法语国家与英语国家之间的矛盾与分歧，认为非洲法语国家处于相对优势地位，中国在进入非洲市场时应避免卷入两者的矛盾，否则将恶化两者的矛盾。

关于非洲法语国家与中国关系，学者主要集中探讨了双边的经贸合作。中非贸易研究中心李振岩先生结合中资企业在非洲法语国家的发展现状，指出其品牌构建中存在的问题，并提出中国企业在非洲法语国家健康发展的相关建议。人民日报社主任编辑王南通过对"资源换项目"模式利弊的对比分析，认为该发展模式依旧适合中非经贸合作。上海国际问题研究院宋卿助理研究员对喀麦隆克里比港进行个案分析，指出非洲法语国家依旧把法国视为其长期的合作伙伴，随着中国与非洲经贸合作的不断加深，中、法、非三方进行合作是符合各方利益的选择。电子科技大学西非研究中心李宏亮副教授分析了中国汉语国际推广在非洲遇到的挑战与不足，提出应采取适应于非洲的本土预科教育模式，以解决非洲学生赴中国留学所遇到的语言障碍问题。此外，南京大学非洲研究所张振克教授分析了布基纳法索的资源环境、经济结构和中布合作潜力，浙江师范大学非洲研究院姜恒昆副研究员分析了达尔富尔问题对乍苏关系的影响，云南大学非洲研究中心林泉喜讲师分析了法国《世界报》发布"中国监听非盟"虚假报道事件，中国海洋大学博士研究生王玉全分析了非洲法语国家海洋入宪及其对中国的启示等。

在"中国的非洲法语国家研究"研讨方面，北京外国语大学法语系李洪峰教授分析了国内非洲法语国家研究的现状，指出法语专业教师多是语言文学研究方向，对非洲国家的研究还不够，应创办刊物，举办定期的研修班，培养相关人才，共同推进非洲法语国家的研究。北京语言大学非洲研究中心主任李岩围绕北语非洲研究中心的建立和学术研究队伍的建设，介绍了北语对非洲法语国家的研究现状和学术成果。还有一些学者对中、法与非洲法语国家的关系以及非洲的法语文学进行解读，如盐城师范学院的游滔副教授指出，虽然中国已经成为非洲重要的贸易伙伴，但中、法对非贸易结构相似度高达60%，这说明双方在非洲的贸易竞争较大，这就需要中法在经贸领域求同存异、合作共赢。云南大学非洲研究中心夏艳讲师以塞内加尔的法语文学为例，指出其著名诗人桑戈尔在深受法国文化影响的同时，其作品中也反映出非洲的传统与文化。

此次研讨会主题多样、内容丰富，取得了丰硕的成果。第一，为推动我国对非洲法语国家的研究奠定了基础。主旨演讲从法非关系、欧非关系、中非关系的角度，深刻阐述了法非关系的历史脉络、主要节点、重要特征和变化趋势，欧非关系的进展和走势，中非关系的深层建构，为中国的非洲法语国家研究建立了系统的认知框架。第二，展现了非洲法语国家研究的丰富内涵和广阔的空间。研讨会围绕"非洲法语国家与地区研究"、"非洲法语国家对外关系"与"中国的非洲法语国家研究"等主题展开深入交流，涉及议题广泛而多样，包括法国对非政策、法非政治经济文化关系、非洲法语国家间关系、非洲英语区与法语区关系、中国与非洲法语国家的合作、中国企业在法语非洲的品牌建设、中法非三方合作，以及非洲法语国家的本土治理、经济转型、去法语化与认同危机、宪法变迁与政治发展、海洋入宪、选情观察、产能合作、非传统安全、冲突管理、教育、文学、非遗保护、恐怖主义体系结构等，此外还涉及中国对非洲法语国家的研究现状、研究机构建设案例、发展报告编纂等学术共同体建设问题。第三，为中国非洲法语国家研究领域青年学者的茁壮成长培植土壤。参会青年学者们扎根非洲做调研，注重案例剖析，思想活跃、研究深入。为此，中国亚非学会、《西亚非洲》编辑部、云南大学非洲研究中心将会议论文结集出版，为中国非洲法语国家研究领域的学术共同体建设添砖加瓦。

中国亚非学会

《西亚非洲》编辑部

云南大学非洲研究中心

2019 年 6 月

目　录

非洲法语国家与中国关系

法国对非政策及法非关系的特点

——在"非洲法语国家：发展与合作"学术研讨会上的发言

张宏明

我虽然也断断续续做了多年的法非关系研究，但参加以"非洲法语国家"为专题的研讨会，还是第一次。我觉得本次研讨会的主题非常好，非洲法语国家和法非关系的确非常值得研究。

一是因为非洲法语国家和法非关系本身比较特别。非洲有22个讲法语的国家，体量大，占到非洲国家总数的近一半，而且由于法国在其间的作用，以及法国对非政策的特点，法语非洲既不同于英语非洲，亦有别于葡语非洲。有时我也在想，大多数非洲国家独立都已经半个多世纪了，而"法语非洲"或"非洲法语国家"这样一个多少带有殖民主义遗存或宗主国"势力范围"色彩的"老称谓"，还能一直沿用至今，总有它的道理。当然，英语非洲、葡语非洲这样的称谓也有使用，但使用频率远不如法语非洲这样高。

另外，从独立后非洲国家与前宗主国之间关系的疏密程度来看，非洲法语国家与法国之间的关系也是最为密切的，多数非洲法语国家都与法国在政治、经济、安全、文化等方面维系着紧密的联系，甚至许多非洲法语国家与周边国家之间的互动还不如与法国之间密切。突出体现在，在相当长时期内，基于实际需求和利益考量，许多非洲法语国家的外交重点并不在周边邻国或地区国家，而更看重维系与法国的特殊关系。

二是因为法国是中国在非洲的最大利益攸关方。提到非洲法语国家，自然也就离不开法国，否则也就无所谓法语非洲了。历史上，法国曾经是非洲最大的殖民宗主国。事实上，现在所谓的非洲法语国家，除了3个前比属非洲殖民地之外，主要是从法属非洲殖民地演化而来的。因此，法国始终将法语非洲视为其势力范围。自20世纪90年代中期中国持续加大对非工作力度以来，从实际情况来看，中国"走进非洲"和在非洲活动的国际阻力主要来自老牌殖民主义国家，法国排在首位。

原因在于，非洲特别是法语非洲，是法国海外利益最集中、经营时间最长、传统影响最深的区域所在。因此，法国是中国"走进非洲"和在非洲活动绕不开的利益攸关方。事实上，中国在非洲的利益已经要与法国在非洲的利益发生碰撞了。从趋势上看，在常态情况下，中国和法国互为在非洲最主要的利益攸关方，基于"大国与非洲关系"与"大国在非洲关系"之间的互动效应，中国和法国各自与非洲关系的变化，都会在一定程度上对彼此在非洲的利益关系产生影响。

三是因为非洲法语国家及法非关系研究的个人情结。我自1982年进入中国社会科学院西亚非洲研究所工作伊始，就被安排从事法非关系研究；1985年至1988年我在中国社会科学院研究生院攻读研士学位时写的学位论文是《论密特朗时期法国对非政策的连续性》；我出国进修的第一个国家也是非洲法语国家：1988年至1989

年，我在塞内加尔达喀尔大学"黑非洲基础研究所"进修了一年；
20世纪90年代，我先后两次常驻的国家也都是非洲法语国家，头
一次是1991~1993年在中国驻几内亚使馆调研室工作，第二次是
1995~1998年在中国驻贝宁使馆调研室工作。之后，我又赴法国波
尔多"黑非洲研究中心"做访问学者，研究课题是中非关系与法非
关系比较研究。

我讲这些主要想表达的意思是，以我个人30多年的工作经验，
非洲法语国家和法非关系确实值得研究。接下来，我就同各位专
家、学者交流一下"法国对非政策及法非关系的特点"，这也是今
天我发言的题目。

在世界主要国家中，法国的非洲政策是颇具特色的。从历史上
看，法国在殖民时期所奉行的土著政策就与英国存在明显差异：英
国的政策被概述为"间接统治"，而法国在许多殖民地奉行的是
"文化同化"政策。

法国在"非殖民化"进程中对其非洲殖民地的"政治安排"
也不同于英国。相对而言，英国在非洲国家独立后撤退得比较彻
底，而法国则不然，通过一系列双边和多边合作协定继续维系着法
国在非洲的各种权益和影响。

自戴高乐确立了法国对非合作政策之后，在长达60年的时间
里，法非关系或者说法国在发展对非关系上形成了一些有别于其他
大国的特色，我把它归纳为以下几个方面。

其一，注重维系法国与非洲法语国家之间的特殊关系。由于
历史、语言、文化等方面的渊源，长期以来，法国对非合作对象
主要囿于非洲法语国家。自法兰西第五共和国的缔造者戴高乐将
军确立法国对非合作政策之后，从蓬皮杜到马克龙，爱丽舍宫虽

然七易其主，但无论是右翼执政还是左翼掌权，法国历届政府都十分重视发展和维系与非洲法语国家之间的特殊关系。虽然社会党人密特朗总统在主政初期曾试图打破这一传统，提出要扩大对非合作的地理范围，一视同仁地对待所有非洲国家，奉行所谓"大非洲政策"，但是，这一政策很快便无果而终。原因是，该政策一出台便受到非洲法语国家领导人的强烈抨击，一度使法非关系陷入危机，迫使密特朗总统本人一再明确表示：法非合作仍以非洲法语国家为中心。

诚然，进入21世纪后，法国对非合作对象已不仅仅局限于非洲法语国家，但法国对非合作政策的内核并未发生实质性的变化，这在法国对非援助中体现得尤为明显。与贸易和投资等商业行为不同，官方发展援助是一种政府行为，因而它最能体现一国对非政策的本质。而法国对非援助的主要对象国始终是非洲法语国家，特别是法郎区国家和马格里布国家，意在维系和巩固法国在非洲的传统势力范围。统计数据显示，在21世纪的前15年，在接受法国援助排前10位的非洲国家中，除了埃及之外，其余均为非洲法语国家。我想其中的原因或许有很多，但最关键的一条就在于：法语非洲是法国海外利益最集中、经营时间最长、传统影响最深且法国外交需要借重的区域所在。这也正是我接下来要讲的第二个特点。

其二，非洲在法国全球战略中具有非常明确的定位。大家知道，法国外交战略的核心是争取大国地位。长期以来，用以支撑这一战略的两大支柱或两大"地区政策"，一个指向欧盟，一个指向非洲，而上述两大"地区政策"，又分别以法国与德国的合作、法国与非洲法语国家的合作为轴心。在巴黎的战略构想中，法德合作旨在使欧盟成为"多极世界"中的一极，法非合作旨在增进法国与非洲发展中国家的关系，进而强化法国在欧盟中的地位，法国则依托欧盟并在欧盟这一极中发挥其"大国作用"。

在过去半个多世纪中，法国正是通过借重非洲和欧盟，发挥着超出其实际国力所及的国际影响。有一个非常形象的比喻，法国拿着二等座票，坐的却是头等舱。由此可见，非洲是法国争取发挥"大国作用"之重要依托。实际上，戴高乐将军在酝酿和制定法国对非合作政策伊始，设定的政治目标就十分明确，用戴高乐自己的话说就是"法国将在非洲国家的参与下进行世界性的活动"。时至今日，法国对非洲的这一政治诉求依然没有发生任何变化。法国舆论和政界人士从不讳言：如果法国失去在非洲的影响力，那么法国在国际舞台上就无法继续发挥重要作用，甚至认为"失去了非洲，法国就彻底沦为一个二流国家"。正是鉴于非洲在法国外交战略中的地位和作用，法国绝不会放弃非洲。

其三，"四位一体"相互关联的机制化合作关系。在世界主要国家中，法国的非洲政策一向被公认为是最为完整的。法国与非洲国家间的合作关系自诞生之日起就涵盖政治、经济、军事、文化等诸多领域，并且各领域合作是构筑在一系列条约或协定基础之上的。在世界主要国家中，法国是最早将其与非洲的合作关系纳入机制化轨道的域外大国。诸如：在政治层面有多边性质的"法非首脑会议"政策磋商机制，在经济层面有双边贸易及投资保护协定及多边性质的"非洲法郎区"货币合作机制，在军事层面有双边"防务条约"及"军事技术合作协定"，在文化层面有双边教育合作、文化交流协定及多边性质的"法语国家组织"等。

法国对非合作的政策目标之一，就在于维系法非各领域合作的协同发展，以最大限度地维系和拓展法国在非洲的利益。法国亦不讳言，在同非洲的关系中，一切都是互相联系的。法国正是通过政治、经济、军事、文化"四位一体"的合作关系，维系着法国在非洲的传统影响和各种权益。

其四，维系法国在非洲的军事存在和军事干预。法非军事合作在整个法非关系及法国对非政策中始终占有特殊而重要的位置，并且是法国对非政策及法非合作关系有别于其他域外国家的一个显著标志。世界上没有任何一个国家像法国这样，在非洲国家独立后始终常态化地在非洲维系大规模的军事存在（包括军事基地和驻军），并频繁对非洲国家进行军事干预。

尽管冷战终结后，法国在逐步削减其在非洲的军事存在，但法国依然是世界主要国家中在非洲保持军事存在规模最大，同时也是对非洲军事干预频率最高的域外国家。从趋势上看，法国也不会轻易放弃这一传统，因为这是在竞争日趋激烈的"大国与非洲关系"及"大国在非洲关系"中，维护法国利益进而展示法国对非洲事务主导权的重要手段，同时也是法国在非洲的传统优势所在。此外，非洲与法国的国防建设息息相关，也是另一主要原因。法国本土战略资源匮乏，法国制造核武器和常规武器所需的军工原料绝大部分依靠进口，而非洲则是这些原料的最大来源地。

其五，法国高度重视法非文化合作。法国历来重视法国语言和文化的传播，并将其视为体现法国荣誉和大国地位的重要标志。而世界上使用法语的国家主要集中在非洲，因而非洲也是法国提升其软实力所倚重的地区。实际上，也正是由于同 20 多个非洲法语国家的"特殊关系"，法国才得以维系法语作为国际语言的地位，并发挥着超出其国力所及的国际影响。因此，文化合作在法非关系中始终占有优先位置。法国向非洲国家提供的援助有相当大一部分用于文化合作，其特点还在于：法国用于法非文化合作的资金几乎是以赠款方式提供的，并且始终位居各项合作费用的前列。

法国之所以如此青睐法非文化合作，对非洲法语国家慷慨解囊、不惜工本，一方面是为了传播法国语言和文化，以继续维系和巩固其在非洲法语国家的影响力；另一方面，也更重要的是，以文化合作为手段，以求达到长久维系法国在非洲的政治影响和经济利益之目的。因为文化交流不仅是建立政治、经济等其他各种关系的前提，而且对于继续保持进而发展这些良好关系也是十分重要的。

以上是我对法国对非政策或法非关系特色所做出的几点归纳。

目前和今后一个时期，在法国与法语非洲联系依然很紧，而中国在非洲活动日益频密的背景下，作为"走进非洲"的后来者，中国发展与非洲法语国家的关系，绕不开法国。在这种情况下，如何妥善处理与法国在非洲的利益关系，维系中国与法国在非洲的良性互动，以缓解中国"走进非洲"的国际阻力并为中国在非洲活动营造良好的国际氛围，既是中国政府必须面对的问题，也是我们这些从事非洲法语国家和法非关系研究的学者所必须关注的问题。我衷心希望能有更多的学者参与进来，并在这个领域有更系统的研究和建树！

非洲法语国家与地区研究

阿尔及利亚阿拉伯人与柏柏尔人
族际问题中的法国因素[*]

赵济鸿[**]

摘　要： 阿尔及利亚阿拉伯人和柏柏尔人的族际问题萌芽自法国殖民时期。在国家实现独立之后，两族的族际矛盾上升并激化，严重影响阿尔及利亚的国内稳定和经济发展。虽然两族的族际问题是阿国内的民族问题，但是从其萌芽到发展都与法国息息相关。无论法国在该族际问题中扮演何种角色，都是基于其在该地区的利益考量。

关键词： 阿尔及利亚；阿拉伯人；柏柏尔人；族际问题；法国

北非疆域最大的国家阿尔及利亚是柏柏尔人文明的滥觞之地。柏柏尔人是当地最早的居民，曾建立过两个柏柏尔王国。在公元前数世纪中，该地区先后被腓尼基人、迦太基人殖民控制，被罗马帝国和拜占庭帝国统治。公元7世纪被阿拉伯人征服，大部分人信仰伊斯兰教，逐渐完成了阿拉伯化。至公元15～16世纪，又先后遭

---

　* 本文已发表在《法语国家与地区研究》（中法文）2019年第1期。

　** 赵济鸿，讲师，浙江工商大学法语系硕士。研究领域：跨文化交际、法语国家与地区研究。

受西班牙、土耳其入侵，曾经成为奥斯曼帝国的一个省份，接受土耳其人的统治。在这段漫长的岁月长河中，本地人和外来异族移民通过战争冲突、经济交往、文化交融等物质手段和资源重组形式，一起经历了一定程度的民族建构过程，形成了以阿拉伯人为主、柏柏尔人次之的多民族多元文化社会，并且在这个过程中凝结出一定程度的国族认同。彼时的阿尔及利亚社会尚未呈现任何明显的族际矛盾，作为人口主要构成部分的阿拉伯人和柏柏尔人基本处于和平相处状态。1830 年，法国人攻占阿尔及利亚首都阿尔及尔，从此开启了对阿尔及利亚长达 132 年的殖民统治。这段历史使得阿尔及利亚和法国之间的关系错综复杂，对阿尔及利亚的政治、经济、文化发展都产生了极其深远的影响，尤其对其国内阿拉伯人和柏柏尔人的族际关系有着举足轻重的影响。本文主要从族际关系的角度梳理和分析自殖民时代以来，法国对于阿尔及利亚族际问题的影响及背后成因。

一　阿拉伯人与柏柏尔人的族际问题概述

就阿尔及利亚的历史来看，阿拉伯人与柏柏尔人的族际问题并不是自古以来就存在的。虽然在早期阿拉伯人征服北非时，阿拉伯人和柏柏尔人有过许多冲突与交锋，但在后期的民族融合中，一直到法国殖民时期前，两族人基本处于和平共处状态。经过长时间的政治、经济、文化、宗教生活的交融，阿尔及利亚的主要人口构成逐渐演变为阿拉伯人、柏柏尔人、阿拉伯－柏柏尔人，两族人初步形成共同以伊斯兰宗教信仰为认同基础的并不非常清晰的国族认同。彼时的柏柏尔人传统文化被纳入阿尔及利亚的阿拉伯－伊斯兰文化之中，无论在社会生活还是政治上都没有受到主流文化的排斥和否定。在这个时期，阿拉伯人和柏柏尔人对于各自的族群文化也没有强烈或明确的意识，也就不存在相关的诉求。

（一）族际问题的产生

进入法国殖民时期以后，随着民族主义的产生，国族认同得到加强，与此同时柏柏尔人的族群文化意识也得以觉醒。从时间线来看，19世纪40年代中期，在反抗法国殖民者的阿尔及利亚民族主义斗争者中有一部分柏柏尔人，他们对于在民族斗争口号中把阿尔及利亚确定为阿拉伯－伊斯兰属性表达了强烈的不认同，由此一度引发了斗争路线的分歧，这是出现在民族独立斗争时期的第一次柏柏尔人危机，可被视为族际矛盾产生的最初表现。由于当时社会的主要矛盾是法国殖民者与被压迫的阿尔及利亚人民之间的矛盾，所以阿拉伯人和柏柏尔人相互做出让步，争取了最大限度的求同存异，双方在口号和合作理念中都尽量淡化族群色彩，突出争取阿尔及利亚民族独立这一共同目标。阿拉伯族裔的民族领袖为了增强民族凝聚力，在宣扬阿拉伯文化和语言的同时会颂扬柏柏尔人的文化与历史；以卡比尔人[①]为主的"争取民主自由胜利党"（Mouvement pour le triomphe des libertés démocratiques）法国分支领导人赖世德·阿里·叶海亚（Rashid Ali Yahia）也曾提出"……要建立一个愿意

[①] 柏柏尔人不是单一民族，如阿尔及利亚的柏柏尔人包含卡比尔人（Kabyle）、沙维亚人（Shawia）、图阿格雷人（Tuareg）等，其中卡比尔人是一个政治文化程度最高并具有很强的民族文化认同的柏柏尔人分支，他们也是阿尔及利亚独立后柏柏尔主义运动的主力军。另外，由于早期部落之间基本处于隔绝状态，他们所讲的语言也天差地别，这些支系方言构成柏柏尔语族，阿尔及利亚柏柏尔人使用的阿马齐格语（la Langue Amazighe，也写成 la Langue Tamazight）便是其中之一。

为民族解放事业战斗的阿尔及利亚穆斯林联盟，不区分阿拉伯人和柏柏尔人"；[①] 创立"民族解放阵线"（Le Front de libération nationale）的"九君子"中三人是卡比尔人，其族群构成也体现了柏柏尔人是阿拉伯人抗击法国殖民者的坚定同盟；北部柏柏尔人聚居的卡比利亚山区亦是当时抗击法国殖民者的主要阵地。因此，在反抗殖民斗争期间，两族间的矛盾虽已产生，但由于并非社会的主要矛盾，因此没有得到进一步发展，反而因为法国殖民者这个外力因素，两族暂时结成了一个"同质化"的民族斗争团体。

（二）该族际问题的发展与现状

1962 年阿尔及利亚取得民族独立的胜利，在国家开始追求独立发展的同时，非殖民化进程中被掩盖的阿拉伯人和柏柏尔人的族际矛盾暴露出来并日益恶化。阿尔及利亚独立之后，阿拉伯人由原来受法国殖民压榨的被奴役民族变为掌握阿尔及利亚话语权的主体民族，从原本身处该国的政治权利的边缘地位跃升至中心地位。阿拉伯人主导的执政党通过 1963 年和 1976 年的宪法，规定"阿尔及利亚是阿拉伯马格里布、阿拉伯世界和非洲不可分割的一部分；伊斯兰教为国教；阿拉伯语为国语和官方用语"，通过立法赋予阿尔及利亚阿拉伯属性，国内教育全面实行阿拉伯语化，阿拉伯文化不仅成为阿尔及利亚的主体文化，并且明确排斥和否定其他一切非阿拉伯文化，其中柏柏尔人对于自己族群语言和文化的诉求就被视为危害国家稳定的危险因素。作为昔日阿拉伯人同盟军、反法兰西殖民斗争急先锋的柏柏尔人在阿尔及利亚实现独立之后，却没能如愿与

---

① 黄慧：《阿尔及利亚柏柏尔主义研究》，社会科学文献出版社，2015，第 105 页。

阿拉伯人共享民族独立的红利，并且本族群在政治权利和社会资源的分享上还遭到全面边缘化。这使得在非殖民化进程中由"争取民族独立"这个共同目标促使形成的、以阿拉伯－伊斯兰文化为认同基础的"同质化"的民族主义反抗共同体，在失去这个外部凝聚力之后，其内部原有的族际裂隙再次得以暴露并致使这个共同体迅速"异质化"：柏柏尔人要求建立一个文化、政治多元化的阿尔及利亚，且与阿拉伯人享有平等地位，而由阿拉伯人掌权的阿尔及利亚当局追求的是一个"再现阿拉伯人和伊斯兰教在历史上的辉煌"的国家，双方在国家属性认同上的裂痕愈来愈大。[1] 阿尔及利亚当局的强硬态度非但没有使柏柏尔人屈服，反而使双方的关系更加恶化，1980 年"柏柏尔之春"[2] 和 2001 年"黑色之春"[3] 的流血事件都是两族矛盾愈演愈烈的显著表现。国家因此遭受的长期动荡以及柏柏尔人自身的不懈坚持，使得阿尔及利亚政府对民族政策做出几番调整和改革：一些原本非法的柏柏尔人的地下政治组织，如"社会主义力量阵线"（Front des Forces Socialistes）、"文化与民主联盟"（Rassemblement pour la Culture et la Démocratie）等，在 80 年代末纷纷取得合法地位；1996 年经全民公决，对阿尔及利亚宪法进行修改，规定"阿尔及利亚的认同基础是伊斯兰、阿拉伯、柏柏尔属

---

[1]　黄慧：《阿尔及利亚柏柏尔主义研究》，社会科学文献出版社，2015，第 97 页。

[2]　"柏柏尔之春"：1980 年 3 月 10 日，提济乌祖省（Tizi Ouzou）当局借口受中央政府的命令取缔柏柏尔人作家穆卢德·马默里（Mouloud Mammeri）在提济乌祖大学的一场关于卡比利亚古诗的演讲，由此在提济乌祖和阿尔及尔引发大规模罢工、罢课、游行及暴力冲突。这次冲突一直持续到 4 月下旬，造成 32 人死亡、100 多人受伤。"柏柏尔之春"开启了阿尔及利亚柏柏尔人的文化复兴运动。

[3]　"黑色之春"：2001 年 4 月一名柏柏尔青年被警察射杀，在卡比利亚地区迅速引发一系列游行和暴乱，一直持续到次年 4 月，造成 126 人死亡、5000 多人受伤。

性"；2002 年再次修宪，柏柏尔语取得具有和阿拉伯语同等法律地位的国语承认。

与此同时，阿尔及利亚的柏柏尔主义运动呈现出跨国化趋势，北非其他地区如摩洛哥以及法国柏柏尔人聚集区的联合行动，给阿尔及利亚国内的柏柏尔主义运动注入了源源不断的新力量。但总的来说，阿尔及利亚柏柏尔主义运动尚未呈现分裂主义倾向，两族的族际矛盾主要聚焦于政治和文化的多元化。阿尔及利亚政府的态度转变和一系列政治改革措施，虽然尚未能从根本上解决与柏柏尔人的族际问题，但是暂时使暴力冲突得到明显遏制，阿尔及利亚具备了实现政治多元化和文化多元化的可能性。

二　法国对该族际问题的影响

阿尔及利亚阿拉伯人和柏柏尔人的族际问题的产生、发展，是阿尔及利亚各民族在历史进程中的各种要素作用下分化聚合的过程。在诸多内外作用因素中，法国因素一直起到不可忽视的外力作用。

（一）殖民时期

正如上文所述，阿拉伯人和柏柏尔人的族际问题萌芽自法国殖民时期，可以说法国是在两族间划下族际裂隙的始作俑者。

1. 适得其反的"分治"政策

1830 年，法国在占领阿尔及利亚的时候，当地就有一半人口讲的是阿马齐格语，柏柏尔人虽然在宗教信仰上和阿拉伯人同信伊斯兰教，但仍保有自己的文化传统习俗。法国殖民当局为了巩固和方便殖民统治，认为有必要也有可能对柏柏尔人和阿拉伯人进行种族划分。从关于这段殖民时期的诸多研究文献中可以看出，两族在人口比例和文化习俗上的差异是法国殖民当局制定对阿拉伯人和柏柏尔人采取"分治"政策的依据。"卡比利亚神话"由此应运而生，法国人提出柏柏尔人在抗击罗马帝国入侵方面与高卢人有着相似之处，有意区分和强调柏柏尔人在政治、经济、文化上与阿拉伯人的民族差异性，宣扬柏柏尔人与懒散野蛮的阿拉伯人不同，具有欧洲人的高贵品质，竭力制造出两族间清晰的分界线，并且在阿尔及利亚社会广泛传播以便深入人心。这一举措在当时社会虽然没有立刻引起两族划清界限，但是它确实使柏柏尔人开始萌发了自己不同于阿拉伯人的族群意识，这使得原本模糊但一体的阿尔及利亚国族认同在这个"分治"的外力作用下产生了第一道裂隙。并且，"分治"政策也使这两个被殖民群体对于法国殖民者的民族感情产生了亲疏变化，这在阿尔及利亚独立战争中便有所体现。

对于柏柏尔人和阿拉伯人而言，这场民族解放战争在反法程度和广度上是存在区别的。对于前者而言，这是一场纯粹的反殖民政治战争，柏柏尔人反抗的是法国人的殖民统治权，但他们并不反感接受法国的文化、思想和语言；对于后者而言，这场独立战争不仅是政治的，也是文化的，毕竟阿拉伯文化在这一百多年的殖民岁月中也受到了法兰西文化的严重侵蚀，因此阿拉伯人希望摆脱法国的殖民统治，这场战争也可以说是阿尔及利亚全面去法国化的前奏。所以在独立之后，柏柏尔人比阿拉伯人对法国更有好感，著名的柏柏尔政治歌手马图卜·卢纳斯（Matoub Lounès）在他的第一本书《反抗者》（*Rebelle*）中甚至对法国的殖民流露出宽容的态度，在后来对他的采访中他亦提到了他对儿时学到的法国文化的好感。① 由此可见，法语和法国文化思想在柏柏尔人中的普及度和接受程度高于阿拉伯人，这也使得法国即使在结束对阿尔及利亚的殖民统治之后也仍然能够在两族的族际关系发展中发挥自己的影响力。

但另一方面，法国殖民当局也在法国移殖民和包括柏柏尔人在内的当地人之间施行"分治"政策，目的就在于保证殖民者在阿尔及利亚的各项特权得以合法化，如居住区域划分、税收双轨制等。这样的"分治"做法，非但没有强化阿拉伯人和柏柏尔人之间刚刚出现的在国家认同上的"异"，反而因为两者都成为被殖民者压榨的对象而强化了彼此之间的"同病相怜"，使阿拉伯人和柏柏尔人在殖民时期更加坚定地凝聚在一起，与法国殖民者形成明显的对立。

2. 削减"分治"效果的"同化"政策

与此同时，法国殖民当局在经济和文化上对阿尔及利亚采取了积极的"同化"政策，力图构建融入法国元素的阿尔及利亚民族认同。和"分治"一样，"同化"也产生了在法国人意料之外的结果。经济同化政策虽然成功地使阿尔及利亚融入法国经济圈，但同时也使得经济处于割裂封闭状态的阿尔及利亚内部实现了经济一体化，使得阿拉伯人和柏柏尔人之间的经济交流较之以往更为密切。在文化殖民同化方面，在当地建立学校，给当地人普及法语和宣传法国的文化思想是主要的推进形式，但这种同化手段又给法国人带来了预想之外的结果，那便是孕育了阿尔及利亚柏柏尔人和阿拉伯

---

① Leloup Michèle,《 Matoub Lounès, le Résistant 》, *l'Express*, 19 janvier 1995, https：//
www. lexpress. fr/informations/matoub – lounes – le – resistant_602328. html.

人的知识精英阶层，他们在接受法语同化的同时，也受到了西方自由、民主、公民权及民族自决权等思想的熏陶，他们既是后来领导阿尔及利亚反抗斗争的中坚力量，也是两族族际关系走向的引领者。

并且，在同化过程中，法国人认为"卡比尔人就是一个绝佳的殖民要素，我们应该利用它把阿尔及利亚变成一个真正的法国"。① 法国人在同化卡比尔人的同时，还把他们当作同化阿拉伯人的一个媒介，希望通过他们把法国的文化、语言、宗教、习俗等渗透到阿拉伯人当中。但这个"同化"政策充满"分化"的思想，殖民者希望把阿尔及利亚同化为法国不可分割的一部分，但并不真心把这片土地上的人民也当成享有一样权利的法国公民。无论是法国政府还是法国移殖民都受到"古希腊思想中已经形成明显的文明/野蛮对立的族际政治观"的影响，他们始终带着西方文明中心的优越感，把当地人当作不可教化的野蛮人来对待，当地文化更被视为野蛮落后的文化，即便是被认为与欧洲人更相似的柏柏尔人也一样得不到平等的尊重和认同。②

法国政府在阿尔及利亚给当地人推行的所谓"有用"的教育便是十分显著的体现，其教育实质上更多的是一种技能培训，是出于经济发展对于提高生产力的需求，低文化素质或文盲状态的当地居民无法更好地给殖民者提供生产和社会服务。但殖民当局并不向当地人提供广泛和平等的更高层次的受教育机会，这就严重阻塞了形成中的阿拉伯人和柏柏尔人精英群体的上升通道。殖

---

① Jules Liorel, *Kabylie du Jurjura* (Éd. 1892) (Hachette Livre, 2016), pp. 543 – 544.
② 陈建樾：《种族与殖民——西方族际政治观念的一个思想史考察》，载陈建樾、周竞红主编《族际政治在多民族国家的理论与实践》，社会科学文献出版社，2010，第 11 页。

民者和被殖民者之间剥削与被剥削、压迫与被压迫的不平等关系强化了阿拉伯人和柏柏尔人之间的"同"以及他们与法国人之间的"异"，使得在殖民时期尤其是后期反法战争时两族之间因国家认同而存在的族际矛盾，在法国这个外在因素作用下自动得以"降维"处理。

（二）阿尔及利亚独立之后

殖民时期，对法国而言，阿尔及利亚事务属于其内政问题，对于柏柏尔人的相关政策都可以通过政府行为直接予以实施，因而它对于阿拉伯人和柏柏尔人的族际关系的影响也是直接的；阿尔及利亚独立之后，两族的族际问题便属于阿本国内政，法国无法再对该问题施以直接影响，但出于其外交政治利益的考量，法国并不会在此问题上全面放弃自己的影响力。

早在20世纪初，阿尔及利亚的柏柏尔人的主要聚居区为卡比利亚地区，由于法国殖民者的侵占，卡比尔人不断丧失土地。另外，由于法国本土工业发展对于廉价劳动力的需求不断增长，并且卡比尔人相比阿拉伯人法语普及度更高，因此他们成为最早向法国进行劳务输出的柏柏尔移民，并逐渐在法国当地形成柏柏尔人聚居区。在这样的前提下，当柏柏尔人的语言、文化、政治权利在独立后的阿尔及利亚被阿拉伯化政策全面弱化和边缘化的时候，他们想到的首选退居之地便是法国。20世纪八九十年代，柏柏尔人的文化政治诉求运动在阿国内不断受挫和遭到镇压，国内的严苛境遇促使卡比尔人掀起一股向法国移民的新浪潮。

法国政府对此一直持开放态度，接受移民并且不限制甚至鼓励保护和发展柏柏尔人的语言文化传统，法国成为柏柏尔主义运动分子的避难所和柏柏尔主义运动重要的海外策源地。许多柏柏尔文化组织在法国得以建立，如在 20 世纪六七十年代建立的"柏柏尔文化研究与交流学院"和"柏柏尔研究小组"，它们都是在法国保护、传播和发展柏柏尔文化和语言的坚实堡垒，可以自由地通过柏柏尔语的音像制品、小说诗歌、文化组织、文化活动等多种形式，使传统的柏柏尔文化得到充分表现和创新。法国政府不仅给予柏柏尔主义运动发展的自由土壤，法国的学术力量也给其注入了新的推动力，例如法国社会学家布迪厄对"柏柏尔研究小组"的学术活动就给予过积极的推动和支持。"在关于柏柏尔语言和文化的研究领域中，无论是大学教育还是学术研究，法国在世界上都处于领军者的地位。"[1] 一方面，在法国的这些柏柏尔文化组织成为阿尔及利亚国内柏柏尔人争取自身权利的源源不断的支持力量；另一方面，当国内柏柏尔文化趋于萎缩的时候，柏柏尔族移民青年在法国得到了本族文化和语言的系统学习。虽然一直并没有明确的证据证实法国政府对于柏柏尔人的组织和活动给予了经济或军事上的支持，但是可以明确的是法国确实给他们提供了一个较大的发展空间。

另外，由于法国的殖民活动以及法国成为柏柏尔人的海外聚居地，北非马格里布原本处于部落隔绝状态的柏柏尔人彼此联系逐渐密切，最终形成柏柏尔主义运动的跨国化趋势，给阿尔及利亚国内柏柏尔人反阿拉伯化抗争带去新的力量支持，很明显法国在其中也是起到了推动作用。

---

[1] Salem Chaker, 《 La Langue Berbere en France: Situation actuelle et perspectives de développement 》, p.4; M. Tilmatine (dir), *Enseignement des langues d'origine et immigration nord-africaine en Europe: langue maternelle ou l'angue d'Etat?* (Paris: Inalco, 1997), p.4.

三 法国因素背后的利益驱动

在阿尔及利亚阿拉伯人与柏柏尔人的族际问题中，法国的影响力由明转暗，但它一直占据着一席之地发挥作用，这主要是受到法国自身国家利益的驱动，因为阿尔及利亚对于法国而言具有极其重要的战略意义。而作为阿尔及利亚主要人口构成部分的阿拉伯人和柏柏尔人，他们的族际关系直接影响阿尔及利亚的国家与民族前途，自然也会影响到法国在阿尔及利亚的利益。

（一）昔日保持殖民帝国地位的需要

与其他法属殖民地相比，阿尔及利亚有着其他殖民地无法比拟的资源优势和地理优势。它拥有丰富的石油、天然气、铀等矿物资源，地处非洲西北部，"战略地位重要，是非洲通向地中海的门户之一，亦是非洲连接阿拉伯世界的重要纽带"，具有非常重要的地缘政治意义，故而法国人将之视为保持世界影响力尤其是维持其在非洲的势力范围的一张重要王牌。[①] 于是它在法国人心目中的定位从最初的普通殖民地逐渐升格为"法国本土的一部分"，即使在阿尔及利亚民族运动风起云涌、法国内外交困的时期，法国人也无法轻言放弃，仍然坚称"阿尔及利亚各省是（法兰西）共和国的组成部分，长期以来一直是属于法国"。[②]

---

① 赵慧杰：《列国志·阿尔及利亚》，社会科学文献出版社，2006。
② 张锡昌、周剑卿：《战后法国外交史（1944—1992）》，世界知识出版社，1993。

　　为了巩固在阿尔及利亚的殖民统治，从而维持其作为殖民帝国在非洲的影响力，法国殖民政府对阿拉伯人和柏柏尔人"分治"与"同化"并用：用"分治"拉拢柏柏尔人，弱化他们与阿拉伯人的认同，同时通过"同化"政策，在阿尔及利亚民族国家认同的建构中融入法国元素。但如上文所述，实际未能如期达到理想效果，究其原因就在于阿尔及利亚与法国不是事实上的历史文化共同体，没有一起经历一个共同的族性建构过程，并且双方各自的民族性建构在发展程度上也不一致，对于殖民者和被殖民者而言，双方都无法在历史文化和民族情感上引起对方共情。因而出于保持殖民帝国地位的需要所制定的这些政策非但没有实现预期目标，反而促使阿拉伯人和柏柏尔人暂时共同接受阿拉伯－伊斯兰认同，形成与法兰西民族宗教信仰完全不同的对立群体。

（二）如今重返非洲、重塑世界大国的需要

　　保持负有世界使命的大国地位是自戴高乐时代起法国外交政策的战略目标。二战之后，法国不仅终结了在阿尔及利亚的殖民统治，同时在非洲的影响力也有所削弱。进入 21 世纪后，非洲大陆再次成为世界各大国角力之地。在作为昔日其传统势力范围的这些地区，法国的影响力已不复当年，马克龙在其竞选纲领中就指出"法国的影响力在马格里布和非洲全面消退了"。[①] 因此法国的外交政策与行动必然要捍卫与此有关的利益。马克龙将国家利益划分成三类，具体为安全利益、

---

① 《Le programme d'Emmanuel Macron concernant l'international》，https：//en - marche. fr/
emmanuel - macron/le - programme/international.

经济利益和气候利益。其中"安全利益"首先涉及的就是"与恐怖主义的斗争"。① 由于萨赫勒地区"圣战"恐怖组织的威胁，法国在北非反恐斗争中"需要阿尔及利亚作为其军事后勤驿站"。② 而就"国家利益"之二的"经济利益"而言，2017 年法国和阿尔及利亚之间的"贸易额达到 83 亿欧元，直接投资金额超过 26 亿欧元，在阿尔及利亚的法资企业大约有 500 家，阿尔及利亚是法国在地中海、非洲和阿拉伯世界最重要的一位伙伴"。③

此外，柏柏尔人由于殖民历史以来的种种渊源，比阿拉伯人在感情上更倾向于法国。虽然阿法关系有缓和并呈现恢复向好趋势，但是由于这段殖民历史，阿尔及利亚当局和国内大部分阿拉伯人对法国的态度并未发生根本性改观，各大新闻报刊和社会舆论显示出阿尔及利亚人认为法国的这种示好以及给予发展的"各种帮助"背后渗透着新的殖民主义。而且，阿尔及利亚现政权与美国的良好关系也直接影响法国在阿利益的发展。相较于阿拉伯 – 伊斯兰性质的政党，柏柏尔主义政党的发展对于法国改善与阿尔及利亚关系以及在阿利益的发展来说是利好因素。因而，柏柏尔主义运动经过几十年的发展，柏柏尔主义政党从成立时属于非法组织到合法化，再到作为如今阿尔及利亚政坛两大派之一的世俗派政党，其中不乏得益

---

① 《Le programme d'Emmanuel Macron concernant l'international》, https: //en – marche. fr/emmanuel – macron/le – programme/international.

② Sarah Diffalah, 《Pourquoi la France a besoin de l'Algérie》, *L'OBS*, décembre 5, 2014, https: //www. nouvelobs. com/monde/20141204. OBS7041/pourquoi – la – france – a – besoin – de – l – algerie. html.

③ 《Vè session du Comité mixte économique franco – algérien（COMEFA）et tenue du dialogue franco – algérien》, https: //www. diplomatie. gouv. fr/fr/dossiers – pays/algerie/evenements/article/ve – session – du – comite – mixte – economique – franco – algerien – comefa – et – tenue – du.

于法国对于柏柏尔主义运动的助力。

结 语

阿尔及利亚的阿拉伯人与柏柏尔人的族际问题从产生到发展始终与法国因素交织在一起，它与法国在阿尔及利亚的利益密切相关。法国的殖民统治，尤其是"分治"和"同化"政策虽然促发了该问题的萌芽，但也暂时压制了它的发展和爆发，并且在殖民后期起到了促使阿拉伯和柏柏尔两族人团结在一起的黏合剂作用，为两族的族际矛盾在阿尔及利亚独立后的迅速发展和爆发积蓄了势能。1962 年之后，法国在该族际问题中的影响由明转暗，影响方式由直接转为间接。阿拉伯人和柏柏尔人的族际矛盾得到缓和，柏柏尔主义政党在阿尔及利亚政坛地位的上升，有利于遏制其国内宗教极端势力的发展，从而有利于国内局势的稳定和经济发展。而法国人与柏柏尔人之间若明若暗的联系就是法国在阿尔及利亚发展自身利益的一条重要途径。由此可见，受国家利益的驱使，法国在阿尔及利亚的阿拉伯人与柏柏尔人的族际问题上不会弱化自己的存在，而是会在其中积极发挥作用，从而更好地服务于法国在阿尔及利亚以及北非的战略发展。

On French Role in the Interethnic Arab – Berber Problem from Algeria

Zhao Jihong

Abstract：The interethnic Arab-Berber problem of Algeria emerged during the French colonial era. After the independence of Algeria, this interethnic conflict has sharpened and become intensified, which, in turn, causes internal tensions and has a serious impact on economic development. Despite the ethnic problem of Algeria, its whole process is closely linked with France. Any role played by France in this problem is based on the considerations of pursuing French interests in this region.

Keywords：Algeria；Interethnic Arab-Berber Problem；France

非洲法语地区安全形势探析

林泉喜[*]

摘　要： 近年安全问题已成为非洲法语国家的外交重点。面对恐怖主义从萨赫勒地区向西非外溢，"博科圣地"严重威胁乍得湖盆地的局势，中部非洲和西部非洲法语国家加强协作，并得到以法国和德国为主的欧洲国家及国际社会的支持；海上安全问题主要存在于几内亚湾和印度洋岛国，非洲国家推动整个非洲和国际社会更加重视海上安全；非洲法语国家，尤其是摩洛哥深刻意识到气候变化对非洲社会稳定、反恐形势的影响，都十分积极地响应非洲国家和法国的各项倡议。在区域争端和领土纠纷方面，大湖地区的稳定仍是巨大挑战，大湖地区国际会议组织秘书处所在国布隆迪与欧盟和联合国的合作逐渐深入；吉布提与厄立特里亚没能在解决领土纠纷方面取得实质进展；查戈斯群岛的纠纷尽管走入法律程序，但前景并不乐观。

关键词： 非洲法语国家；反恐；海上安全；气候变化

---

[*] 林泉喜，云南大学外国语学院讲师。

一 反恐行动：积极作为，得到以法德为主的欧洲国家以及国际社会的支持

在法语国家分布比较密集的西部非洲、中部非洲和北部非洲，打击恐怖主义和跨国犯罪是各国的合作重点。

（一）萨赫勒五国集团和萨赫勒联盟

马里、乍得、毛里塔尼亚、布基纳法索和尼日尔五国确信安全与发展的挑战相互依存，强调集体行动，认为必须加强彼此因历史、地理和文化而形成的联系。① 2014 年 2 月，萨赫勒五国集团成立，2017 年萨赫勒五国集团联合部队组建，以打击恐怖主义、人口贩运和其他跨境犯罪。五国集团联合部队的启动预算资金约为 4.23 亿欧元，成员国各出资 1000 万欧元。此外，欧盟捐助 5000 万欧元，阿联酋捐助 3000 万美元，法国捐助 800 万欧元，还提供 70 辆战术车以及一系列通信设备和单兵保护装备，并且为"新月形沙丘"行动士兵提供军事支持。2017 年 7 月，法国、德国和欧盟宣布启动萨赫勒联盟，很快加入的有世界银行（World Bank）、非洲发展银行（AfDB）和联合国开发计划署（UNDP），意大利、西班牙、英国、卢森堡、丹麦和荷兰亦随后宣布加入。

① Maman S. Sidikou，*Mot du Secrétaire permanent Mr Maman S. Sidikou*，mardi 13 mars. 2018，https：//www. g5sahel. org/documentations/discours/1287 – mot – du – secretaire – perma-nent – sidikou.

（二）乍得湖盆地国家和贝宁

乍得湖盆地委员会成员乍得、喀麦隆、尼日尔和尼日利亚四国以及西非国家贝宁，在 2016 年组建多国混合部队打击"博科圣地"极端组织。

多国混合部队组建之初就已请求法国、美国和英国提供武器装备、通信和交通工具等支持。法国通过提供军事情报成为尼日利亚的关键伙伴，美国、英国则培训尼日利亚步兵和跨兵种作战部队。美国 2015 年向喀麦隆派遣 300 名士兵；2017 年 5 月，向参加打击"博科圣地"的非洲国家提供了价值 302 亿中非法郎的额外援助；2018 年 5 月，向喀麦隆赠送两架型号为 CESSNA 208 ISR 的军用侦察机。2018 年 11 月，"博科圣地"向尼日利亚发起一系列袭击，造成 118 名士兵死亡，与尼日利亚接壤的喀麦隆边境地区也有 29 人伤亡；同月，乍得湖盆地四国在恩贾梅纳召开峰会之后，[①] 通过公报向国际社会请求支持。面对恐怖袭击升级态势，四国深表忧虑，并愿意改变打击"博科圣地"的方法。

（三）区域间合作

西部非洲国家经济共同体（Communauté économique des États de l'Afrique de l'Ouest，CEDEAO）与中部非洲国家经济共同体（Communauté économique des Etats d'Afrique Centrale，CEEAC）联合峰会于 2018 年 7 月在多哥首都洛美举行。峰会以和平、安全和打击恐怖主义、暴力极端主义为议题，各方承诺强化军事安全力量能力建设，

---

① Bénin 24 Télévision, *Lutte contre Boko Haram: les pays du lac Tchad demandent le "soutien" international*, 29 nov. 2018, https://www.benin24television.com/lutte-contre-boko-haram-les-pays-du-lac-tchad-demandent-le-soutien-international/.

加强人员培训、联合演练、情报与执法合作，共同维护地区安全。在联合国的支持下，德国、尼日利亚和挪威于 2018 年 9 月 3~4 日在德国柏林联合举办乍得湖区域国际会议，国际社会承诺为援助乍得湖盆地四国提供近 22 亿美元赠款，主要来自 17 个联合国会员国、欧盟、联合国中央应急基金（Central Emergency Response Fund, CERF）、联合国建设和平基金（UN Peacebuilding Fund）、世界银行和非洲发展银行。德国计划在 2020 年前，为非洲乍得湖地区的非洲人民提供 1 亿欧元的人道主义援助。①

（四）"5+5" 对话机制

阿拉伯马格里布联盟（Union du Maghreb Arabe, UMA），即摩洛哥、突尼斯、阿尔及利亚、毛里塔尼亚和利比亚五国与法国、意大利、西班牙、葡萄牙和马耳他五国于 1990 年 11 月建立了 "5+5" 对话关系，目的是加强彼此合作，促进共同发展，维护西地中海地区的和平与安全。2018 年 1 月，第 14 届 "5+5" 对话机制外长会议在阿尔及尔召开，会议主题是地区经济社会可持续发展以及应对共同挑战。会议一致同意加强合作，共同应对地区恐怖主义威胁。

二 海上安全：逐渐重视，主要与欧盟合作

（一）《洛美宪章》

非盟特别峰会于 2016 年 10 月 10~15 日在多哥首都洛美举行。

---

① 朱梦颖：《德国外长宣布为非洲乍得湖地区提供 1 亿欧元人道主义援助》，环球网，2018 年 9 月 4 日，http://world.huanqiu.com/exclusive/2018-09/12922468.html? agt = 16361。

此次特别峰会由多哥总统福雷·埃索齐姆纳·纳辛贝（Faure Esso-zimna Gnassingbé）倡议召开，且他本人领导了宪章的撰稿工作。多哥媒体认为，峰会的成功举办标志着多哥回到大国舞台。① 针对亚丁湾和几内亚湾的海盗活动严重威胁非洲沿海国家稳定与安全的问题，时任非盟轮值主席、乍得总统伊德里斯·代比·伊特诺（Idriss Déby Itno）表示："海洋正在变成一系列非法活动的温床，如海盗行为、持枪抢劫、人口贩卖、毒品买卖、武器交易和非法捕捞。同时，有毒废弃物和漏油事故也给海洋带来污染。"②

洛美峰会并未就海上安全议题提出新思路，因为 2013 年雅温得峰会的决议已经强调几内亚湾国家的安全合作，但《非盟关于海事安全、防卫与发展的宪章》（又称《洛美宪章》）覆盖所有非洲国家，包含中部非洲国家经济共同体和西部非洲国家经济共同体各国的安全关切。实际上，并非所有参会国家都签署了《洛美宪章》，如科特迪瓦与加纳有海洋边界争议，马格里布国家亦拒绝签署《洛美宪章》，此外，峰会缺席国家达 22 个。③

（二）联合国"海上跨国有组织犯罪威胁国际和平与安全"议程

近两年，几内亚湾的海上安全状况愈发严峻。在尼日利亚、多哥和贝宁附近海域活动的海盗十分猖獗，而且在几内亚湾还存在非

---

① Koffi Souza, *La Charte de Lomé*, 18 oct. 2016, https：//www. republicoftogo. com/Toutes – les – rubriques/Idees/La – Charte – de – Lome.

② 李娜、许凤：《非盟轮值主席强调非洲汇聚力量保障海事安全》，新华网，2016 年 10 月 16 日，http：//www. xinhuanet. com//world/2016 – 10/16/c_1119726741. htm。

③ Silué N'Tchabétien Oumar, *L'Union Africaine adopte la Charte de Lomé：un sommet en trompe l'œil？*, 15 nov. 2016, http：//www. westafricasecuritynetwork. org/？ p = 822.

法采油、非法捕捞、毒品走私、人口贩运以及武器贩运等海上犯罪活动。非洲国家越来越意识到执法和海洋保护需要协调一致的跨国和多边合作。2018 年 6 月 13 日，科特迪瓦、赤道几内亚、埃塞俄比亚、荷兰和美国共同组织"阿里亚办法"会议，讨论海上犯罪对国际和平与安全构成的威胁。2018 年 12 月 18 日，科特迪瓦在联合国安理会发起讨论毒品贩运威胁西非稳定的问题。2019 年 2 月在轮值主席国赤道几内亚的倡议下，联合国安理会举行"海上跨国有组织犯罪威胁国际和平与安全"公开辩论会。中国常驻联合国代表马朝旭大使指出，① 中国根据安理会有关决议在索马里沿海海域开展护航行动，积极参与打击几内亚湾海盗的国际合作，为沿岸国家加强基础设施等能力建设提供帮助。

（三）印度洋岛国

科摩罗、马达加斯加、塞舌尔、毛里求斯都是环印度洋联盟（The Indian Ocean Rim Association, IORA）、印度洋委员会（Commission de l'Océan Indien）、东部和南部非洲共同市场（Common Market for Eastern and Southern Africa, COMESA）、南部非洲发展共同体（Southern African Development Community, SADC）成员。自 2018 年 9 月 13 日起，塞舌尔担任印度洋委员会年度主席国。四国的军事合作伙伴主要是"欧盟海上力量"（EU NAVFOR）。"欧盟海上力量"启动的"阿塔兰塔"（Atalanta）行动，任务是打击海盗和加强地区海上能力建设，活动范围包括南红海、亚丁湾、塞舌

---

① 殷淼、杨俊：《中国代表呼吁加强海上安全合作打击跨国有组织犯罪》，人民网，2019 年 2 月 7 日，http：//world. people. com. cn/n1/2019/0207/c1002 - 30615265. html。

尔、毛里求斯和科摩罗等地区。① 2018 年 7 月 30 日，欧盟理事会决定将 "阿塔兰塔" 行动延长到 2020 年 12 月。② 塞舌尔从 2016 年 1 月到 2017 年 7 月是索马里海盗问题联络小组的主席国。2017 年 1 月，四国都签署了《吉布提行为准则 2017 年吉达修正案》，③ 有助于在西印度洋和亚丁湾将打击范围从海盗扩展到人口贩运和非法、未报告和无管制捕鱼等非法海上活动。印度洋法语岛国出于社群、历史和地理原因，与印度保持紧密合作关系，比如毛里求斯与印度有特殊关系；塞舌尔、毛里求斯与印度建立双边与多边机制，建立 "沿海监视雷达系统网络"，强化与印度的安全合作。

三 气候变化：积极应对

非洲的温室气体排放量仅占世界排放总量的 4%，但 65% 的非洲人口却受到气候变化的直接影响。在萨赫勒地区，2018 年约有 600 万人面临急性饥饿问题，其中约有一半为牧民和农牧民。萨赫勒地区的气温增长速度是全球平均水平的 1.5 倍以上。此外，该地区的降雨量不稳定，雨季正在缩短。据联合国估计，萨赫勒地区约 80% 的农田已经退化，而该地区约有 5000 万畜牧人口正在争用土地。截至 2018 年底，萨赫勒地区有 3300 万人无法保障粮食安全。④

---

① EU NAVFOR Somalia, "Mission", https：//eunavfor. eu/mission/.

② EU NAVFOR Somalia, *Countering Piracy off the Coast of Somalia*, https：//eunavfor. eu/.

③ La Nation, *Sécurité Maritime – Le Code de Djibouti est élargi*, 22 jan. 2017, http：//www. lanationdj. com/securite – maritime – code – de – djibouti – elargi/.

④ 《马里－尼日尔：气候变化和冲突在萨赫勒地区形成综合爆发态势》，红十字国际委员会，2019 年 1 月 22 日，https：//www. icrc. org/zh/document/mali – niger – climate – change – and – conflict – make – explosive – mix – sahel.

联合国粮农组织和欧盟正在《全球应对粮食危机伙伴关系计划网络》框架下实施一个价值为 900 万欧元的项目，其目标是惠及 14 万人，其中很多为萨赫勒沙漠地区的脆弱牧民。① 该项目的目的还在于帮助萨赫勒五国集团所确定的若干萨赫勒优先区域实现稳定，包括塞内加尔以及布基纳法索、马里和尼日尔之间的地带。

马达加斯加、塞舌尔、科摩罗和毛里求斯四国均为小岛屿国家联盟（Alliance of Small Island States，AOSIS）成员，是极易受气候变化影响的脆弱国家，都活跃在国际组织和相关谈判之中。红十字会与红新月会国际联合会（International Federation of Red Cross and Red Crescent Societies，IFRC）指出，随着时间的推移，自然灾害的毁灭性给印度洋国家带来巨大的影响。仅 2013 年，科摩罗、马达加斯加、毛里求斯、塞舌尔和桑给巴尔的 15 场自然灾害，便造成超过 2.5 亿美元的损失。② 气候变化或自然灾害带来的风险主要有：③ 海平面上升威胁印度洋岛国生存，增加"气候难民"的数量；特重大突发性自然灾害重创沿海国家经济发展和民众安全；环境污染导致非法、未报告和无管制捕鱼情况增多，渔业资源枯竭，进一步危及海洋生态系统，引发的执法冲突可能升级为外交事件。非洲法语国家积极参加许多国际行动与倡议，以应对气候变化带来的挑战。

① 《提高牧民抵御力是萨赫勒实现和平的关键》，联合国粮农组织，2019 年 4 月 25 日，http://www.fao.org/news/story/zh/item/1191807/icode/。

② Website of IFRC, "Indian Ocean's Growing Vulnerability to Natural Disasters Calls for More Investment in Preparedness", September 26, 2017, https://media.ifrc.org/ifrc/press-release/indian-oceans-growing-vulnerability-natural-disasters-calls-investment-preparedness/.

③ 李恪坤、楼春豪：《印度洋安全治理：现状、挑战与发展路径》，《国际问题研究》2019 年第 1 期，第 85~106、137~138 页。

（一）主要由法国倡导的国际合作

2015 年 11 月 30 日 ~ 12 月 11 日，在巴黎召开的第 21 届联合国气候变化大会（COP 21）提出"非洲可再生能源倡议"（Initiative Africaine pour les Énergies Renouvelables，IAER）。2016 年几内亚总统孔戴（Alpha Condé）被非洲各国推举为"非洲电力化和非洲可再生能源协调人"，并担任非洲可再生能源基金会董事局主席。"非洲可再生能源倡议"制定的目标是：到 2020 年，新增 10 千兆瓦的可再生能源；到 2030 年，新增 30 千兆瓦的可再生能源。在巴黎联合国气候变化大会上，七国集团（包括欧盟）、瑞典和荷兰共同承诺提供 100 亿美元用于支持 2020 年目标。法国是"非洲可再生能源倡议"的最大资助者（第二是德国，第三是欧盟）。在 2017 年 1 月举行的非洲 - 法国首脑会议上，时任法国总统奥朗德（François Hollande）宣布向"非洲可再生能源倡议"出资的款项从 20 亿欧元提高到 30 亿欧元。[①]

法国发展署 2015 年发起"适应行动"计划（Adapt'Action），旨在帮助最脆弱国家应对气候变化。四年（2016 ~ 2020 年）投资 3000 万欧元，优先考虑非洲、最不发达国家和小岛屿发展中国家。在现阶段，第一批六个国家科摩罗、毛里求斯、马达加斯加、尼日尔、突尼斯和多米尼加共和国，已与法国发展署签订合作协议。法国发展署的另一项倡议"便利 2050"（Facilité 2050）于 2017 年 12 月在"一个地球"峰会（One Planet Summit）上宣布，计划用 3000

---

① France Diplomatie, *Initiative africaine pour les énergies renouvelables*, fév. 2019, https：// www. diplomatie. gouv. fr/fr/dossiers – pays/afrique/lutte – contre – le – changement – clima-tique/.

万欧元资助各国根据《巴黎协定》制定 2020 年前的低碳和稳定的长期发展战略。

"一个地球"峰会由法国和联合国创立，旨在通过支持具体的实施项目来加快落实国际气候谈判，尤其是《巴黎协定》。继峰会在巴黎（2017 年 12 月）和纽约（2018 年 9 月）相继举行后，第三届"一个地球"峰会于 2019 年 3 月 14 日在联合国内罗毕办事处举行。内罗毕"一个地球"峰会的主题是非洲承诺，[①] 强调非洲独一无二的作用，更加重视非洲在适应与应对气候变化方面的解决方案创新；可再生能源的获取问题是峰会讨论的重点。

"中部非洲森林倡议"（Initiative pour les forêts d'Afrique centrale，CAFI）旨在支持各国森林投资计划的制定和实施，涵盖所有与森林相关的领域，伙伴关系成员包括 6 个非洲国家（刚果民主共和国、刚果共和国、加蓬、喀麦隆、中非共和国、赤道几内亚）；出资者联盟有法国、德国、欧盟、英国、挪威、荷兰和韩国，另外还有作为南南合作伙伴的巴西。[②] 中部非洲的刚果盆地国家多年来与法国建立伙伴关系，法国自 2017 年 11 月起担任"中部非洲森林倡议"主席国，为期两年。

截至 2018 年 8 月，国际太阳能联盟（International Solar Alliance，ISA）的 65 个成员中已有 34 个非洲国家，其中非洲法语国家有 19 个，分别是：阿尔及利亚、布基纳法索、刚果民主共和国、

---

① 3e édition du One Planet Summit, *Le One Planet Summit se réunit à Nairobi*, 14 mars. 2019, https：//www. oneplanetsummit. fr/les – evenements – 16/le – one – planet – summit – se – reunit – nairobi – 67.

② Initiative pour les forêts de l'Afrique centrale, *Qui sommes – nous*, http：//www. cafi. org/content/cafi/fr/home/our – work. html.

科摩罗、科特迪瓦、吉布提、赤道几内亚、加蓬、几内亚、马里、马达加斯加、毛里求斯、尼日尔、卢旺达、塞内加尔、塞舌尔、多哥、乍得、布隆迪。国际太阳能联盟由法国和印度联合倡议发起，[①]2015 年 11 月 30 日在巴黎联合国气候变化大会上得到 30 多个国家支持而成立，目标是大幅降低太阳能利用的成本，在 121 个光照充足的国家实现太阳能的规模化利用。

（二）非洲地区气候委员会

摩洛哥的马拉喀什在 2016 年举办气候大会，为促进非洲大陆执行《巴黎协定》，会议期间设立了地区气候委员会。2018 年 4 月 29 日刚果盆地气候委员会（Commission Climat du Bassin du Congo）国家和政府首届峰会举行，并签署成立刚果盆地蓝色基金会的谅解备忘录。刚果盆地气候委员会主席、刚果共和国总统萨苏（Denis Sassou-Nguesso）认为，峰会是"使刚果盆地气候委员会和刚果盆地蓝色基金会有效运作的时刻"。在应对气候变化和促进可持续发展方面，刚果盆地气候委员会和刚果盆地蓝色基金会是两个重要工具。

萨苏强调，要使刚果盆地气候委员会和刚果盆地蓝色基金会能够有效运作，仍然有很大的挑战。"尽管挑战极大而且复杂，作为刚果盆地气候委员会主席，我将不遗余力地在我们的区域执行巴黎气候协议。"他呼吁非洲伙伴承担更多责任，因为"我们承诺的力度也将以我们为刚果盆地气候委员会启动活动而筹资的规模来衡

---

① France Diplomatie, *L'Alliance Solaire Internationale*, 9 mars. 2018, https://www.diplo-matie.gouv.fr/fr/politique – etrangere – de – la – france/climat/l – alliance – solaire – in-ternationale – asi/.

量"。他强调"希望金融伙伴信守承诺并陪伴刚果盆地国家应对挑战"。摩洛哥国王穆罕默德六世（Mohammed VI）指出，布拉柴维尔会议对非洲大陆至关重要，对全人类也至关重要，会议表达了非洲对于全球变暖带给地球破坏性影响的集体意识。非洲联盟也积极参加布拉柴维尔首脑会议。非洲联盟轮值主席卡加梅（Paul Kagame）和非洲联盟委员会主席法基（Moussa Faki Mahamat）都表示支持刚果盆地气候委员会和刚果盆地蓝色基金会。法基承诺任命一位负责环境问题的顾问，管理类似刚果盆地蓝色基金会和萨赫勒地区气候委员会这样的项目。[1] 刚果盆地蓝色基金会旨在促进循环经济，减少各国对森林资源的依赖。融资需求估计为 30 亿欧元，必须由签署国和国际合作伙伴启动。该基金会将开展水电、水处理或耕地灌溉项目，以更好地进行水治理，还涉及改善 25000 公里的水道状况和发展渔业。[2]

萨赫勒地区气候委员会（Commission Climat pour la Région du Sahel，大西洋和红海之间的 17 个国家）由尼日尔主持，17 个成员国为：贝宁、布基纳法索、喀麦隆、佛得角、科特迪瓦、冈比亚、几内亚、吉布提、埃塞俄比亚、厄立特里亚、马里、毛里塔尼亚、尼日利亚、塞内加尔、苏丹、乍得和尼日尔。[3] 萨赫勒地区气候委

---

[1] Wilfrid Lawilla, *Commission climat du Bassin du Congo：L'accord d'institutionnalisation signé à Brazza*, Burkina Demain, https：//burkinademain.com/2018/04/30/commission - climat - du - bassin - du - congo - laccord - dinstitutionnalisation - signe - a - brazza/.

[2] Hermann Boko, *Fonds bleu pour le bassin du Congo：l'Afrique se mobilise en faveur du climat*, 30 avr. 2018, https：//www.france24.com/fr/20180430 - fonds - bleu - bassin - congo - afrique - lutte - contre - rechauffement - climatique - environnement.

[3] Abdelali Darif Alaoui, *À Niamey, la Commission climat pour la région du Sahel met en exergue le leadership du Maroc*, 25 fév. 2019, https：//www.le1.ma/a - niamey - la - commission - climat - pour - la - region - du - sahel - met - en - exergue - le - leadership - du - maroc/.

员会国家元首和政府首脑峰会于 2019 年 2 月 25 日在尼亚美召开。峰会汇集国际组织和合作伙伴,重点议题是在农业领域和农村地区减少气候影响,并通过了近 4000 亿美元的 "2018～2030 气候投资计划"。① 萨赫勒地区气候委员会得到法国的积极支持,法国认为农村发展是法国对萨赫勒国家承诺的核心要素,迅速推广生态农业是优先事项。可持续农业有助于实现适应气候变化的目标和改善人们的生计:生态农业创造可持续的就业和收入,增加粮食安全,缓解农牧民之间的紧张关系。② 法国通过法国发展署启动 2.5 亿欧元(2014～2018 年),支持非洲利用伙伴关系、法国国际农业发展研究中心(CIRAD)和法国发展研究院(IRD)的计划,对生态农业进行研究。

四 挑战与展望

非洲法语国家在反恐、海上安全和气候变化等方面均取得成效,但仍面临以下两个挑战。

第一,2018 年至今,萨赫勒地区形势日益严峻,恐怖主义向西非外溢。贝宁和多哥等国都出现恐怖袭击和绑架事件增多的情况。布基纳法索外交部长阿尔法·巴里(Alpha Barry)表示,极端组织在西非和萨赫勒地区的活动日益频繁,现在已经威胁到沿海国家,

---

① Abdelali Darif Alaoui, *À Niamey, la Commission climat pour la région du Sahel met en exergue le leadership du Maroc*, 25 fév. 2019, https://www.le1.ma/a – niamey – la – commission – climat – pour – la – region – du – sahel – met – en – exergue – le – leadership – du – maroc/.

② France Diplomatie, *Aider les pays du Sahel à relever le défi du changement climatique*, 9 mars. 2018, https://www.diplomatie.gouv.fr/fr/dossiers – pays/afrique/lutte – contre – le – changement – climatique/.

"贝宁、科特迪瓦和加纳边境也遭到了袭击，风险正在向西非沿海地区蔓延"。[1] 在 2019 年 2 月召开的第五十五届慕尼黑安全会议（Munich Security Conference，MSC）上，不少与会代表对西非和萨赫勒地区的安全形势表达了更大的担忧，认为这一地区的安全风险已经出现外溢。

第二，人道主义危机加深。2018 年底至 2019 年初，布基纳法索、马里和尼日尔西部的安全事件数量激增。仅在 2019 年 4 月就报告了超过 150 起暴力事件，导致 300 多人死亡。萨赫勒地区共有 510 万人需要人道主义援助，联合国人道机构发起 6 亿美元的募捐呼吁，希望能为 370 万最为困难的人口提供帮助。[2] "博科圣地"在乍得湖区域制造的恐怖袭击十分猖獗，一度导致学校停课，基本社会服务被迫中断，投资计划也不得不中止，当地青年无法获得发展机会，这又进一步为恐怖主义滋生提供了发展的空间。[3] 同时，据联合国估计，在乍得湖区域有 4500 万人面临不安全处境，有 230 万人流离失所。

导致形势严峻的主要原因有以下几点。

其一，气候变化带来的自然灾害摧毁了薄弱的经济基础，导致极端贫穷，使西非和萨赫勒地区成为滋生恐怖主义的温床。

其二，利比亚问题威胁萨赫勒五国。解决利比亚问题迫在眉睫，利比亚依旧是恐怖主义滋生的"绝佳地"，对于这一点，萨赫

---

① 吕强：《西非和萨赫勒地区寻求破解安全困局》，人民网，2019 年 2 月 21 日，ht-tp：//world. people. com. cn/n1/2019/0221/c1002 - 30851043. html。

② 《联合国警告萨赫勒危机空前严重可能成为恐怖组织温床》，联合国网站，2019 年 5 月 8 日，https：//news. un. org/zh/story/2019/05/1033991。

③ 万宇：《西非和萨赫勒地区安全形势严峻》，《人民日报》2019 年 1 月 21 日，第 16 版。

勒五国集团轮值主席、布基纳法索总统卡博雷（Roch Marc Christian Kaboré）与 2019 年 5 月初到访该国的德国总理默克尔（Angela Dorothea Merkel）达成共识，卡博雷强调，如果利比亚问题得不到解决，萨赫勒五国集团付出的努力都将徒劳无功。① 在萨赫勒五国集团领导人特别峰会上，卡博雷呼吁默克尔推动欧洲各国达成针对利比亚问题的一致政策。

其三，资金和协作问题。萨赫勒五国集团联合部队仍然急需资金支持，联合国负责维和事务的副秘书长拉克鲁瓦（Jean-Pierre Lacroix）敦促各捐款方切实履行认捐承诺，"目前有近 50% 的认捐款项尚未划拨"。萨赫勒五国集团联合部队在组建方面已取得长足进展，超过 80% 的部队已经成功部署，但由于重要装备和培训不足，全面部署的期限被迫一再推迟。② 2019 年 5 月 14 日，萨赫勒五国国防及外交部长与欧盟部长在布鲁塞尔会面，欧盟希望萨赫勒五国集团联合部队变得更有运作性，而萨赫勒国家则批评外部资金到位太慢。尼日尔外交部长卡拉（Kalla Ankourao）说："联合部队已经在运作了，但我们需要设备，部队没有装甲车，也缺很多东西，希望十月之前到位。我们得到的承诺是 1.5 亿欧元的装备要到位。"③ 在乍得湖区域，危机的人道响应工作也严重缺乏资金。④ 联合国儿童基金

---

① 肖玖阳、邢建桥：《德国总理默克尔访问西非三国 关注地区反恐形势》，新华网，2019 年 5 月 5 日，http://www.xinhuanet.com/world/2019 - 05/05/c_1124451855.htm。

② 《联合国维和事务负责人：萨赫勒五国集团联合部队"比以往任何时候都更需要国际支持"》，联合国网站，2018 年 11 月 15 日，https://news.un.org/zh/story/2018/11/1023071。

③ Bureau RFI de Bruxelles, *L'UE et les pays du G5 Sahel ensemble pour améliorer l'efficacité de l'organe*, 15 mai. 2019, http://mali - web.org/crise - malienne/lue - et - les - pays - du - g5 - sahel - ensemble - pour - ameliorer - lefficacite - de - lorgane。

④ 《萨赫勒和乍得湖盆地国家安全局势仍十分动荡》，联合国网站，2018 年 7 月 17 日，https://news.un.org/zh/story/2018/07/1013622。

会（UNICEF）在 2018 年 9 月的乍得湖区域国际会议上指出，由于持续的冲突、流离失所和对学校会遭到袭击的恐惧，乍得湖盆地有 350 万儿童没有上学，有上千所学校关闭或没有运作。联合国儿童基金会曾呼吁各方捐助 4170 万美元改善教育状况，但在 2018 年上半年，仅有 8% 的资金得到落实。[1]

其四，地区争端问题的解决成效甚微。马格里布三国（阿尔及利亚、摩洛哥、突尼斯）中，阿尔及利亚与摩洛哥之间关系紧张。西撒哈拉问题阻碍马格里布的建设。一方面，摩洛哥谴责阿尔及利亚对西撒哈拉人权状况的立场；另一方面，阿尔及利亚需要应对摩洛哥实施的影响力战略，特别是摩洛哥在 2017 年 1 月底重新加入非洲联盟之后的外交战略。阿尔及利亚与突尼斯保持非常友好的关系，两国有频繁的经济交往，在反恐安全领域密切合作。2017 年 3 月 9 日，阿尔及利亚和突尼斯举行混合委员会会议，两国表示要为萨赫勒地区恢复安全与和平共同努力，都认为利比亚问题的唯一解决方案是利比亚各方取得政治共识，并强调联合国安理会在解决利比亚问题中的作用。[2] 阿尔及利亚寻求与毛里塔尼亚发展经济和政治关系，2018 年 8 月 19 日，两国自独立以来首次开放边界，以促进两国间货物和人员的流动。

大湖地区的法语国家有刚果（金）、刚果（布）、卢旺达、布隆迪、中非共和国等。2016 年以来已有数千名平民在刚果（金）

---

[1] 《国际社会承诺为缓解非洲乍得湖盆地人道危机提供近 22 亿美元》，联合国网站，2018 年 9 月 4 日，https://news.un.org/zh/story/2018/09/1016822.

[2] Khider Cherif, *L'Algérie et la Tunisie renforcent leur coopération sécuritaire*, 9 mars. 2017, https://www.algeriepatriotique.com/2017/03/09/lalgerie - et - la - tunisie - renforcent - leur - cooperation - securitaire/.

东部地区的武装冲突中丧生。2017 年 10 月 19 日，非洲大湖地区国际会议第七届首脑会议在刚果（布）首都布拉柴维尔举行，与会领导人关注刚果（金）东部安全局势，呼吁国际社会帮助加速实现刚果（金）和平进程，消除该国东部所有非法武装威胁。会议轮值主席刚果（布）总统萨苏在开幕式上指出，大湖地区已经持续二十多年冲突不断，是联合国实现非洲和平议程的重要课题，该地区刚果（金）等国安全局势令人担忧。① 无法落实《刚果（金）和大湖地区和平、安全与合作框架文件》（Accord – cadre pour la paix, la sécurité et la cooperation dans la région des grands lacs）② 的各国承诺，一直是解决问题的主要障碍。为提高大湖地区国际会议组织秘书处（CIRGL）的行动能力，大湖地区和平与安全计划（Le projet régional sur la paix et la sécurité pour la stabilité de la région des Grands Lacs）于 2018 年 12 月 12 日在布琼布拉大湖地区国际会议组织秘书处总部正式启动，③ 布隆迪外交官作为协调员与欧盟驻布隆迪代表团团长、大湖地区国际会议组织执行秘书、联合国秘书长大湖地区问题特使和德国驻布隆迪大使出席活动。大湖地区的和平与稳定仍将是未来几年的重要外交议题。

吉布提与厄立特里亚是同处非洲之角地区的邻国。2008 年，两

① 王松宇：《非洲大湖地区国际会议首脑会议聚焦刚果（金）东部局势》，新华网，2017 年 10 月 20 日，http：//www. xinhuanet. com/world/2017 – 10/20/c_1121831391. htm。

② 非洲大湖地区国际会议组织于 2013 年 2 月 24 日在亚的斯亚贝巴签署《刚果（金）和大湖地区和平、安全与合作框架文件》。根据这项协议，该地区各国承诺尊重邻国的领土完整，不得在境外挑拨或支持邻国武装团体。

③ http：//icglr. org/index. php/fr/accueil/142 – les – nouvelles – page – d – accueil/896 – co-operation – ca – eu – nu – icglr。

国由于边界问题爆发冲突，据估计共造成 100 多名士兵死亡，150 多人受伤。2018 年 7 月，吉布提常驻联合国代表杜阿勒（Mohamed-Siad Doualeh）大使提出请求，希望联合国能够帮助解决两国之间的争端。同年 9 月 6 日，两国外交部长通过社交媒体宣布，将实现双方关系正常化。①

毛里求斯与英国的主权争端涉及查戈斯群岛，其中最大的迪戈加西亚岛被英国租给美军。国际法庭于 2018 年开始就查戈斯群岛与毛里求斯分离问题举行听证会。2019 年初，国际法庭判决决定英国有义务尽快结束对查戈斯群岛的管辖，从而使毛里求斯能够以符合人民自决权的方式完成其领土的非殖民化。毛里求斯总理贾格纳特（Pravind Jugnauth）发表声明，敦促英国"尊重"国际法庭给出的"清楚、明确且非常有力的意见"。英国外交部官员表示，国际法庭的结论"是一种咨询意见，不是判决"。② 英国外交部特别强调，在英属印度洋领土上的防御设施有助于保护英国和世界各地人民免受恐怖主义威胁、有组织犯罪及海盗活动的伤害。

总体而言，未来几年，伴随经济发展而愈发凸显的安全问题仍是非洲法语国家的外交重点努力方向。非洲法语国家之间和区域组织之间需要加强协调，以应对恐怖主义扩散的威胁，同时也需加强与非洲之外的大国和国际组织的协作；在人道主义援助和应对气候变化方面，各国需要落实出资款项，国际社会需要落实认捐款项；海上安全合作取得较好的成效，主要因为海上安全密切涉及世界各

---

① 《吉布提与厄立特里亚总统举行会晤 联合国秘书长期待两国和平更进一步》，联合国网站，2018 年 9 月 18 日，https：//news. un. org/zh/story/2018/09/1017982。
② 《国际法庭裁决英国快还岛》，观察者网，2019 年 2 月 26 日，https：//www. guancha. cn/internation/2019_02_26_491553_2. shtml。

国经济利益；领土争端将主要依靠外交途径解决，喀麦隆和尼日利亚两国曾经在尊重国际法和加强友邻合作关系的基础上和平解决有争议的巴卡西半岛问题，这个案例仍然可以成为非洲其他国家处理边境争端的典范。

An Analysis of the Security Situation in Francophone Africa

Lin Quanxi

Abstract：Security problems, more prominent in recent years, have become the diplomatic focus of African francophone countries. To face the spillover of terrorism from the Sahel to West Africa and Boko Haram's threats in the Lake Chad Basin, West Africa and Central Africa have strengthened collaboration between them and received support from Europe, mainly France and Germany, as well as from the international community. Maritime security issues mainly exist in the Gulf of Guinea and the Indian Ocean island countries, which have a large number of francophone countries. Maritime security and safety become a more important concern for Africa and the international community. African francophone countries, especially Morocco, are deeply aware of climate change which impacts stability and counter – terrorism in Africa. They respond positively to initiatives from African countries and those mainly from France. About regional and territorial disputes, the stability of the Great Lakes region remains a huge challenge. The cooperation between the Great Lakes International Conference Secretariat in Burundi and the

EU and the United Nations has gradually deepened. Diplomatic efforts of Djibouti and Eritrea have failed to achieve substantial progress in resolving territorial disputes. Disputes between Mauritius and the United Kingdom on the Chagos Islands, although entering legal proceedings, don't offer an optimistic perspective.

Keywords: African Francophone Countries; Anti-terrorism; Maritime Security; Climate Change

马约特岛对科摩罗的影响

李 晶 谭 勇*

摘 要：法国是当今世界仅次于美国在世界范围内拥有最大量海外军事据点和全球战略布局的老牌殖民国家。殖民时代虽已远去，但宗主国对原殖民地的影响力仍然不容小觑。马约特岛与科摩罗原来都是法国的殖民地。但今天，马约特岛作为法国的海外军事基地，实行了外交、经济、军事、移民等一系列的特殊政策。这对马约特岛原本所在的科摩罗产生了深刻的影响。科摩罗算是成功地脱离了法国的殖民统治的非洲国家代表，可在经济全球化的大时代，经济发展的不平衡使得两个国家的人民生活在完全不同的状况之下。这种人为催生的不同命运以及对两国人民的影响值得我们深思并研究。

关键词：马约特岛；科摩罗；法国；后殖民

作为西方大国的政治遗产，深受其影响的原海外殖民地在当今全球化进程加快和海外移民愈发频繁的大背景下呈现出了新的变化和特征。法国在印度洋上的军事据点马约特岛就深刻地反映了这样

---

* 李晶，西南林业大学外国语学院讲师；谭勇，西南林业大学外国语学院讲师。

的社会变化，并对科摩罗联盟产生了深刻的影响。

一 科摩罗与马约特岛的地缘关系

（一）科摩罗简况

科摩罗，官方称为科摩罗联盟，是一个位于非洲南部的联邦共和制岛国。它位于非洲东侧莫桑比克海峡北端入口处，东、西距马达加斯加和莫桑比克各约 300 公里，由大科摩罗岛（Ngazidja）、昂儒昂岛（Nzwani）、莫埃利岛（Mwali）和马约特岛（Mahore）共同组成。

科摩罗首都为莫罗尼，官方语言为科摩罗语、法语、阿拉伯语。[①] 科摩罗是阿拉伯国家联盟、伊斯兰合作组织、法语国家国际组织和法语国家议会大会的成员。

科摩罗作为一个非洲的阿拉伯岛国，近 99% 的居民属于逊尼派伊斯兰教徒，又受到了 170 余年法国殖民的影响；其社会生活除去与非洲土著类似的特征外，不仅具有浓重的伊斯兰宗教特点，同时也有选择地吸收了部分法兰西风格。这一点在科摩罗建筑风格和特征上表现无遗：一方面，大部分生活在农村的科摩罗人居住在环境非常简陋但具有民族风格、土著特色的茅草屋中，天生对现代化的摩天大楼心怀抵制；另一方面，由于长期受法国殖民影响，新兴城市尤其是首都莫罗尼开启了带有明显西方化倾向的现代化进程。[②]

---

① 《L'aménagement linguistique dans le monde：Comores》［archive］–Jacques Leclerc，Université Laval.

② 赛义德：《科摩罗建筑考》，硕士学位论文，中国矿业大学，2018。

同时，也导致城市与乡村人群严重两极分化。

（二）马约特岛简况

马约特岛在科摩罗语中也被称为 Maoré，是一组位于科摩罗群岛的岛屿，位于印度洋莫桑比克海峡，为法国领地。马约特岛主要包括大陆地岛（Grande - Terre）、小陆地岛（Petite - Terre）两个岛屿和其他几个较小的岛屿（Mtsamboro，Mbouzi，Bandrélé）。[①]

马穆楚（Mamoudzou）于 1977 年成为马约特岛的新首府，也是马约特岛上人口最多的市镇，位于大陆地岛上，而马约特岛早年的首府则是位于小陆地岛的藻德济（Dzaoudzi）。2017 年统计数据显示，马约特岛的人口为 256518 人，面积超过 376 平方公里。人口密度较高，每平方公里有 682 人；而女性平均每人生育超过五个孩子，岛内贫困人口占比高达 84%。[②]

对于全球海外军事基地的数量仅次于美国的法国而言，马约特岛具有重大的战略意义。法国通过分布在全球的军事基地（主要位于亚洲和非洲）在军事方面可以控制世界大部分地区，而非洲一直被法国认为是其"势力范围"和"后院"，是其战略布局的重中之重。法国在这里长期扮演"非洲宪兵"角色。

马约特岛所在的科摩罗群岛位于非洲大陆与马达加斯加之间的莫桑比克海峡，是不经过苏伊士运河而穿越印度洋的咽喉要道。同时，马约特岛距离法国本土 8000 公里，是法军进出印度洋的重要中转站和补给站，从而使得面积不大的马约特岛在法国全球军事布

---

① Nom issu de son surnom historique arabe Jazirat al Mawet soit 《 île de la Mort 》 en kibouchi.

② 《 Mayotte，département le plus jeune de France 》[archive]，Insee Première，no. 1488，6 février 2014，consulté le 18 décembre 2017.

局中起到画龙点睛的作用，法国势必保持马约特岛成为自身重要的海外军事基地。

另外，不同于美国的军事和征兵政策，法国的外籍军团大多由外国志愿者组成，其中只有 1/3 的士兵是法国人，在军事基地中即使出现伤亡，法国本土社会的反应也比美国平静得多。这种政策也使得当地居民有意愿通过参军获得来自法国更多的援助，客观上使得法国加快了训练当地武装力量和警察的步伐。同时，尽量少从本土派兵还有利于缓解当地政府和民众对法国海外驻军的反感。2008年的数据显示，法国在马约特岛仅部署了 1 个步兵支队、2 艘巡逻艇和 300 名宪兵，本土驻军不超过 350 人，大部分则从当地志愿者中招募。①

（三）马约特岛的分化

科摩罗宪法认为科摩罗由四个岛屿——大科摩罗岛、昂儒昂岛、莫埃利岛和马约特岛共同组成，其中马约特岛由法国管理。然而，科摩罗政府认为马约特岛实际上被法国占领。直到 20 世纪 90 年代，联合国大会仍在谴责法国的这种行为，并提出了 20 多项不具备约束力的决议，法国对此置若罔闻。历史上法国于 1841 年占领了马约特岛。1912 年，科摩罗四岛均沦为法国殖民地，隶属马达加斯加总督治下。1946 年，科摩罗在行政上脱离马达加斯加，成为法国的"海外领地"，从而在历史上首次成为统一的行政实体并获得海外领土地位的认可。受 20 世纪 60 年代非洲国家独立浪潮影

① 孙德刚：《法国非洲战略中的海外军事基地：一项历史的考察》，《同济大学学报》（社会科学版）2012 年第 2 期，第 55～64 页。

响，尤其是邻国坦桑尼亚和平建设的影响，一些科摩罗知识分子要求独立的呼声开始高涨。经协商，法国于1974年在科摩罗展开了全民公投，除去马约特岛之外的三个岛屿都选择从法国独立出来，组成独立的联盟国家。根据本次公民投票的最终结果，法国政府开始选择区别对待马约特岛和科摩罗群岛其他三个岛屿，而科摩罗则于1975年7月6日单方面宣布独立，[①] 从而为马约特岛和另外三岛的紧张关系埋下了隐患。

法国认为，科摩罗三岛联盟和马约特岛不同的命运在于法律原因，而与政治因素无关。这是因为法国于1841年购买了马约特岛，而科摩罗群岛其他三岛自1886年以来只是受法国保护而已。因此，公投的结果也顺应了将马约特岛从科摩罗联盟中脱离出来的趋势。此外，法国宪法不允许未经民众同意而给予独立。[②] 这样直接导致马约特岛在公投不同意脱离法国之后，走上和科摩罗联盟另外三个岛屿不同的道路。正是这种差异造成了法国与科摩罗之间，以及马约特岛人与其他科摩罗人之间经常出现外交紧张局势。一方面，科摩罗人从民族主义出发尽力让马约特岛回到科摩罗大家庭中；另一方面，鉴于马约特岛被深刻殖民和无可取代的海外军事区位，法国想方设法营造马约特岛与科摩罗群岛其他三岛完全不同的特殊地位。

（四）马约特岛与法国及科摩罗联盟的历史渊源

1841年4月25日，法国国王路易·菲利普一世向马约特王

---

① Assemblée générale des Nations unies, 《 Question de l'Île comorienne de Mayotte 》［ archive］, Résolutions adoptées par l'Assemblée générale au cours de sa trente – et – unième session：A/RES/31/4, sur un. org, 21 octobre 1976（consulté le 13 avril 2016）.

② 《 Découvrir Mayotte, une géopolitique singulière 》［archive］, par le recteur Gérard – François Dumont, 18 mars. 2018, sur La Revue Géopolitique［archive］.

国安德里安特苏里苏丹（Sultan Andriantsoly）购买了马约特岛。当时苏丹正被邻国威胁，促使苏丹通过割卖领土给法国人的方式获取西方强国支持，削弱非洲邻国带来的威胁。1848 年，该岛作为法国海外殖民地正式加入了法兰西共和国。在 19 世纪中后期，法国将马约特岛发展成了法国在印度洋移民扩张的基地。1886 年为了维护自己在印度洋地区的势力，法国将大科摩罗岛、莫埃利岛和昂儒昂岛都统一囊括到了由政府设立在马约特岛的保护圈之内。1958 年，首府由马约特岛迁往大科摩罗岛的莫罗尼。然而，这次迁移引起了马约特岛居民的极大不满。20 世纪 60 年代到 70 年代，马约特岛一直都在持续不断地争取与法兰西共和国的对接磋商。1974 年，法国组织了整个科摩罗群岛的公民投票，以决定科摩罗的独立性，不出所料，仅有马约特岛居民投票决定要留在法兰西共和国。1976 年马约特岛又单独组织了第二次公民投票，超过 99% 的居民坚持跟随法兰西共和国。尽管如此，科摩罗联盟仍然声称对马约特岛拥有主权。在 2009 年的地方公投之后，马约特岛已经成为法国一个海外地区（DROM），拥有一个独立的地方议会。地方议会从 2011 年开始行使区域委员会的权力。马约特岛使用法国国旗，使用法国法定货币——欧元。军事上法国在马约特岛驻军，并且征税。法语是当地唯一官方语言，政府机构和学校中只能使用法语。2014 年，马约特岛在欧洲的地位得到了改变，被囊括入欧洲外层地区，并从此成为欧盟的一部分。①

与此相反的是，马约特岛在地理、人种、宗教、文化上仍是科

---

① 《Découvrir Mayotte：histoire et géographie》[archive]，sur www. mayotte. pref. gouv. fr, 14 août. 2015（consulté le 29 juin. 2018）.

摩罗群岛的一部分。1974 年，经过公民投票，科摩罗群岛大部分地区独立。据法国政府网站介绍，在科摩罗群岛的四大区域中，马约特岛是唯一一个愿意继续作为法国领土的区域。马约特岛在 1974 年的公投中，有 63.8% 的投票者赞成与法国保持关系，在 1976 年的公投中，有 99.4% 的投票者赞成放弃独立。

从 20 世纪 70 年代到 90 年代，在世界民族主义和独立大潮的影响下，科摩罗将马约特岛主权问题诉诸联合国，与法国的这次政治斗争整整持续了 20 年时间。1976 年，联合国安理会专门讨论了马约特岛的主权归属问题，在当时安理会的 15 个成员国中，有 11 个国家（包括中国）支持科摩罗对马约特岛的主权要求，但因为法国的否决（5 个常任理事国中唯一的反对票），这一决议未能通过。自 1976 年至今，法国在联合国安理会再也没有单独使用否决权，可见当时马约特岛的归属对法国的重要性。1995 年后，联合国大会再未讨论过马约特岛问题。然而，科摩罗联盟从来没有放弃对马约特岛的主权要求。[1]

二 科摩罗与马约特岛的现状

（一）科摩罗现状

1. 经济状况

据统计，2016 年科摩罗人口数量为 794678 人，GDP 为 10 亿美元，人均 GDP 为 1288.90 美元。科摩罗人口类型单一，大多数是农

---

[1] 《Question de l'île comorienne de Mayotte》［archive］– Assemblée générale de l'ONU，6 décembre 1994.

村人口，主要靠种粮或捕鱼为生，还出口香草、依兰和丁香。本国无法做到食物的自给自足。①

根据联合国贫困指标，在世界银行列出的世界最贫穷国家/地区中，科摩罗列倒数第 21 位。②

科摩罗外交事务委员会的报告显示："大科摩罗的居民并不急于从事每月 300 欧元的工作。他们更愿意在西联汇款门口排队，领取家人给他们寄来的汇款。这些汇款足以支付他们到岛外去就医，或者送孩子们到岛外求学。"③

科摩罗主要依靠来自欧盟、沙特阿拉伯和中国的财政援助。中国为科摩罗提供经济援助，出资并援建了当地许多建筑物。然而，由于当地高素质工作人员极度匮乏，崭新的建筑物里工作人员却寥寥无几。例如，在昂儒昂岛上兴建的邦宝医院大楼里几乎没有设备和工作人员。④

2. 政治社会状况

1997 年，昂儒昂岛和莫埃利岛单方面宣布科摩罗伊斯兰联邦共和国的独立，希望自己也能够加入法国，但遭到了法国的拒绝。这次分裂的企图导致了所谓的科摩罗伊斯兰联邦共和国遭到非洲统一组织的禁运处罚。1998 年，在非洲统一组织的主持下，莫埃利岛再次接受科摩罗的管理，而昂儒昂岛仍然拒绝。2001 年，最终在非洲

---

① Geoffroy Vauthier, 《 Sur la Diaspora 》, *Mayotte Hebdo*, no. 868, 11 janvier 2019.

② 最不发达国家有关数据：联合国分类（科摩罗）, https: //data. worldbank. org. cn/? locations = XL – KM。

③ Anne Perzo – Laffont, 《"La vérité sur les Comores": le compte rendu sans concession de la mission parlementaire 》[archive], sur *Le Journal de Mayotte*, 14 décembre 2018.

④ Geoffroy Vauthier, 《 La commission des Affaires Etrangères étrille l'Union des Comores 》, *Mayotte Hebdo*, no. 868, 11 janvier 2019.

统一组织和法语国家组织等的斡旋下，科摩罗政府、反对党、昂儒昂岛当局、各岛代表及非统等九方签署《科摩罗和解框架协议》，对民族团结政府的组成及有关问题做出界定，科摩罗全面民族和解进程正式启动。2001年12月23日，科摩罗通过新宪法草案，决定成立科摩罗联盟，以给予包括昂儒昂岛在内的科摩罗四岛高度自治权的方式解决昂儒昂岛分裂问题。2002年3月至4月，科摩罗举行全国大选。经两轮选举，阿扎利当选总统，并于5月26日宣誓就职。2003年12月20日，在南非、马达加斯加和毛里求斯等国协调下，科摩罗联盟政府与三岛达成《科摩罗过渡措施协议》，就议会选举、联盟和三岛之间权力分配等问题达成妥协。2004年3月和4月，科摩罗地方议会选举和全国议会选举先后顺利举行，但各方仍围绕关于中央与地方分权的《组织法》争执不休。2018年7月30日，科摩罗通过公民投票批准了一项新的宪法改革，进一步加强了总统的权力，使其能够连续两届连任。这项改革废除了副总统职位并取消了宪法法院，司法裁决权统一归于最高法院。①

3. 移民状况

科摩罗的人口呈现高度负迁移的特征，大部分人口主要选择前往法国领土和马约特岛居住，其中很多人属于非法移民（尤其是马约特岛，其中有近50%的外国人口）。目前有很多科摩罗人居住在科摩罗联盟之外，科摩罗前总统阿卜杜拉·桑比曾感叹"马约特岛上就有5万至10万科摩罗人"，而且"马赛是科摩罗的第5个岛屿"。②

---

① 《Comores: la suppression de la Cour constitutionnelle dénoncée par ses membres》[archive], sur RFI Afrique, 16 avril 2018（consulté le 16 janvier 2019）.

② Renaud Février, 《Crise sociale à Mayotte:4 questions pour tout comprendre》[archive], L'Obs, 7 mars. 2018.

（二）马约特岛现状

1. 经济状况

马约特岛居民主要务农，农业局限于中央和东北部平原。经济作物包括香草、芳香树、椰子和咖啡。另种植木薯、香蕉、玉米和水稻等淀粉含量高的农作物维生。主要出口香精、香草、咖啡和椰仁干。输入品包括稻米、糖、面粉、服装、建筑材料、金属器具、水泥和运输装备。主要贸易伙伴为法国，经济亦大半仰赖法国的援助。岛上有一个贯通主要城镇的公路网；在德札欧德吉西南方帕曼德吉岛上还设有一座岛际航空机场。①

马约特岛经济发展情况，如表1所示。

表1　马约特岛经济发展基本指标及世界排名

综合排名	地区	GDP（亿元人民币）	人均 GDP（万元人民币）	人口（万人）	面积（km²）
211	关岛	351	24.0	15.6	550
212	维尔京群岛（美）	211	20.2	10.4	351
213	北马里西纳	72	14.2	5.1	185
214	萨摩亚	44	7.5	5.9	199
215	安圭拉	10	6.8	1.4	96
216	查戈斯群岛	7	20.0	0.4	60
217	维尔京群岛（英）	63	20.3	3.1	153
218	开曼群岛	242	39.6	6.1	264
219	福克兰	12	35.7	0.3	12200
220	直布罗陀	96	27.8	3.5	7
221	蒙塞拉特	4	3.1	1.3	102

---

① Ornella Lamberti, 《 La barge et les taxis：une institution à Mayotte 》, dans Glitter – hors – série spécial nouveaux arrivants, Mayotte, 2017.

续表

综合排名	地区	GDP（亿元人民币）	人均 GDP（万元人民币）	人口（万人）	面积（km²）
222	圣赫勒拿	4	5.7	0.7	380
223	特凯群岛	26	7.4	3.5	430
224	皮特凯恩	0.1	5.0	0.005	47
225	海峡群岛	412	25.0	16.5	194
226	马约特	64	34	18.7	374
227	向风群岛	313	11.0	18.5	1182
228	背风群岛	47	15.3	3.1	393
229	圣皮埃尔	20	30.0	0.6	242
230	瓦富群岛	10	6.0	1.8	153
231	阿鲁巴	176	17.5	10.0	193
232	库拉索	N/A	N/A	16.0	444
233	圣马丁	N/A	N/A	4.0	34
234	博奈尔	N/A	N/A	1.6	294
235	安的列斯	—N/A	N/A	17.6	800
236	斯瓦尔巴	N/A	N/A	0.3	62000
237	扬马延岛	N/A	N/A	0.01	372
238	休达市	N/A	N/A	8.3	18
239	梅利利亚	N/A	N/A	7.9	12
240	圣诞岛	N/A	N/A	0.2	135

资料来源：世界银行（2017）。

农业、旅游业和建筑业是马约特三个支柱产业。马约特岛居民的生活水平明显低于法国大陆居民，平均工资比后者低 10%，失业率几乎高出三倍。生活基本必需品的价格有时会高得多（例如燃料高出 35%）。[1]

根据 2018 年统计，该岛有 2360 家企业，其中增加了大约 5300

---

[1] 《L'alimentation》, Caribou à Mayotte – magazine spécial nouveaux arrivants, 2017, p. 26.

家非正规企业（未在税务机关登记）。这些非正规企业规模很小，产值约占全岛商业总产值的9%，约有6640名未申报的雇员。造成这种现象的原因是，大量企业家是非法移民，这使他们无法使自己的活动合法化。[①]

2. 政治社会状况

自1976年起马约特岛与法国保持一种特殊的关系，即作为法国的集体领地，这是一种介乎海外领地与海外省之间的行政建制。该领地由1名高级专员和经选举产生的由17名议员组成的总议会管理。司法制度则仿效法国本土体制。马约特的政治框架为法国海外领地的议会民主制，马约特总领事（President of the General Council）是岛内的政府首脑；实行多党制，政府拥有最大的行政权力。在法国国民议会中马约特拥有一个代表资格以及两个法国参议院议员席位。[②]

3. 移民状况

截至2018年3月，移民人口约占该岛成年人口的45%。2012年，39%的外国人出生在马约特境内，他们中的大多数可以取得法国国籍。马约特岛面临严重的非法移民问题。2012年，非法移民总数占到了马约特岛人口的三分之一。2014年略有增加，估计非法移民的数量每年有25000~30000人。其中，有18000~20000人在边境附近徘徊。在这些非法移民中，主要是科摩罗三岛特别是距离最近的昂儒昂岛的居民。很多非法移民冒险试图借助临时船只到达马

---

① Jérôme Morin, 《 Les entreprises informelles: nombreuses mais peu productives 》, *Mayotte Hebdo*, no. 628, 16 février 2018, p. 7.

② 《 L'afflux de Comoriens à Mayotte 》[archive], France Info, 7 décembre 2012 （consulté le 9 décembre 2012）

约特岛，然而在这个过程中，已有接近 12000 人死于偷渡。①

三 法国与欧盟对马约特的投入（2014～2020 年）

欧盟把马约特地区列入欧洲远海领土范畴，计划从 2014 年到 2020 年对马约特岛提供 28400 万欧元的援助。其中 1200 万欧元用以发展马约特岛、马达加斯加和科摩罗的合作项目，13100 万欧元用于海洋保护与生态研究。另外，还有每年不超过 27800 万欧元的农业辅助专用款项。所有这些款项都将用于帮助马约特岛完成以下方面的任务：保护自然遗产与环境；促进可再生新能源的开发；提高工作收入与改善工作环境；加强职业教育与培训；发展并促进企业与雇员的利益；扶贫；改善医疗设备与条件；加强科技研究与企业创新。②

2018 年 5 月 15 日，法国政府准备为马约特岛追加投入 13 亿欧元，同时表示这只是整个五年计划开展的第一步。③

四 结论与展望

马约特岛因其特殊的地缘优势和根深蒂固的殖民情结得到法国

---

① Laura Philippon, 《 Anjouan – Mayotte：la mer Méditerranée n'est pas le seul cimetière maritime de migrants 》［archive］，sur la1ere. francetvinfo. fr, 21 avril 2015.

② Europe en France, le portail des Fonds européens, http：//www. europe – en – france. gouv. fr/Centre – de – ressources/Actualites/Cooperation – entre – Mayotte – et – les – Comores – le – programme – 2014 – 2020 – adopte/（language）/fre – FR.

③ Mayotte：le gouvernement présente un plan d'1, 3 milliard d'euros, http：//www. lemonde. fr/Politique.

方方面面的援助，从而获得了相对可靠的发展空间和福利待遇，与同属科摩罗群岛的其他地区产生了明显区别，这成为马约特岛逐渐从科摩罗联盟分化的根源。法国从人文到医疗领域的大力援助，让马约特岛居民在科摩罗群岛中生活水平长期持续领先。现实的福利成为同属科摩罗群岛的其他三个岛屿居民急切投奔马约特岛，甚至不惜冒着生命危险偷渡的重要原因。昂儒昂岛申请加入法国的请求虽然被拒绝，但可以印证资源贫乏、经济落后地区宁愿牺牲主权换取脱贫致富的急迫心态和社会现实。

在后殖民时代，法国积极调整后的外交、军事、移民等政策对深受其影响的原殖民地产生了巨大的分化作用，也对当地的社会经济发展产生了巨大影响，使得这些地区完全依附于法国，甚至不惜拿主权换脱贫。科摩罗公民出于对现实生活的考虑，也大多倾向于借助正当或非法途径通过马约特岛移民法国，走上致富的快车道，客观上使得经济发展不顺的科摩罗联盟青壮年劳动力缺乏，尤其是高素质人才大量流失，对本国经济长期发展而言无异于釜底抽薪。

当同一区域人民的经济生活水平产生巨大差异甚至两极分化时，出于对更好生活的向往和无力改变现实的无奈，一系列的政治、社会、经济矛盾必将激化，并将深刻影响当地社会变革。在科摩罗尚未找到自身长期可持续发展的途径之前，法国对马约特岛的特殊优待仍将对科摩罗政治、经济、社会发展造成深刻影响，可以预见类似"公投"和国际社会斡旋的纠纷仍将周期性不断上演，而科摩罗本身的民主和政治也将经受长期考验。

Mayotte's Impacts on Comoros

Li Jing   Tan Yong

Abstract: As one of the oldest colonial powers in the world, France has the second largest number of overseas military positions and global strategic layout, just next to America. Although the colonial era has gone, the influence of the sovereign state on its original colonies still cannot be underestimated. Mayotte and Comoros were originally French colonies. Today, however, Mayotte, as an overseas military base of France, has implemented a series of special policies of diplomacy, economy, military and immigration which have had a profound impact on Comoros where Mayotte was originally located. Comoros is a model of African countries which gained their freedom from the colonial rule of France. But in the era of economic globalization, the imbalance of economic development has made the people of the two countries live in completely different conditions. This man – induced different fate and its influence on the people of both countries are worth of our deep thought and research.

Keywords: Mayotte Island; Comoros; France; Post-colonial

与刚果（布）总统顾问对话

——泰奥菲尔·奥邦加访谈摘录

黄玉沛[*]

受访者：刚果（布）总统顾问、非洲著名历史学家泰奥菲尔·奥邦加

采访人：黄玉沛

时间：2015 年 8 月 19 日

地点：布拉柴维尔市泰奥菲尔·奥邦加的家

一 泰奥菲尔·奥邦加简介

泰奥菲尔·奥邦加（Théophile Obenga），1936 年出生于法属赤道非洲（今刚果共和国）的布拉柴维尔，非洲本土著名的埃及学家、哲学家、语言学家，是泛非主义、非洲中心主义的坚定支持者。泰奥菲尔·奥邦加通晓希腊语、拉丁语、法语、英语、意大利语、阿拉伯语、叙利亚语和埃及象形文字（Medu Netjer）等八种语言。泰奥菲尔·奥邦加在法国蒙彼利埃大学获得艺术与人文学博士

＊ 黄玉沛，博士，浙江师范大学中非国际商学院讲师。2014 年 9 月至 2015 年 9 月，在刚果（布）马利安·恩古瓦比大学孔子学院担任汉语教师志愿者。

学位，是美国旧金山州立大学非洲研究中心名誉教授（2009 年退休），国际班图沙漠文明中心（Centre International des Civilisations Bantu，CICIBA，总部在加蓬首都利伯维尔）前任主任（1991 年退休），《安赫》（ANKH，是研究埃及学和非洲文明的学术杂志）杂志社前任社长兼总编辑。他为联合国教育、科学及文化组织做出了突出贡献，是八卷本《非洲通史》的编者之一，主编《非洲通史》第 1 卷第 4 章 "非洲史研究中所使用的资料和专门技术概论" 和第 5 卷第 19 章 "刚果王国及邻邦"。2009 年，泰奥菲尔·奥邦加从美国退休之后回到布拉柴维尔，担任刚果（布）总统顾问。

二 非洲历史与哲学的省思

黄玉沛：泰奥菲尔·奥邦加教授，您好，非常感谢您接受我的采访。来此之前，我就听闻您在非洲历史研究方面发表了诸多著作与文章，涉及的方面很多，例如埃及的纸草文字、非洲历史哲学、非洲中心主义、非洲联邦制等。想听听您这些年来进行非洲历史研究的大致历程。

泰奥菲尔·奥邦加：我曾在法国、斯威士兰和美国接受教育，在法国蒙彼利埃大学获得艺术与人文学博士学位，随后在美国旧金山州立大学非洲研究中心、国际班图沙漠文明中心等机构工作。

谈到我的学术研究，不得不提到一个人，他就是塞内加尔乃至非洲著名的历史学家谢克·安塔·迪奥普（Cheik Anta Diop），我们亦师亦友，我后来的学术研究亦是追随他的研究足迹。我们早期的学术研究主要集中在埃及，研究埃及纸草文字和象形文字。以前希腊人认为，金字塔是由大批奴隶建造而成的，我和迪奥普经过对纸草文字的解读，就有一个推断：埃及第四和第五王朝时期，修建埃及金字塔的人不是奴隶，而是数万名技术纯熟的自由劳工。这个发现震动了当时的学术界，有人说我们是主观臆断，没有实际依据。的确，我们当时也只是根据部分残缺的纸草文字进行推断，缺乏实物证据和技术认证。我和迪奥普曾经在 1974 年 1 月 28 日至 2 月 3 日，共同出席联合国教科文组织在埃及首都开罗举办的"古埃及的居民和麦罗埃罗手稿的解读"（The Peopling of Ancient Egypt and the Deciphering of the Meroitic Script）学术研讨会。在会议上，我们展示了当时最新的研究成果，引起了广泛关注。后来，直到 2010 年 1 月 11 日，埃及胡夫（Khufu）和哈夫拉（Khafre）的金字塔的考古发现证实了我们的推断，埃及考古学家扎赫·哈瓦斯（Zahi Hawass）认为，根据金字塔遗址墙壁水流的痕迹，经过技术处理，可以判定当时是采用水流法修建金字塔的，那些修建金字塔的人应该是自由人，他们每三个月领取一份工资。

你若有兴趣，可以参考出版的相关著作，包括《埃及、希腊和亚历山大学校：古代历史上的跨文化、希腊哲学的埃及来源》、《迪奥普、沃尔内和狮身人面像：迪奥普对世界历史的贡献》、《埃及几何：古代非洲对全球数学的贡献》、《古埃及的起源、科普特和现代黑非洲语言：非洲历史语言学评介》和《埃及法老：非洲语言》等。[1]

---

① Théophile Obenga, *L'Egypte, la Grèce et l'Ecole d'Alexandrie: histoire interculturelle dans l'Antiquité, aux sources égyptiennes de la philosophie grecque*, Editions L'Harmattan（1 décembre 2005）; Théophile Obenga, *Cheikh Anta Diop, Volney et le Sphinx: Contribution de Cheikh Anta Diop à l'historiographie mondiale*, Présence africaine, 11 juillet 2000; Théophile Obenga, *La géométrie égyptienne: Contribution de l'Afrique antique à la mathématique mondiale*, Editions l'Harmattan, 3 mai. 2000; Théophile Obenga, *Origine commune de l'égyptien ancien, du copte et des langues négro-africaines modernes: Introduction à la linguistique historique africaine*, Editions L'Harmattan, 3 mai. 2000; Théophile Obenga, *LÉgyptien pharaonique: une langue africaine*, Présence Africaine, Editions L'Harmattan, 1 septembre 2010.

黄玉沛：据我了解，您之后的学术方向是从早期的埃及学转到对非洲文明的审视和思考。对此，您能不能详细谈一谈？

泰奥菲尔·奥邦加：随着研究的深入，我不断提醒自己，必须秉持非洲民族主义情怀，英法等西方国家在非洲的种种做法给非洲带来了沉重的灾难和历史包袱，当前西方国家的"发展－援助"模式非但不适用于非洲，反而会带来极大的危害。那么，非洲人民该怎么做呢？20世纪50年代，迪奥普的学术观点对我有很大启发。他在1955年出版的《黑人民族与文化》一书中认为，古埃及文明的主体是黑人，"黑人－埃及"对人类历史和文明的进化做出了突出的贡献，"黑人－埃及"使整个世界走向了文明。[①] 这种观点常常被西方学者戏称为"非洲中心论"，因为它强调"西方文明的发祥地可以追溯到法老时期的埃及，而古埃及文明基本上是一种黑人文明"，它与"欧洲中心论"的观点分庭抗礼。这种观点一直受到西方学者的批评，被认为是非洲学者出于政治动机提出的假说（pseudolinguistics），被贴上基于种族、文化认同和政治需要的标签。但是，我认为是西方人羞于承认事实的真相。在学术观点上，我是谢克·安塔·迪奥普"非洲中心论"的合作伙伴和坚定支持者。谢克·安塔·迪奥普关于古埃及文明的创造者是黑人的发现和科学论证对非洲编年史来说是一次真正意义上的革命，它猛烈地冲击了以黑格尔为代表的欧美学者关于撒哈拉以南非洲大陆没有历史的臆断，并由此奠定了非洲黑人的历史意识。我的学生克瑞斯·格瑞（Chris Gray）出版了名为《谢克·安塔·迪奥普和泰奥菲尔的历史概念》的书，[②] 专门介绍我和迪

---

① Cheikh Anta Diop, *Nations Negres et Culture*, Présence Africaine, Paris, 1955.

② Chris Gray, *Conceptions of History in the Works of Cheikh Anta Diop and Theophile Obenga*, Karnak House, 1 décembre 1989.

奥普的学术思想，你有空可以看看。

三　非洲政治与民主

黄玉沛：我了解到您对泛非主义、非洲一体化发展有非常大的期待，您是如何看待非洲未来的政治与民主改革的？

泰奥菲尔·奥邦加：在谢克·安塔·迪奥普的思想基础上，我进一步提出了建立非洲联邦制的想法，虽然你们可能认为非洲联邦制的实现遥遥无期，但是我在 2012 年出版的《黑非洲联邦制：唯一的途径》[①] 一书中提出了一种观点："要实现黑非洲历史真正的复兴，唯一的途径就是实行黑非洲联邦制。"只有非洲国家联合起来，加快一体化进程，形成一股强大的合力，才能真正实现非洲复兴。当然，建立非洲联邦并不是没有前车之鉴，可以学习美国的做法。美国根据各个州不同的区位特点，制定了不同的发展战略，例如，加利福尼亚州以高科技产业、好莱坞电影为主；科罗拉多州以工矿业为主；北达科他州以谷物、甜菜、马铃薯等种植业为主；弗吉尼亚州以发展烟草、园艺、食品加工为主；佛罗里达州以电子设备制造、太空基地建设为主等。非洲大陆可以借鉴美国分区发展的模式，根据各个地区的不同特点，发展不同类型的产业。我设想，可以把撒哈拉以南非洲分为八大区域，即刚果盆地、贝宁湾区域、加纳到科特迪瓦、几内亚—塞拉利昂—利比里亚、热带区域（塞内加尔、马里、尼日尔）、尼罗河苏丹—大湖地区—埃塞俄比亚、赞比亚盆地、南非。根据各

---

① Théophile Obenga, *Etat federal d'afrique noire*：*la seule issue*, L'Harmattan, 29 février 2012.

个区域不同特点，因地制宜，加快撒哈拉以南非洲工业化进程，实现跨越式发展。

在书的最后，我列出了实施非洲联邦制的时间表。2012～2014年，在非洲各个国家和地区就实行联邦制进行公开讨论，包括举办专题研讨会、国际会议，泛非政党举行集会，通过电视、广播等媒体广泛宣传等。2014～2020年，起草非洲联邦制相关的法律文本，建立联邦机构（联邦议会、参议院等），在非洲大多数民族国家举行全民公投，修改其现行的宪法，与非洲联邦宪法相适应。2020～2022年成立非洲联邦，将亚的斯亚贝巴作为非洲联邦总部，非洲联邦政府代表非洲人民的意愿，非洲联邦可以申请加入联合国。2022～2030年制定非洲联邦的各项综合发展计划，包括工业化的各项目标等。2030～2060年制定非洲民用核计划。2060年以后，实现非洲真正的复兴，促进人类的和平与发展。[①] 我相信，只要非洲人民共同努力，实行联邦制是对非洲历史负责的、一劳永逸的、唯一的途径。

当然，对非洲联邦制的进展也不能过分幻想，这需要相当长的时间。20世纪60年代非洲国家实现独立以来，相对于世界其他地区而言，非洲经济发展仍然非常落后，有增长无发展，不能对非洲经济发展抱过于乐观的态度。实际上，关于非洲经济增长的数据都是世界银行、国际货币基金组织提供的，其背后得到西方国家的支持，所谓的经济增长数据与非洲的现实经济发展状况有很大的出入。需要注意的是，在实现非洲联邦制

---

① Théophile Obenga, *Etat federal d'afrique noire：la seule issue*, L'Harmattan, 29 février 2012, p. 51.

的过程中，对我们而言，重要的不是在于实现多少具体经济目标，而在于借此建立非洲人自己的历史意识，确定非洲文化的同一性并确保非洲的历史和未来建立在科学、牢固的基础之上。

黄玉沛：刚果（布）2016 年将要举行新的总统选举，现在情况不甚明朗，您是如何看待未来的选举的，会不会出现选举后的冲突与暴乱？

泰奥菲尔·奥邦加：非洲的选举不能走西方的路子，多党民主制不一定适应刚果（布）。我现在比较倾向于支持现任总统萨苏（1979 年、1984 年、1989 年分别出任总统，2002 年、2009 年连任两届总统），他还有时间修改宪法，获取连任。刚果（布）发展较为缓慢，七年任期很难做出多少成绩，不如给萨苏更多的时间，带领刚果（布）实现较快的经济增长。当然，未来的总统，必须确保和平稳定，明确国家发展计划，制定详细的实施步骤，激励民众参与国家发展。

四　刚果（布）经济多元化发展势在必行

黄玉沛：据我所知，刚果（布）经济发展对石油依赖程度很高，石油收入一度占国家预算 75% 以上；但是近年来国际石油价格波动很大，对刚果（布）经济发展带来很大冲击，政府准备采取什么样的措施予以应对？

泰奥菲尔·奥邦加：石油经济作为刚果（布）经济支柱的格局短期内不会改变，原油出口以及石油加工与冶炼业是推动刚果（布）经济增长的主要动力。虽然我们对石油领域的资金投入巨大，但是如果从创造就业机会的角度来看，并未换来应有的就业岗位，尤其是无法满足不断增长的青年就业需求。而且，国际石油价格对我们经济发展带来的冲击效应非常明显，政府财政遇到困难，支付能力降低，一些在建的工程被迫停工。因此，刚果（布）经济多元化发展势在必行。

政府于 2009 年成立了特区部，直属总统府。该部门成立以来，多次派团访问中国、新加坡等国家，寻求经济发展多元化的可操作模式。经过前期可行性研究，我们已经筹建了四个经济特区，分别位于韦索（桑加省首府）、奥约－奥隆博（盆地省及高原省）、布拉柴维尔（首都）和黑角（最大的港口城市），希望在非石油领域能够有所作为，实现经济多元化发展。

黄玉沛： 我听说，刚果（布）是全世界唯一将经济特区设立为部级单位的国家，上述四个经济特区的布局是如何考虑的？有何特点？

泰奥菲尔·奥邦加： 政府经过前期调研，依据各个经济特区具体区位特点，发展不同类型的产业集群。具体而言，韦索经济特区位于刚果（布）北部地区，毗邻喀麦隆，面积达 6.452 万公顷。该地区地表大部分为黏土覆盖，不仅自然肥力高，农业生产潜力大，而且由于黏土具有不易透水的特性，植物生长茂密，林业资源丰富。我们准备依托这一地区丰富的林业资源，主要发展木材加工业及其衍生的家具和建材业、咖啡和可可种植业，以及以农产品为原材料的农业加工业。此外，该特区有大量未开采的林区、矿区和油区，经济价值非常可观。但是，因为韦索经济特区缺乏最基本的交通运输设施，开发成本较高。

奥约－奥隆博经济特区位于刚果（布）东中部地区，面积达 76.0318 万公顷。政府将该特区定位为"绿色经济和可持续发展中心"，以发展农产品加工业、养殖业、木材加工业、渔业等为主，同时大力发展可再生资源，推动城市工商业发展。政府还在距奥约12公里处的奥隆博兴建国际机场，更使这一区域性国际机场与世界各地直接相连，这一国际机场被称为中非地区的"黄金通道"。该特区还有奥博卡涅养牛场、奥约太阳能板厂等产业，到2032年将创造12万个就业岗位，即每年6500个岗位，特区对刚果（布）国内生产总值的贡献预计在2032年将达15.28亿美元。为保证特区建设更顺利地进行，特区将被划分为若干小区块，通过发展基础设施和工业促进奥约、奥隆博两个城市的发展。

布拉柴维尔经济特区主要包括刚果（布）第一大城市布拉柴维尔及其周边地区，该特区是全国的政治和文化中心，人口约137万，面积达16.41万公顷。该特区是联系刚果河与大西洋的枢纽，既是内河港埠，又是刚果（布）大西洋铁路的起点，是喀麦隆、中非共和国甚至乍得等许多国家进出口物资的中转站。该特区主要发展物流业、建材业、木薯及甘蔗种植业、园艺业以及棕榈油加工业等。位于布拉柴维尔市北部郊区的马卢古工业园区正在建设中，已有13家巴西建材企业入驻。预计该特区在2020年将创造2.1万个就业岗位，2030年将增加至4.3万个。预计2020年布拉柴维尔经济特区对国内生产总值的贡献达7亿美元，2030年将达17亿美元，约占非石油领域生产总值的40%。

黑角经济特区包括刚果（布）港口城市黑角及其周边地区，面积达3150公顷。黑角是刚果（布）的经济中心，也是重要的自治直辖市，人口约50万。该特区主要发展石油冶炼、食品及饮料工业、材料工程、化工、矿物及非金属、木材及其衍生品、塑料产品制造、造纸及其衍生品、印刷和出版、玻璃制品、机械设备安装及维护等产业。未来 5 年，黑角经济特区面临历史性发展机遇，必将为促进刚果（布）工业开发、实现经济多元化奠定基础。

黄玉沛：这四个经济特区是同时开发建设还是有优先次序？

泰奥菲尔·奥邦加：设立四个经济特区的目的并不仅仅是为了带动经济发展，还有带动新城市建设的目的。我可以肯定的是，这四个经济特区并不会同时开始建设。目前先从与中国建有合作伙伴关系的黑角经济特区开始，作为发展经济特区的龙头。由于黑角自治港无法满足大规模散货运输需要，为促使矿业公司将矿产品运往欧洲和亚洲，政府与中国路桥集团合作，启动了建立黑角矿业港的计划。该矿业港位于黑角自治港北部海岸线附近，设计吞吐能力达1.5 亿吨，为满足矿业公司需要，散货设计运输能力将达 4600 万吨，其中 4000 万吨用于铁矿运输、300 万吨用于钾盐运输、300 万吨用于吞吐设计。考虑到商品进出口需求的迅速增加以及同出口目的地国家船舶停靠能力的差距，矿业港允许停靠最大船舶吨位将达30 万吨。根据萨苏总统的规划，该矿业港总面积为 9 平方公里，拥有 31 个泊位，包括专用于铁矿、钾盐运输泊位及多功能泊位。矿业港还将建造仓库、贮存和后勤基地、钾盐厂、铸造厂、炼油厂、铁路调度区、贸易区、附属区以及食物和水处理中心等。黑角矿业港建成后，大规模散货运输即可实现，这将有利于矿产品的短、中、长期运输贸易，解决刚果（布）进出口的增长需求问题，进一步推动黑角经济特区建设。在萨苏总统的规划中，这四个经济特区将在 20～30 年的时间内相继建成，由黑角经济特区作牵引，成为发展的核心地带，也就是我国发展和经济腾飞的起点。

五 中刚合作 互利共赢

黄玉沛：现在，越来越多的中国人在刚果（布）从事各类经济活动，您是如何看待当前中国与刚果（布）的合作关系的？

泰奥菲尔·奥邦加：刚果（布）和中国的友谊深厚，早在中华人民共和国成立初期，那时候中国还不富裕，就向刚果（布）提供了大量的无偿援助和无息贷款，帮助刚果（布）建成了诸如议会大厦、布旺扎水电站、马桑巴·代巴体育场等一系列项目。2006年6月两国签署了"一揽子合作协议"，建立起了团结互助的全面合作伙伴关系。2013年3月，中国国家主席习近平访问刚果（布），为双方合作开启了新的篇章。2014年是中国与刚果（布）建交50周年，萨苏总统再次访华，两国元首的成功互访将50年来中刚友好交往推向了高潮。2015年9月，在刚果（布）将要举办非洲运动会，中国公司在体育场馆等配套设施建设方面提供了很大帮助。

中国经济发展成就显著，我认为在不久的未来，中国经济规模将超过美国，成为世界第一，刚果（布）应该全方位、多角度向中国学习发展经验。近年来，政府积极倡导"向东看"政策，尤其重视学习中国的发展模式，期望通过借鉴中国经济建设的经验实现自身发展，力争在25年内成为新兴发展中国家。

当然，刚果（布）和中国的关系也是双向的，当中国遇到困难的时候，我们也会对中国进行力所能及的帮助。中国青海玉树地震后，我们在财政资源尚不充足的情况下，为玉树灾区捐建了一所小学，这也是刚中传统友谊、良好关系的见证。

黄玉沛：刚果（布）与中国合作的领域主要体现在哪些方面？

泰奥菲尔·奥邦加：我们的合作是全方位的，两国在农业、工业、贸易、石油勘探、矿产开发、基础设施建设、环境保护和可持续发展、卫生、教育、文化、体育、党际和民间交往等方面都有着广泛和深入的合作。

在石油加工与冶炼方面，我们主要与法国、美国和意大利合作。中国企业参与我国石油开采与冶炼的企业数量不多，在石油开采领域，有四家代表性的公司，分别为永华石化有限公司、中国海洋石油集团有限公司、南方石化集团、中石化江汉油田工程有限公司。中国企业在刚果（布）石油开采领域的影响力较小，大部分油田项目多属于试生产阶段，尚未进入大规模商业开发阶段。

在林业开发方面，我们拥有丰富的林业资源，中国与我们在林业领域的合作较为突出。主要的林业公司包括位于奎卢省（Kouilou）的中刚林业公司、位于桑加省（Sangha）的远东林业开采公司、位于西盆地省（Cuvette Ouest）的德嘉木业公司、位于利夸拉省（Likouala）的韦德集团子公司刚果泰诺瑞（Thanry），以及位于盆地省（Cuvette）的王山姆资源和贸易公司。需要强调的是，我们坚持森林资源的可持续开发原则，注重保护热带雨林资源，近年来，可开采森林面积逐步减少，政府逐步限制了部分珍贵原木的出口，规定原木总产量的85%需在本地加工。

在矿业方面，我们有大量尚未开发的矿业资源，中国企业与我们的矿业合作领域涵盖金矿、多金属矿、钻石、铁矿、铀矿、钾盐、陶土、采石场等等。目前，在刚果（布）多个省区，有20多家中国企业正处于矿产勘探和开采阶段，主要包括璐璐矿业、鲁源矿业、希望投资公司、中刚矿业以及葛洲坝集团等。就项目规模和进展而言，中国企业春和集团投资的蒙哥钾盐项目是在刚果（布）

最大的工业生产投资项目，也是非洲最大的钾肥项目，该项目的实施为刚果（布）钾盐产业的发展奠定了良好的基础。

在制造业方面，不得不承认，我们制造业发展较为落后。我们与中国合作投资经营的刚果新水泥公司（Société Nouvelle des Ciments du Congo，SONOCC）是中刚两国在制造业领域内第一个合资项目。2003 年，中国路桥集团与我们共同投资，在原鲁特特（Loutété）水泥厂的基础上成立了刚果新水泥公司，进行刚果（布）水泥生产线的恢复重建。2004 年 4 月，重建后的刚果新水泥公司正式投入运营，每年水泥产销量达 10 万吨，所产水泥主要用于刚果（布）首都布拉柴维尔的基础设施建设。除此之外，中国企业还在尼阿里省（Niari）的多利吉市兴建了鑫光国际水泥厂，在马夸投资建造了建材厂（生产砖、瓷砖和瓦片），在吉利建造了钢筋混凝土厂，在奥约建造了太阳能电池加工厂。

在工程承包方面，我们与中国企业的合作覆盖面广、涉及领域多、投资主体多元化。中国企业在领土整治与大型工程委员会发起的招投标中是最大的赢家，远超其他国家的企业。这些招投标项目包括水电站、输变电站、公路、港口、航空设施、住宅、医院、学校、公共建筑、综合体育场、水厂和供水项目等。例如，中国机械设备工程股份有限公司承建了里韦索水电站输变电工程、吉利水厂项目、布拉柴维尔住房项目等；威海国际经济技术合作股份有限公司承建了玛雅 – 玛雅国际机场二期工程、布拉柴维尔住房项目等；中国路桥工程有限责任公司承建了刚果（布）国家二号公路二期、市政道路、奥约职业技术学院以及西比第供水等项目；中国建筑集团负责多利吉至布拉柴维尔公路项目；中国水利水电建设股份有限公司负责桑加省凯塔公路项目，以及为非洲运动会而兴建的金特勒综合体育场建设项目；葛洲坝集团负责里韦索水电站建设项目；中江国际集团负责西比第总统行宫、奥隆博机场、黑角机场二期项目等。其他中资公司优先参与基础设施建设领域，例如北京建工集团、中国电子工程设计院、中地国际工程有限公司、北京住总集团等。

在其他领域，我们与中国的合作也比较深入，对刚果（布）经济发展带来了积极影响。在农产品加工领域，中国在布拉柴维尔贡贝区修建了中刚农业技术示范中心，向刚果（布）提供农业援助，并开始涉足蔬菜种植与加工业；在医疗领域，除了中国政府援助刚果（布）应对埃博拉疫情医疗物资、提供必要的技术援助外，中国人还经营多家药店和私人诊所；在信息技术产业领域，中国华为和中兴通讯是刚果（布）主要的电信设备供应商，中国机械设备工程股份有限公司负责修建连接黑角、布拉柴维尔和韦索的全国电信骨干网；在零售领域，中国在首都布拉柴维尔（市中心、文泽区以及巴刚果区）和黑角建造多家中小型超市，命名为亚细亚超市。

黄玉沛：随着中非关系的快速发展，有些中国学者提出了"中非命运共同体"和"中非利益共同体"的概念，对此，您是怎么认识的？

泰奥菲尔·奥邦加：我非常赞同"中非命运共同体"的提法，在历史上，中国和非洲都遭受殖民侵略，现在也面临共同的发展任务，所以说双方是"中非命运共同体"一点也不为过。至于"中非利益共同体"，没有听说过这种说法，也不是很赞同这种提法，中非双方不是因为利益而捆绑在一起的。当然，如果说"中非利益共同体"中的"利益"（interest）是指双方在发展问题上有共同的奋斗目标、共同的发展任务也是可以的，但绝不是仅仅因为经济利益而在一起。在这一点上，中非关系和欧非关系有本质的不同，我接受记者采访的时候经常会谈到，中国和非洲的关系是"友谊"（friendship），欧洲和非洲的关系是"合作"（partnership）。就是说，中国对刚果（布）是"友谊、人道"在先，"利益"在后；而欧洲对刚果（布）则是利益为主，如果没有利益，他们不会去做。

例如，2012 年 3 月 6 日，首都布拉柴维尔军火库发生大爆炸，死伤了很多人。中国出于人道目的，第一时间向我们提供了大量捐款，中刚友好医院的医生对我们的伤员给予了最大限度的救治。而相比之下，法国的救助行动比较缓慢。中国帮助我们盖房子、修铁路，速度快、效率高，而且质量非常好。而欧洲人行动慢，他们的技术也不是很好。现在刚果（布）有两个大型的体育场，都是在内战之前建好的。一个是中国人在巴刚果区援建的体育场，另一个是在波多波多区法国人援建的体育场。刚果（布）内战期间，这两个体育场都遭到了很大程度的破坏。内战结束之后，中国人很快就帮我们把体育场重新修缮一新，并增加了新的体育设施。而法国人因为没有直接的利益可图，他们的技术水平也不是很高，其援建的体育场直到现在还没有翻修，仍然是内战时的样子。

黄玉沛：中国和刚果（布）在合作过程中取得了巨大的成就，同时也出现了一些"成长中的烦恼"，您认为应该如何推动中刚关系的可持续发展？

泰奥菲尔·奥邦加：我认为要学习彼此的文化，中国人要了解刚果（布）文化，刚果（布）人也要学习中国文化。中国与刚果（布）在合作发展中总会面临一些小问题，归根到底，是中国与刚果（布）文化的差异。比如，我们这里的生活节奏比较慢，我们的信仰、习惯和中国不同，可能在双方合作中会有一些误解，这就需要双方学习对方的文化，了解产生这些差异的原因，才能更好地合作。我想，可以从以下几个方面思考。

首先，我认为最重要的是要在非洲广泛地推广汉语。为什么法国人对我们的国家影响很大？在历史上，法国是我们的宗主国，我们国家的官方语言是法语，要想开展合作，语言是最起码的工具；如果连语言都无法沟通，其他事情也就无从谈起了。现在，在刚果（布）有大量中国企业，它们为我们提供了很多就业岗位。刚果（布）也开始兴起了"汉语热"，年轻人只要是会说流利的汉语，就能找到一份好工作，他们的工资待遇是普通人的两三倍。

其次，希望中非双方建立合作融资银行。我们国家正在开展各项基础设施建设，但是国家财政能力有限，很多项目缺乏资金，如果中国与我们共同建立合作融资银行，提供中小企业贷款、大型项目融资等等，一方面会解决我们国家经济建设资金匮乏的困境，另一方面一些基础设施建设项目由中国公司来承建，中国人也会从中受益。如果建立了合作融资银行，我们可以减少征收关税，畅通贸易渠道。我听说，中国农业银行将在刚果（布）建立办事处，实行人民币结算，这对我们双方来说都很有利，中刚非洲银行以后必将在刚果（布）国家银行体系中占据重要位置。

最后，就是希望中国能够帮助我们培养职业性、技术性人才，实施产业技术转移。我们国家现在只有一所综合性的大学，缺少专门性的技术类院校。我们的教育资源比较匮乏，师资不足，尤其是那些专业性比较强的领域，缺少专门的技术性人才。尽管中国给我们援建了水泥厂、采石厂等，但是我们当地人不懂技术，所建的厂房就像是个"博物馆"，根本发挥不了实际价值。从长远看，我们国家要发展工业，关键是培养精通机械制造、石油冶炼、矿产开发等方面的专门性人才。中国在改革开放初期，派了大量的留学生到美国、英国、法国、澳大利亚、加拿大等国家学习专业技术，他们回来之后都成了各个领域的精英。现在，我们国家也要效仿你们，让青年学生去中国深造，掌握专门性的生产技术。我之前写过一本名为《非洲青年的呼唤：21 世纪非洲社会契约论》的书，① 就是强调解决青年的就业问题，为非洲青年发展创造良好的环境。

---

① Théophile Obenga, *Appel à la jeunesse africaine*：*Contrat Social Africain Pour le 21ème siècle*, Editions Ccinia communication, 27 juillet 2007.

法国法视角下的 OHADA "第三人异议" 制度初探[*]

陈逸飞　杨明勋[**]

摘　要: "第三人异议" 作为非洲商法协调组织 (OHA-DA) 特殊救济途径之一种, 是介于仲裁裁决 (法院判决) 与第三人利益保护之间的一种平衡机制。OHADA 的 "第三人异议" 在立法上借鉴了法国第三人撤销判决之诉而形成, 其建构机理与制度设计对于完善我国民事诉讼第三人撤销之诉具有启发意义。

关键词: 非洲商法协调组织; 仲裁; 第三人撤销判决之诉

一　OHADA "第三人异议" 的研究价值

非洲商法协调组织非常重视对华宣传。早在 2006 年 11 月, 时任非洲商法协调组织中国区主席、澳门大学法学院教授的沙尔瓦

---

* 基金项目: 本文系 2017 年国家社科基金项目 "'一带一路'背景下我国企业对非投资的环境法律风险及对策研究"（编号: 17CGJ020）阶段性研究成果。

** 陈逸飞, 博士, 安徽财经大学法学院讲师; 杨明勋, 清华大学法学院博士生、南阳发展战略研究院助理研究员。

托·曼库索（Salvatore Mancuso）先生①就在澳门注册了澳门非洲商法协调组织俱乐部。该俱乐部与湘潭大学非洲法律与社会研究中心建立了合作关系，双方通过联合出版、举办论坛的形式在中国宣传非洲商法。澳门大学则是我国非洲法研究的重镇，早在 2007 年 11 月 27 日，以"非洲商法统一化及其对中国在非洲投资带来的好处"为主题的国际会议在澳门大学召开。②《澳门大学法律学院学报》也曾刊登过多篇重量级论文，有些还是双语论文。③ 2016 年 10 月 20 日由中国法学会主办，世界贸易组织法研究会、中国法学学术交流中心承办的"国际投资经贸法律风险及对策"研讨会指出，当前

① 沙尔瓦托·曼库索（Salvatore Maricuso）教授，1963 年 10 月生于意大利，1985 年获意大利巴勒莫（Palermo）大学商法硕士学位，2003 年获意大利的里雅斯特（Trieste）大学比较法（非洲法）博士学位，曾在意大利、厄立特里亚、加纳、毛里求斯等国的大学任教，担任过非洲统一私法协会亚洲区负责人、非洲商法协调组织中国区主席、澳门大学法学院教授、湘潭大学非洲法律与社会研究中心兼职教授。上述资料源于其主编并于 2009 年 6 月由湘潭大学出版社出版的《中国对非投资法律环境研究》一书中的作者简介。

② 2007 年 11 月 27 日，"The Harmonization of Commercial Laws in Africa and Its Advantage for Chinese Investment in Africa"（非洲商法统一化及其对中国在非投资带来的好处）国际学术会议在澳门大学隆重召开。澳门大学副校长 Rui Martins 教授以及澳门大学法学院院长曾令良教授出席开幕式并致欢迎词。来自比利时、意大利、法国、尼日尔、安哥拉、莫桑比克、刚果民主共和国、乍得、贝宁等国的 20 多位非洲法学者、大使、领事等参加了这次会议。澳门非洲商法协调组织俱乐部主席、澳门大学法学院曼库索教授曾多次访问湘潭大学，并倡议将湘潭大学非洲法律与社会研究中心作为澳门非洲商法协调组织俱乐部在中国内地的中文基地，以推动非洲商法在中国内地的传播。相关会议报道参见 http：//law. xtu. edu. cn/infoshow－7－110－0. html。

③ 笔者通过澳门大学图书馆公开资源"澳门期刊论文索引"搜到多篇非洲法论文，既有宏观视角，如沙尔瓦托·曼库索的大作；也有国别视角，如莫桑比克、佛得角等国部门法律制度研究。考虑到与本文的相关性，以曼库索教授为例，其文章分别发表在《澳门大学法律学院学报》的中文版以及葡语版，见〔意〕Salvatore Mancuso《非洲合同法的协调："概述"》，《澳门大学法律学院学报》2005 年第 20 期，第 253～266 页；Salvatore Mancuso，"The Harmonization of Contract Law in Africa：An Overview"，*Universidade de Macau：Boletim da Faculdade de Direito*，2005，No. 20，pp. 283－298。

世界经济虽总体趋势向好，但仍面临着多重风险和挑战。由于对"一带一路"沿线和非洲地区各国经贸法律政策、民族宗教传统、语言文化等缺乏了解，国际经贸合作的进一步发展受到影响。沙尔瓦托·曼库索认为，加强对非洲地区经贸投资法律的研究，提升企业法律风险防控意识和能力，已成为中国法学法律界服务"走出去"企业的一项重要任务。然而截至目前，尚未找到有关《非洲商法协调条约》"第三人异议"制度的专论。需要指出的是，OHADA "tierce oppositon" 的诉讼对象可分为三大类，即"根据《仲裁统一法》进行的仲裁"（uniform act arbitration）、"司法与仲裁共同法院仲裁"（CCJA arbitration）、司法与仲裁共同法院作出的判决。对于有意在非洲商法协调组织成员国投资的中国商人和企业而言，了解这一制度有助于保护自己的利益。本文旨在抛砖引玉，号召各界人士为我国法语非洲研究乃至于"一带一路"倡议这一伟大事业添砖加瓦。

二 OHADA "第三人异议" 的语义辨析

如同中国对非投资法律研究绕不开 OHADA，① 针对 OHADA 的理论分析也不应离开法国法这一学理背景。虽然本文的研究对象为 OHADA "第三人异议"，但是"第三人异议"的许多具体规定"潜藏"在 OHADA 各成员国的民事诉讼法中。② 考虑到 OHADA 成员国之间民事诉讼制度均源于法国法，从法理上说，OHADA 是一种法律移植，因此对其母法的研究十分必要。对于"法国案外人裁

---

① 姜宏业：《投资非洲绕不开 OHADA 法》，《中国贸易报》2017 年 3 月 26 日。
② 根据《非洲商法协调条约》第 13 条，涉及统一法实施的任何争议，应在各成员国国内法的一审和普通不服裁判救济程序中处理。

判异议之诉"的研究法国走在最前列，其次是深受法国影响的国家。比如欧洲，主要集中在意大利、比利时、卢森堡等国。意大利对于"法国案外人裁判异议之诉"的研究侧重于比较法上的比较以及法史的探讨。部分意大利学者甚至认为"法国案外人裁判异议之诉"借鉴了自 15 世纪起的罗马 – 教会法思想。简单而言，意大利学者并不认为"法国案外人裁判异议之诉"对于意大利"第三人裁判异议之诉"具有多少现实指导价值。《非洲商法协调条约》成员国则非常看重"法国案外人裁判异议之诉"在法理层面对于其本国制度的影响。尤其值得注意的是，《非洲商法协调条约》在制度设计、理论构建上，均具有浓重的"法国元素"。很多原法属殖民地国家虽然已经独立多年，但是在法学教育、法学理论乃至于立法建设上依然依赖于其"母法国家"——法国。

法国民事诉讼中的"tierce opposition"是法国法的固有概念，考虑到这一概念的特殊性，法国以外的西方国家学者在研究"tierce opposition"时，通常都是直接采用"tierce opposition"加以表述。[①] 关于"tierce opposition"的外译，法国学者洛依克·卡迪特（Loic Cadiet）将之英译成"an opposition by a third party"[②]，德国学者班格茨（Bangratz）将之德译为"widerspruchsklage der dritten"[③]。另

---

① 例如，Peter Herzog & Martha Weser, *Civil Procedure in France* (The Hague, 1967)；Brunner, *Die tierce opposition des französischen Zivilprozessrechts und verwandte Institute im schweizerischen Recht*, 1958。

② 参见 Loic Cadiet, "Introductionto French Civil Justice System and Civil Procedural Law", *Ritsumeikan Law Review*, No. 28 June, 2011。

③ 例如 Bangratz, *Der Zivilprozessrecht im französischen Recht*, DriZ, 3/1995, S. 85, 92; Sonnenberg/Autexier, *Einführung in das französische Recht*, 3. Aufl. , 2000, S. 243。转引自姜世明《概介法国第三人撤销诉讼》，《台湾本土法学》2005 年第 76 期，第 25 页。

外，意大利学者在翻译《意大利民事诉讼法典》时直接沿用
"tierce opposition"来表述"opposizione di terzo"。① 本文探讨的"第
三人异议"是 OHADA 体系中"tierce opposition"的汉译。根据
2008 年 10 月 17 日修订的《非洲商法协调条约》第 42 条，非洲商
法协调组织的工作语言为法语、英语、西班牙语、葡萄牙语。在被
翻译成其他语言之前，已用法语发表的文件继续具有完全效力。在
不同语言文本发生冲突时，应以法语文本为准。因此笔者将以法语
文本为准，同时标注官方提供的葡萄牙语、英语文本。② "tierce op-
position"的英语官方翻译为"opposition by any third party"，"tierce
opposition"的葡萄牙语官方翻译为"Oposição de terceiro"。需要指
出，葡语译文和我国澳门地区"基于第三人反对而提出的上诉"制
度的葡语官方翻译一致。③ 在法语中，"tierce"的意思是"第三"；
"opposition"的意思是"异议"。因此若照法语字面理解，可以将
"tierce opposition"直译为"第三（人）的异议"。我国民诉法学者
对于法国民事诉讼中"tierce opposition"的翻译也未形成共识，不
同翻译名称背后则反映了学者们对于该制度的不同理解。学者张卫
平教授先后将其译为"第三人判决取消之诉"④ 与"第三人撤销判

---

① Massimo Luciani, *Introduciton au droit italien: institutions juridctionnelles et drot procedural*,
Paris, 2008.

② 非洲商法协调组织的官网网站访问地址为 http://www.ohada.com。最新《仲裁统一
法》文本下载地址为 http://www.ohada.com/actes – uniformes/1767/acte – uniforme – re-
latif – au – droit – de – l – arbitrage.html。

③ 关于我国澳门地区"基于第三人反对而提出的上诉"（Oposição de terceiro），笔者已
另撰他文，在此不赘述。

④ 张卫平、陈刚:《法国民事诉讼法导论》，中国政法大学出版社，1997，第 110 页。这
一翻译出现在该书第七章"诉讼程序总则"第四节"诉讼参加"第一小节"任意参
加"，此外该书的后记部分注明了"本书撰写分工：张卫平负责第一章至第八章"。

决异议"①；我国资深法语翻译家罗结珍译为"第三人取消判决之异议"②，我国台湾地区民诉法学者姜世明教授比照台湾地区"民诉法"第 507 条规定的"第三人撤销诉讼"译为"第三人撤销诉讼"③。我国非洲法学者对于 OHADA "tierce opposition"的翻译也未达成共识，非洲法专家朱伟东教授将其翻译为"第三人异议"④，尤福则翻译为"第三方异议的追索"，本文采用了朱伟东教授的译名"第三人异议"⑤。

诚然，"第三人异议"这一翻译略显简略，但笔者认为这是"最不坏的一个选择"，而且概念本身具有一定的弹性。其原因在于：第一，OHADA "tierce oppositon"的诉讼对象可分为三大类，即"根据《仲裁统一法》进行的仲裁"（uniform act arbitration）、"司法与仲裁共同法院仲裁"（CCJA arbitration）、司法与仲裁共同法院作出的判决。⑥ 如果本文的讨论对象仅针对 OHADA 体系下对仲裁裁决的救济，则可以将这一救济程序翻译为"第三人仲裁异议之诉"。第二，根据《司法与仲裁共同法院程序规则》第 47 条第 3

---

① 张卫平：《中国第三人撤销之诉的制度构成与适用》，《中外法学》2013 年第 1 期。此外，张卫平教授还曾用"法国第三人请求撤销判决制度""法国第三人撤销判决制度"来指代该制度。参见张卫平《第三人撤销判决制度的分析与评估》，《比较法研究》2012 年第 5 期。

② 〔法〕让·文森、塞尔日·金沙尔：《法国民事诉讼法要义》（下），罗结珍译，中国法制出版社，2001，第 1282 页。

③ 姜世明：《概介法国第三人撤销诉讼》，《台湾本土法学》2005 年第 76 期，第 58 页。

④ 参见朱伟东《非洲商法：OHADA 与统一化进程》，GMB 出版有限公司，2008，第 248 页；朱伟东《非洲商法协调组织》，社会科学文献出版社，2018，第 75、97 页。

⑤ 尤福：《浅述非洲司法和仲裁共同法院仲裁制度》，《法制日报》2015 年 4 月 22 日，第 12 版。

⑥ 《司法与仲裁共同法院仲裁规则》第 33 条明确规定："第三人异议"的诉讼对象包括仲裁裁决（sentences arbitrales）和法院判决（arrêts）。

款的规定：被攻击判决仅针对其对第三人不利部分予以修改
（modifié）。因此，OHADA "第三人异议" 的处理结果包括撤销判
决和变更判决两种情形，故无法参考借用 "第三人撤销判决异议"
"第三人取消判决之异议" "第三人撤销诉讼" "第三方异议的追
索" 这些翻译名称。需要指出，我国《民事诉讼法》中采用的撤
销或变更（改变）的概念虽然与法国法不同，但我国《民事诉讼
法》第 56 条规定的第三人撤销之诉的适用结果也包括撤销判决和
变更（改变）判决这两种情形，可见，我国法案起草人将其表述为
"第三人撤销之诉" 而未考虑 "改变" 也有失周全，且这种表述没
有指明撤销的对象（裁判文书），于语义上有失精确，正确的表述
应是 "第三人撤销或变更裁判之诉"。我国学者傅贤国提出的译词
"诉讼第三人异议之诉" 也可能比较贴切。① 促使本文将 "tierce op-
position" 译为 "第三人异议" 的最后一个原因，就是 "tierce oppo-
sition" 作为 OHADA 框架下的一种特殊救济途径，其适用对象不仅
涵盖司法与仲裁共同法院作出的裁判，还包括仲裁机关作出的仲裁
裁决。因此，若比照中国法译为 OHADA "第三人撤销之诉"，则极
易引起 OHADA "tierce opposition" 的适用范围被严重缩小的误解。

三　OHADA "第三人异议" 相关程序以及法理基础

OHADA "第三人异议" 相关程序散见于《仲裁统一法》、《司
法与仲裁共同法院仲裁规则》以及《司法与仲裁共同法院程序规

---

① 傅贤国：《"第三人撤销诉讼" 抑或 "诉讼第三人异议之诉"——基于我国〈民诉
法〉第 56 条第 3 款的分析》，《法学评论》2013 年第 5 期。

则》中。需要着重指出的是，2017 年 11 月 23 日，非洲商法协调组织通过了新修订的《仲裁统一法》，该法于 2018 年 2 月 23 日生效。新法针对旧法中存在的一些过时的和含糊的规定进行了修改，并根据国际上最新的仲裁立法趋势增加了许多新内容，但新法并未完全推翻旧法的规定，而是在旧法的基础上做了相应的修正与澄清。朱伟东教授认为，与旧法相比，新的《仲裁统一法》更有利于争议的解决。①

（一）异议对象为"根据《仲裁统一法》进行的仲裁"

OHADA 虽然在所有成员国家直接适用并取代各成员国就同一问题在此前所指定的立法，但《仲裁统一法》关于"第三人异议"这一制度的很多规定过于原则化，需要结合所在国的民事诉讼制度相关规定以及相关的《OHADA 评注》②。现行《仲裁统一法》③ 第 25 条第 1 款明确规定："缺席异议判决、上诉不得适用于仲裁裁决。"原《仲裁统一法》第 25 条第 4 款，现行第 25 条第 5 款则规定：所有法人（personne morale）、自然人（personne physique）如果未被通知参与仲裁程序且该仲裁裁决侵犯了其利益，可针对该仲裁裁决向作出仲裁裁决的"仲裁庭"（tribunal arbitral）提出"第三人异议"。此外，《仲裁统一法》第 25 条还规定了其他救济程序。本次修改在《仲裁统一法》第 25 条的体现，就是新增加了第 3 款——"当事人可以约定放弃申请撤销仲裁的权利，除非仲裁裁决

---

① 朱伟东：《非洲商法协调组织》，社会科学文献出版社，2018，第 89 页。

② 笔者在本文中所用的《OHADA 评注》（*OHADA Traité et acets uniformes commentés et annotés*）为 Juriscope 研究中心出版，该中心旨在传播法国法律，针对 OHADA 有一整套研究计划，已形成了诸多重要研究成果。该中心官网为 www. juriscope. org。

③ 法语全称为"Acte unifrome du 11 mars 1999 relatif au droit de l'arbitrage"，英语简称为 Acte uniforme。

违反了国际公共政策"。① 原来的第 1 款和第 2 款顺序不变,原来的
第 3、4、5 款依次改为第 4、5、6 款。《仲裁统一法》第 25 条第 2
款规定:当事人可以针对仲裁向国内法院提起"撤销仲裁裁决申
请"(recours en anulation)。《仲裁统一法》第 25 条第 3 款规定:当
事人可以针对仲裁向司法与仲裁共同法院提起"最高司法审查"
(pourvoi en cassation),排除国内法院的管辖权。现行《仲裁统一
法》第 25 条第 6 款规定:针对仲裁裁决,如果当事人发现了"新
事实"(fait de nature),并且如果在仲裁裁决宣判前(avant le
pronocé de la sentence)发现足以影响案件审判结果的证据的,仲裁
当事人可向仲裁庭提出"再审"(recours en révision)。皮埃尔·迈
耶(Piere Meyer)教授认为,《仲裁统一法》针对仲裁裁决仅规定
了三种救济途径——"撤销仲裁裁决申请"、"再审"与"第三人
异议"。如果第三人曾在仲裁程序中被通知,则其不得再针对该仲
裁裁决向司法与仲裁共同法院提出"第三人异议"。②

在《仲裁统一法》第 25 条第 2 款规定的"申请仲裁无效之诉"
中,明显看到了法国法的影子。需要指出,向原仲裁庭提起"第三
人异议"或"再审"③是 OHADA 的独创,在法国法中并没有此类
制度设计。此外,在法国第三人可对仲裁裁决提出"第三人异议",
但此类异议向法院提出,而非向仲裁庭提出。《仲裁统一法》并没

---

① 朱伟东:《非洲商法协调组织》,社会科学文献出版社,2018,第 96 页。

② *OHADA Traité et acets uniformes commentés et annotés*, Juriscope, 2008, pp. 142 – 146. 皮
埃尔·迈耶就职于布基纳法索最好的大学——瓦加杜古大学。

③ 然而《仲裁统一法》未对"再审"的提出期限以及仲裁庭不能重新组成情况下法院
是否介入作出明确性规定。有专家认为这些问题需要司法与仲裁共同法院在今后解
决。参见朱伟东《非洲商法 OHADA 与统一化进程》,GMB 出版有限公司,2008,第
248 页。

有明确规定希望对仲裁裁决提出异议的第三人应遵守的程序，也没有规定提出此类异议的时限。针对上述疑虑，皮埃尔·迈耶教授则认为，"之所以未明确规定，并非立法者的疏漏，乃是基于尊重各国法律针对仲裁第三人异议之诉的不同规定作出的技术性选择"。①众所周知，在 OHADA 成员国中，原法属殖民地国家的民事诉讼制度都深受法国法的影响。考虑到 OHADA 共有 14 个法语成员国，一一列举各成员国民事诉讼中的细微差距实非本文所能承担之重任，本文暂且搁置。笔者也曾心存疑惑，无法理解如何向原仲裁庭提起"第三人异议"或再审。法国部分学者则认为，"既然在一定的情形下可以将仲裁裁决视为判决，那么仲裁庭也可以在特定的情形下承担法院的职责"。②

（二）异议对象为"司法与仲裁共同法院仲裁"

《非洲商法协调条约》用了整整一章规定"仲裁"，为如何在司法与仲裁共同法院指导下进行仲裁打下了坚实的基础。1999 年 4 月 18 日生效的《司法与仲裁共同法院仲裁规则》③吸收了《非洲商法协调条约》中的基础性规定，并在其基础上进行了补充。整体而言，《司法与仲裁共同法院仲裁规则》与国际商会仲裁院的许多规则（ICC rules）非常相似。但是，在裁决的执行以及针对裁决的程序救济方面存在许多根本差异，比如"第三人异议"就是《司法与仲裁共同法院仲裁规则》特有的规定。需要着重指出，2017

---

① 参见 *OHADA Traité et Actes uniformes commentés et annotés*，Juriscope，2008，p. 96。

② S. Guinchard et F. Ferrand, *Procédure civile*：*Précis Dalloz*, 28e éd. 2006, n°1765.

③ 法语全称为 "Règlement de procedure de la Cour commune de jusitice er d'arbirage"，英语通常简称为 "CCJA Rules of Procedure"。

年 11 月 23 日，非洲商法协调组织通过了新修订的《司法与仲裁共同法院仲裁规则》，该规则于 2018 年 2 月 23 日生效。需要指出，本次《司法与仲裁共同法院仲裁规则》修改未涉及"第三人异议"。

"第三人异议"被规定在《司法与仲裁共同法院仲裁规则》第三章"仲裁裁决的承认与执行"（la reconnaissance et l'exécution forcée）中。根据《非洲商法协调条约》的规定，司法与仲裁共同法院的职能有两种：司法职能和仲裁职能。在仲裁职能方面，司法与仲裁共同法院仅充当仲裁中心的角色，它自己并不解决当事人提交的争议，只是指定或确认仲裁员、听取仲裁进展情况及审查仲裁裁决等。它作出的决定仅具有行政性质，不具有司法判决的性质。

现行《司法与仲裁共同法院仲裁规则》第 33 条规定："第三人异议"可用来对抗仲裁裁决（sentences arbitrales）以及法院判决（arrêts），其正当性基础基于《司法与仲裁共同法院仲裁规则》第 29 条第 5 款。"第三人异议"需要满足《司法与仲裁共同法院程序规则》第 47 条的规定才能被司法与仲裁共同法院受理。《司法与仲裁共同法院仲裁规则》第 29 条第 5 款规定：如果法院不承认仲裁协议的判决效力，有权将其撤销。就《司法与仲裁共同法院程序规则》第 47 条，皮埃尔·迈耶教授有三条评注：第一，"第三人异议"针对没有被通知参加仲裁却被该仲裁裁决侵犯权利的情形；第二，该救济程序没有诉讼时效的限制；第三，根据《司法与仲裁共同法院程序规则》第 47 条第 2 款的规定，"第三人异议"的审判过程中要贯彻"对席原则"（contradictoire）。① 需要指出的是，即使在法国，"第三人异议"扩张到仲裁程序也饱受争议。在大多数国

---

① *OHADA Traité et acets uniformes commentés et annotés*, Juriscope, 2008, p. 191.

家及我国，仲裁裁决作出后即产生效力，救济方式仅有申请撤销和申请不予执行裁决，不存在案外第三人裁判异议之诉。但是法国对于仲裁有着不同于其他国家的态度。在法国大革命时期，仲裁被认为是最符合博爱精神的制度。1806 年《法国民事诉讼法典》同时规范诉讼与仲裁，仲裁与诉讼更被形容为"双司法"（les deux jus-tices）。① 但是就"第三人异议"，一开始仅规定在诉讼领域。该法典以第六编第一章"攻击判决的特殊程序"（des voies extraorod-naires pour attaquer les jugement）正式确立了第三人异议制度，相关条文一直适用到 1975 年法国司法改革之前。1975 年 12 月 5 日法国颁布新《法国民事诉讼法典》（第 715 - 1123 号法令），并以第十六编"不服裁判救济方法"（les voies de recours）第三副编"特殊不服裁判救济程序"（les voies extraordinaires de recours）规定了"第三人异议"（第 582 条至第 592 条），此亦乃现行法国民事诉讼第三人撤销判决之诉之法源。

在法国法中，"第三人异议"从民诉扩张适用到仲裁领域，历史并不长。"仲裁第三人异议之诉"的真正制度化最早是 1981 年 5 月。根据法国第 81 - 500 号（Décret n°81 - 500）法令，法国通过民诉法改革将其规定在《法国民事诉讼法典》第 1481 条。据 2011 年 1 月法国第 2011 - 48 号法令第 2 条（Décret n°2011 - 48 du 13 janvier, 2011 - art. 2）及现行《法国民事诉讼法典》第四卷"仲裁"（L'arbitrage）第一编"国内仲裁"（L'arbitrage interne）第六章"救济方法"第五节"其他救济方法"（Autres voies de recours）第 1501 条的规定，仲裁裁决（sentence arbitrale）可以被案外人裁判

① 蓝瀛芳：《比较的仲裁法》（上），台湾元照出版社，2018，引言，第 1 页。

异议之诉（tierce opposition）攻击（frappé），管辖法院是本案若没有诉诸仲裁即对本案有管辖权的法院（devant la juridiction qui eût été compétente à défaut d'arbitrage）。为了保障第三人利益不受仲裁裁决的侵害，《意大利民事诉讼法典》于 1994 年修改，在第 831 条规定，对于符合本法（《意大利民事诉讼法典》）第 404 条规定的情形，第三人可以对仲裁裁决提起第三人裁判异议之诉。[1]

（三）异议对象为"司法与仲裁共同法院作出的判决"

"第三人异议"被规定在《司法与仲裁共同法院程序规则》第二章"诉讼程序"（De la procédure contentieuse）第九节"特殊救济程序"（Des voies de recours extraordinaires）中第 47 条。《司法与仲裁共同法院程序规则》第二章前言部分针对第九节"特殊救济程序"的规定作了背景介绍：在所有 OHADA 成员国家的民事诉讼制度中均把民事诉讼"不服裁判救济程序"分为"普通不服裁判救济程序"和"特殊不服裁判救济程序"。具体而言，"普通不服裁判救济程序"包括"缺席判决异议之诉"和"上诉"。"特殊不服裁判救济程序"则包括"第三人异议"、"再审"（又称"民事申请"）以及"向最高法院申诉"。《司法与仲裁共同法院仲裁规则》将司法与仲裁共同法院判决的"特殊不服裁判救济程序"限定为两

---

[1] 廖永安、陈逸飞：《意大利民事诉讼第三人裁判异议之诉初探——兼述对完善我国第三人撤销之诉制度的启示》，《现代法学》2018 年第 6 期，第 170 页。意大利"第三人裁判异议之诉"深受法国法的影响，但是也有区别。意大利学界通说认为，现行的《意大利民事诉讼法典》第 404 条起源于 1865 年《意大利民事诉讼法典》第 510 条以及第 512 条。1865 年《意大利民事诉讼法典》借鉴 1806 年《法国民事诉讼法典》，而法国 1667 年《民事司法改革敕令》是 1806 年《法国民事诉讼法典》的基础。

种——"第三人异议"和"再审"。

之所以《司法与仲裁共同法院程序规则》并没有对"第三人异议"和"再审"的定义作出规定，是基于其在 OHADA 成员国家的民事诉讼制度中均有规定。值得注意，各成员在法律术语方面存在细微的区别。比如《法国民事诉讼法典》中"特殊不服裁判救济程序"写作"Les voies extraordinaires de recours"并规定在第 579 条，《布基纳法索民事诉讼法典》则写作"voies extraordinaires de recours"并规定在第 566 条，但这些细微区别无关宏旨。《司法与仲裁共同法院程序规则》第 47 条共三款。（1）在司法与仲裁共同法院的诉讼程序中没有被传唤到庭的任何自然人或法人，如果司法与仲裁共同法院作出的判决损害了他们的权益，他们就可以第三人的身份对判决提出异议。（2）第三人提出"第三人异议"的程序按《司法与仲裁共同法院程序规则》第 23～27 条的规定进行。异议申请书需载明下列内容：申请人①需要明确所要攻击的判决，申请人需要明确指出其何种权利被损害，申请人需要给出没有参加"本诉"的理由。该请求将原判决的所有当事人作为被申请人。（3）被攻击判决仅针对其对第三人不利部分予以修改（modifié）。"第三人异议"的判决书需要附上"本诉"判决的判决书。针对该条，布基纳法索最高法院法官 Birika Jean-Claude Bonzi 有以下"评注"：本条针对"第三人异议"的构成要件、相关程序进行了规定。这项不服裁判救济程序针对的是所有在"本诉"中并非当事人却被"本诉"判决侵犯权利的当事人以及法人。"第三人异议"的

① 我国《民事诉讼法》对提起第三人撤销之诉的当事人称谓未作明确规定，导致审判实践中的做法不统一。有些法院将当事人列为申请人与被申请人，有些法院将当事人称为原告和被告。本文采取前一种"称谓"。

受理需要三个要件，即诉讼客体需要明确，诉讼理由需要明确，并解释为何没有参加"本诉"。最后，通过《司法与仲裁共同法院程序规则》第 47 条第 3 款中"修改"这一专业术语应该理解"第三人异议"的诉讼标的要小于"本诉"，"第三人异议"并非针对"本诉"的诉讼客体进行"撤销"或变更。"第三人异议"仅仅针对提起第三人异议的"申请人"，且仅撤销或修改原判决中损害其利益的那部分。《非洲商法协调条约》第 20 条就司法与仲裁共同法院的判决效力作出了规定：司法与仲裁共同法院的判决具有"既判事项权威效力"以及"强制执行力"（force exécutoire），排除了"普通不服裁判救济程序"对判决的适用。

不难看出，OHADA 将"第三人异议"视为一个新诉，虽然它建立在原诉以及被攻击的原审判决之基础上，但对于这个新诉的判决范围以及相应的既判力范围却作了严格划定。OHADA 规定，司法与仲裁共同法院对于"第三人异议"，仅可以就被攻击判决中涉及有损第三人利益的部分作出撤销或者变更原审判决之裁判。这即是说，"第三人异议"判决的既判力主观范围，是按照相对效原则仅及于第三人和原审判决当事人之间，并且其客观范围也是仅及于被撤销或者变更的原审判决中损害第三人利益的那一部分事项。于此制度设计下，原审判决的既判力在主观范围上，仍然按照相对效原则及于原审当事人间，其客观范围除涉及与"第三人异议"有关的被撤销或者变更的部分外，也仍然原封不动地产生效力。虽然OHADA 对"第三人异议"判决的既判力制度设计，与我国第三人撤销之诉判决的法律效力之司法解释及实际做法非常近似，但毕竟我国《民事诉讼法》尚未对此作出明确规定。于此意义上而言，OHADA "第三人异议"判决既判力制度的法理及设计，仍可在我们构建与第三人撤销之诉"和谐共处"的既判力制度时，作为一个比较法上的参考，至少它可以为我们提供一个立法例上的佐证。

四　OHADA"第三人异议"对我国的借鉴价值

我国第三人撤销之诉的立法目的是保护第三人的民事权益免受恶意诉讼、诉讼欺诈等侵害。在我国司法实践中，仲裁裁决、仲裁调解书侵害案外人利益的情形时有发生。现行《仲裁法》并未对确有错误的仲裁调解书设置相应的纠错机制和救济渠道，相反，相关司法解释的规定似乎要"将错误进行到底"。①

我国已有多位学者提出借鉴《法国民事诉讼法典》第 1481 条，主张将仲裁裁决纳入第三人撤销之诉诉讼对象。然而，我国部分学者认为，在比较法上，只有《法国民事诉讼法典》第 1481 条规定，对于仲裁裁决可以提出第三人仲裁异议之诉。② 因此，我国可通过司法解释对第三人撤销诉讼制度作扩张性解释，允许案外人对侵害其利益的生效仲裁裁决以及仲裁调解书提起撤销之诉。也可借鉴 OHADA 的做法，构建有中国特色的"案外第三人撤销仲裁之诉"。③

---

① 廖永安、张庆霖：《论仲裁调解书撤销制度的确立》，《烟台大学学报》（哲学社会科学版）2011 年第 2 期。

② 刘君博：《第三人撤销之诉撤销对象研究——以〈《民事诉讼法》解释〉第 296、297 条为中心》，《北方法学》2016 年第 3 期。

③ 在这一问题上我国已有多位学者进行了呼吁，参见汪勇钢、陈伟君《在幻象中寻求突破：虚假仲裁现象研究——兼议案外人取消仲裁裁决异议之诉制度的构建》，《法律适用》2012 年第 1 期；李卫国《关于农村土地承包仲裁与案外第三人撤销之诉的探讨》，《广西社会科学》2015 年第 10 期；刘东《论仲裁裁决案外人利益的保护——以案外第三人撤销仲裁裁决之诉为中心的研究》，《法治研究》2015 年第 2 期。

（一）适格当事人

考虑到仲裁的特殊性，"案外第三人撤销仲裁之诉"其适格主体的确定应当在参照现行《民事诉讼法》所规定的第三人基础之上根据具体案件情况有所扩张或限缩。适格当事人可分为两类：权益遭受直接侵害的仲裁案外人可视为原诉中有独立请求权第三人，权益遭受间接侵害的仲裁案外人可视为原诉中无独立请求权第三人。

（二）客体范围

"案外第三人撤销仲裁之诉"的客体为仲裁裁决、仲裁调解书。为了全面保护仲裁案外人的利益，有必要将"案外第三人撤销仲裁之诉"的客体范围扩展到仲裁调解书。因为根据现行司法解释，即使仲裁调解书出现损害公共利益的情形，法院也不可能像对待仲裁裁决书那样，裁定不予执行。① 然而当前我国的仲裁环境、仲裁机构的整体水平和实际运行状况还不理想，有些仲裁员的职业素质和道德素养还有待提高。因此我们认为，在这种特殊的国情下，不应一味地追求与国际接轨。在确有证据证明仲裁调解书存在错误的情况下，由法院适当介入，矫正错误的仲裁调解书以维护当事人的合法权益尚有必要。②

---

① 《最高人民法院关于适用〈中华人民共和国仲裁法〉若干问题的解释》第 28 条规定："当事人请求不予执行仲裁调解书或者根据当事人之间的和解协议作出的仲裁裁决书的，人民法院不予支持。"

② 廖永安、张庆霖：《论仲裁调解书撤销制度的确立》，《烟台大学学报》（哲学社会科学版）2011 年第 2 期。

Analysis on Tierce Opposition in OHADA

Chen Yifei   Yang Mingxun

Abstract：As one of the "special remedies" in OHADA, the third – party opposition is a balance mechanism between the stability of the arbitration (court judgement) and the protection of the third party's interests. Originally, "tierce opposition" of OHADA draws lessons from the third – party opposition (Tierce Opposition) of France Civil Procedure. So its construction mechanism and system design should have enlightenment value to improve third – party opposition system in China.

Keywords：OHADA; Arbitration; Third – party Opposition

撒哈拉以南非洲法语文学的演进[*]

撒哈拉以南非洲法语文学的演进[*]

撒哈拉以南非洲法语文学的演进[*]

刘天南[**]

摘　要： 撒哈拉以南非洲法语文学是非洲文学的一颗璀璨明珠。它诞生于20世纪20年代，并在随后的80多年中得到了百花齐放式的持续发展。每一个时代的撒哈拉以南非洲法语文学作品均很好地体现了撒哈拉以南非洲的社会现实或作家们的生存环境。从20世纪50年代第一代法语文学作家形成开始，它依次经历了"对独立的诉求"（20世纪60年代）、"过高期待后的失落"（1960～1970年）、"对独裁的控诉"（1970～1990年）以及"对政治自由的诉求"（1991年至今）和"移民文学"（2000年至今）并存的四个阶段。撒哈拉以南非洲法语文学今天已成为世界法语文学极为重要的组成部分。

关键词： 撒哈拉以南非洲；法语文学；殖民文学；"黑人精神"运动

撒哈拉以南非洲法语文学主要是指来自撒哈拉以南非洲国家的作家们采用法语创作的文学。从20世纪20年代诞生至今，非洲法语

---

　*　本文为浙江省哲学社会科学重点研究基地浙江师范大学非洲研究中心自设课题"当代非洲法语文学与非裔法语文学的翻译与研究"（15JDFZ04ZS）项目研究成果。

　**　刘天南，国际关系学院非洲研究所副教授。

文学即将迎来它的百年诞辰纪念日。它产生于黑暗的殖民年代，通过文字讲述了非洲如何从充满陷阱和阻碍的世纪穿越到现代。撒哈拉以南非洲法语文学作品产量极为可观，这些作品中所体现的复杂多样的情感也使整个非洲大陆的法语文学一直处于极为活跃的状态。

一 非洲法语文学研究综述

除少数地区有自己的民族语言文学作品外，非洲文学主要分为传统的口述文学和采用西方语言创作的文学。非洲人用西方语言创作文学的历史不过百年，非洲法语文学也不例外。外界对它的关注和研究最早可追溯至非洲独立运动时期。从国内来看，20 世纪六七十年代中国有少量关于非洲文学的译介工作，但受意识形态的影响，主要以翻译历史和民族研究类作品为主，还谈不上真正意义上的文学翻译和研究。进入 80 年代，中国对非洲法语文学的译介与研究工作才真正开始起步，国内逐渐出现对非洲文学和文学史类作品的翻译，以及对相关优秀作家和作品的研究。这一时期具有代表性的作品如《非洲现代文学》《桑戈尔诗选》《20 世纪非洲文学》等，这些成果代表了我国对非洲文学翻译和研究的新开端，但主要以非洲英语文学为主。

进入 21 世纪以来，非洲法语文学得到了国内学者更多的关注。有学者开始对其进行动态跟踪，如余中先在《外国文学动态》上先后发表了多篇"法语文学创作概览"；又如高文惠发表了《黑非洲民族主义文学思潮的地缘特征》[①]；部分高校也开始出现了以撒哈拉

---

① 高文惠：《黑非洲民族主义文学思潮的地缘特征》，《重庆邮电大学学报》（社会科学版）2007 年第 3 期。

以南非洲法语文学作家或作品个案研究为主题的学位论文，如高巍的《尼格罗德和黑灵魂》；近两年还有邱华栋的《阿玛杜·库鲁马：非洲的伏尔泰》、汪琳的《非洲法语文学在国内的翻译》、焦旸的《论去殖民化时期黑非洲文学的发展》等学术论文成果。[①] 这些研究成果在一定程度上丰富了非洲法语文学知识。

近几年，在相关科研基金项目的资助下，又有一些学者从种族、创作语言、后殖民主义和翻译等视角对非洲文学进行研究或梳理，如学者夏艳从"种族"和"泛非"文学视角先后发表了多篇论文[②]，颜治强从"语言选择"和"东方文学"角度研究非洲英语文学，黄晖在 2016 年发表的《非洲文学研究在中国》一文中对中国的非洲文学研究起源、发展、现状以及存在的问题进行了系统的全面梳理。[③] 但这些新近的研究成果仍然以非洲英语文学为主。因此，从整体上看，中国关于撒哈拉以南非洲法语文学的研究主要是在"泛非"或者"世界法语文学"框架下出现，内容、篇幅和深度均有限，区域文学研究还有待进一步增强。

国外关于非洲法语文学的研究起步则相对较早，其持续性和系统性也较强。但相对于西方文学研究，非洲文学以及非洲国别文学研究仍然处于相对边缘的地位。实际上，非洲法语文学研究的主力军依然是非裔学者。这些非裔学者在法国、比利时、加拿大或美国等西方国家接受教育，并在硕士或博士阶段即选择本国文学作为研

---

① 汪琳：《非洲法语文学在国内的翻译》，《时代文学》2015 年第 7 期；焦旸：《论去殖民化时期黑非洲文学的发展》，《学术交流》2015 年第 4 期。

② 夏艳：《非洲文学研究与中非交流与合作》，《云南民族大学学报》（哲学社会科学版）2011 年第 3 期。

③ 黄晖：《非洲文学研究在中国》，《外国文学研究》2016 年第 5 期。

究对象，在他们毕业之后继续从事法语文学研究。从国别来看，法国的非洲法语文学研究独树一帜。非洲法语文学自诞生以来一直被法国学者有规律地跟踪研究，他们多从文学史、文学与社会、女性文学、儿童文学等角度切入研究。此外，也有从创作手法进行研究的，如传统与叙事等。在文学研究体裁上，诗歌和小说成为主要研究对象。从研究专题上看，学者研究从殖民主义时期的反映"黑人精神"① 的非洲文学转向反映"民族身份"及"移民文化"问题、女性主义、非裔移民问题与全球化问题等的非洲及非裔文学。新生代非洲及非裔文学作家受到跟踪和重点关注；"文学与身份""非洲文学与全球化"成为当代非洲文学研究学者的关注重点。由此也可以看出，后殖民主义、女性主义、社会学等是国外学者非洲文学研究的惯用视角。

当今，非洲法语文学无疑是我们所处时代的文学的一个重要分支。加强对非洲法语文学的研究能让我们更好地了解撒哈拉以南非洲的社会百态和人文价值观：透过文学看非洲历史、社会和文化思潮的走向。

二 撒哈拉以南非洲法语文学诞生的三个基本条件

撒哈拉以南非洲法语文学的诞生有三个基本条件：殖民文学的诞生与发展，殖民者在非洲开办教育，"黑人精神"运动。

---

① 黑人精神（Négritude）又译作"黑人品格"，是指发生在两次世界大战之间，由一批留学于西方的非洲精英发起的对殖民主义的质疑、对黑人价值的肯定和颂扬的一场政治和文化运动，体现在文学领域主要是诗歌创作方面的成就。中国文学批评家聂珍钊认为黑人文化运动实际上是一场伦理学运动，并推荐译为"黑人品格"。

（一）殖民文学的诞生与发展

撒哈拉以南非洲法语文学是殖民文学的衍生品。撒哈拉以南非洲法语文学与法国殖民文学既不可分又对立，有了这个共识才能更好地理解现当代非洲文学的创作。

殖民文学主要是指 1880～1960 年由殖民时代的探险家、殖民官员、军人、旅行家等所创作的文学作品。德国语言与文学批评家亚诺什·里斯认为：“殖民文学是一个由异质多样的文学体裁构成的严密整体，它包含探险叙事、殖民者或殖民官员回忆录、宣传性文本、诗歌、戏剧以及小说等。”① 殖民文学有三个特征：在主题上，殖民文学倾向于一种更加纪实、真实的文本题材；在意识形态上，殖民文学有一种意识形态的宣传使命；在社会学方面，殖民文学是属于殖民者这个社会群体的文学，这同时区分开了普通的旅行游记。② 殖民文学的数量极为丰富，最早的一批可以追溯至中世纪。19 世纪末 20 世纪初因西方殖民者在非洲实行殖民主义而使殖民文学达到顶峰。其中，勒内·卡耶的《中部非洲廷巴克图与杰内游记》、皮埃尔·洛蒂的《一个北非骑兵的小说》、安德烈·德迈松的《迪亚托，因三个妻子而亡的黑色男人的小说》③ 这三部作品分别代表了

---

① Janós Riesz, *De la Littérature Coloniale à la Littérature Africaine – Prétextes – Contextes – Intertextes* (Paris: Karthala, 2007), p. 43.

② Jean – Marc Moura, « Littérature Coloniale et Exotisme: Examen d'une Opposition de la Théorie Littéraire Coloniale », dans *Regards sur les Littératures Coloniales. Tome* 1: *Afrique Francophone: Découvertes* (Paris: L'Harmattan, 1999), pp. 21 –39.

③ René Caillié, *Journal d'un Voyage à Tombouctou et à Djenné dans l'Afrique Centrale*, (Paris: Impr. Royale, 1830); Pierre Loti, *Le Roman d'un Spahi* (Paris: Calmann – Lévy, 1881); André Demaison, *Diato, Roman de l'Homme noir qui eut trois Femmes et en Mourut* (Paris: Albin Michel, 1922).

三个不同时代的杰作。法国学者贝尔纳·穆拉力斯在他的《文学与发展》一书中指出："殖民文学最早被称为'非洲文学'，随后又改称为'亲黑人文学'或'奴隶文学'、'异国风情文学'①，最后才取名'殖民文学'。"② 早期的殖民文学与法国的对外殖民政策和异国风情文学是紧密联系在一起的。因为非洲大陆在 19 世纪末 20 世纪初的文学领域，仍是异国风情的代名词。作家们在作品中融入非洲的美丽风光和地方色彩以吸引读者，但并不在乎地方文化是否真实。因此有法国科幻小说家儒勒·凡尔纳、旅行文学家皮埃尔·洛蒂等以滑稽可笑或漫画等方式将非洲形象呈现在他们的小说中。③他们作品中所描写的发生在非洲的异域风情探险被视为对非洲的一种神往。这些作品在一定程度上是为当时的殖民主义做宣传，非洲也只是作家们自我创造和想象的一片大陆。这种文学是一个时代的象征，它极大地丰富了殖民文化，成为法国殖民者企图统一世界的思想轴心。

殖民文学内部有两个分支。第一个分支是部分鼓吹与西方文化和解的作家，这些作家往往被视为"被西方文化同化者"，且西方作家居多。在第一个分支中，又可以分为两类作家。第一类是为殖民事业辩护的作家。主要代表有法国作家安德烈·纪德。比如他在《刚果之行》中记录了当地土著的劳役生活和悲惨境地，但并没有

---

① 异国风情文学与殖民文学有一定区别，异国风情文学出现在殖民文学之前，具有较强的虚构性和趣味性。而殖民文学是殖民者的亲历见闻，为殖民者提供了殖民地的常识。

② Bernard Mouralis, *Littérature et Développement: Essai sur le Statut, la Fonction et la Représentation de la LittéRature Négro - Africaine d'Expression Française* (Paris: Silex édition, 1984), p.309.

③ 儒勒·凡尔纳 (Jules Verne, 1828 - 1905)，被视为"法国科幻小说之父"，著有《气球上的五星期》(1863) 等近百部科幻小说。

质疑殖民体系，只是记录了殖民者的剥削、暴力和非人性的手段。他的这部作品同时也引起了法国国会对殖民的争论。① 又如亨利·波尔多、塔罗兄弟以及让·雷诺将军等，这几位作家将自己的非洲见闻和经历写进了他们的文学作品中，因此也被称为"旅行作家"。② 而另一类殖民作家，如米歇尔·雷里斯则通过他充满人文主义精神的文学作品质疑殖民体系③；阿尔伯特·伦敦以记者兼作家的身份采用纪实文学的方式在《乌木大地（黑奴贸易）》中揭露了殖民苦役，指出这是另一种形式的奴隶制度在法国殖民地的延续④；法国文学作家路易－费迪南·塞利纳的作品《茫茫黑夜漫游》也记录了他在喀麦隆的见闻。⑤

殖民文学的第二个分支则与殖民者在非洲开办教育紧密相连，以非洲作家为代表。

（二）殖民者在非洲开办教育

撒哈拉以南非洲法语文学的产生与殖民者在非洲开办法语学校

---

① André Gide, *Voyage au Congo*, *Carnets de route suivi de Le Retour du Tchad*（Paris：Gallimard，1927）.

② 亨利·波尔多（Henry Bordeaux，1870－1963），法国小说家、法兰西学院院士，著有《摩洛哥的奇迹，非洲大地》（1934）等作品；塔罗兄弟（Jérôme et Jean Tharaud：1874－1953/1877－1952），兄弟俩50多年间自始至终合作写书，也先后被选为法兰西学院院士，这两位兄弟作家对摩洛哥情有独钟，写了近10部关于摩洛哥的作品；让·雷诺（Jean Renaud，1880－1952），军人、法国殖民文学作家、记者，曾在1931年获殖民文学大奖，其文学作品主要与摩洛哥和老挝有关。

③ 米歇尔·雷里斯（Michel Leiris，1901－1990），法国作家、诗人、民族学家及艺术批评家，公开反对殖民主义，著有《非洲幽灵》（1934）等作品。

④ 阿尔伯特·伦敦（Albert Londres，1884－1932），法国记者、作家，著有纪实报道《乌木大地（黑奴贸易）》；Albert Londres, *Terre d'ébène*（*la Traite des noirs*）（Paris：Impr. établissements Busson；Albin Michel，éditeur，1929）。

⑤ Louis－Ferdinand Céline, *Voyage au bout de la nuit*（Paris：éditions Denoël et Steele，1932）.

密不可分。在殖民者到来之前，广大撒哈拉以南非洲国家还处于口述历史与故事的状态，只有极少数国家拥有古老的文字和历史记载。法国殖民者通过行政和教育推广法语，使广大没有文字的撒哈拉以南非洲国家的青年接受了初等教育。越来越多的普通民众也开始能够用法语阅读并在日常生活中使用法语，其中部分精英还开始尝试采用法语写作，创作法语文学。其中，1903 年法国在塞内加尔圣路易岛设立的威廉·蓬蒂师范学校是最具影响力的教育机构之一，这所学校共计培养出 2000 多名政界与文艺界人士。学员首先在学校课堂上接受戏剧教学法，内容多为法国古典文学作品，然后通过模仿这种文学进行创作。至 1938 年，法属西非的法国殖民学校共计招录 7.1 万名学员。非洲早期的以法语进行创作的文学作品即成为这一制度推广的成果。① 因为非洲第一批文学家即产生于殖民学校的首批学员中，文学批评家把这种新产生的文学称作"小学教员文学"。② 这一时期的非洲法语文学创作语言是完全按照规范法语进行创作的，文学体例和故事情节也与法国 19 世纪古典文学极为相似。因此，在一定程度上，非洲法语文学的先锋首先是法国殖

---

① 在非洲历史上第一位正式的法国教员是让·达尔（Jean Dard, 1789 – 1833），1817 年 3 月 7 日他在塞内加尔圣路易岛开办了第一所学校。他首先自己编写了一本教材在这个学校为当地人传授沃洛夫语，这一举动获得了殖民当局和法国中央政府的赞许。但从 1830 年开始，法国对法属西非殖民地和法属赤道非洲殖民地均采取殖民同化政策，因此法国创办的学校里的教学语言变成了法语，教学内容也以颂扬法国和殖民事业为主。至 1898 年，法国在法属西非一共设立了 9 所学校，其中 8 所均由传教士主办。其中唯一的一所"公立"学校由法国殖民当局创办于 1861 年，主要面向当地少数贵族阶层子女，采取法国文化同化政策，为法国殖民当局培养当地人才。至 1938 年，在法属西非共计 1400 万人口中，有 7.1 万名学员。

② 关于小学教员文学（la littérature d'instituteurs），参见 Trithankar Chanda, *Littérature Africaine: de la Négritude àl "écriture" avec Alain Mabanckou*, http://www.rfi.fr/afrique/ 20160316 – litterature – africaine – negritude – mabanckou – college – france。

民教育的产品。其中以蒙戈·贝蒂（Mongo Beti，1932 - 2001）、卡马拉·莱依（Camara Laye，1928 - 1980）、贝尔纳·达迪耶（Bernard Dadier，1916 - 2019）、费迪南·欧瓦尤诺（Ferdinand Oyono，1929 - 2010）、谢克·阿米杜·卡纳（Cheik Hamidou Kane，1928 - ）、桑贝纳·乌斯曼（Sembene Ousmane，1923 - 2007）等作家为主要代表，这些作家通过文笔记录了非洲社会内部生活的心理、种族和历史性场景。

　　法国在非洲开办教育的另一个结果是：部分优秀的非洲学生有机会获得去法国留学的机会，从而开辟了 20 世纪二三十年代由黑人青年引领的反映非洲文化价值意识觉醒的"黑人精神"运动。这个"意外"的成果也促成了殖民文学的第二个分支，它出现在 30 年代，致力于突出非洲文明，以与"黑人精神"运动密不可分的"决裂分子"为代表，如列奥波尔德·塞达·桑戈尔等。[①]

（三）"黑人精神"运动

　　黑人意识之风来自 1918 年至 20 世纪 20 年代的美洲之风，以及发源于两次世界大战之间的美国黑人"哈莱姆文艺复兴"运动。[②]

---

① 列奥波尔德·塞达·桑戈尔（Léopold Sédar Senghor，1906 - 2001），塞内加尔诗人、作家，是 20 世纪二三十年代"黑人精神"运动的主要引领人物，是法兰西学院首位非裔院士，也是塞内加尔首任国家总统（1960 ~ 1980 年）。

② 哈莱姆文艺复兴运动（La Renaissance de Harlem）：又称"黑人文艺复兴"运动，早在 20 世纪两次世界大战之间，在美洲的黑人在一个种族隔离的环境中争取积极地融入，以兰斯顿·休斯（Langston Hughes，1902 - 1967）、康德·卡伦（Countee Cullen，1903 - 1946）和克劳德·麦凯（Claude McKay，1889 - 1948）为代表的知识分子在美国纽约的黑人街倡导了一场"黑人文艺复兴"运动，并诞生了首批黑人文学家，如弗雷德里克·道格拉斯（Frederick Douglass，1818 - 1895）、威廉·爱德华·伯格哈特·杜波依斯（W. E. B. Du Bois，1868 - 1963）、布克·华盛顿（Booker T. Washington，1856 - 1915）。

1903 年，美国诗人威廉·爱德华·伯格哈特·杜波依斯发表了《黑人的灵魂》，被视为"黑人精神"运动之父。[①] 1905～1907 年，另有一批来自巴黎的艺术家，对西方艺术深感疲倦，首次发现了非洲的雕刻和面具艺术。1921 年，法国作家布莱兹·桑德拉尔出版了第一部黑人诗集，1928 年他在这个诗集后面又附上了《送给白人小孩的黑人小童话》。[②] 这些欧美艺术家对非洲的重新审视让留学于巴黎的黑人青年突然意识到了非洲文化的价值。"黑人精神"的全面提升是在 20 世纪三四十年代，以留学巴黎的非洲及加勒比海地区青年学生艾梅·塞泽尔、莱昂-贡特朗·达马斯、桑戈尔等为代表，兴起了一场"黑人精神"运动。[③] 圭亚那裔法国籍作家勒内·马朗创作的小说《巴杜亚拉，真正的黑人小说》[④] 和美国小说家克劳德·麦凯创作的小说《班卓琴》[⑤] 被留学巴黎的黑人青年学生奉为楷模，正是这两部小说让这些非洲青年精英发现了黑人的价值所在，并对黑人所处不利境地进行反思。随后，这些非洲青年学生还创办了一些青年刊物，并在这些刊物上发表诗歌。这类刊物有《黑人世界杂志》《马丁尼克学生会会刊》《黑人学生》《正当防卫》

---

① W. E. B. Du Bois, *The Souls of Black Folk* (Chicago：A. C. McClurg & Co.，1903).

② Blaise Cendrars, *Les Petits Contes nègres pour les Enfants des Blancs* (Paris：Les éditions des portiques，1921).

③ 艾梅·塞泽尔 (Aimé Césaire, 1913 – 2008)，马提尼克人，作家、诗人、政治家，"黑人精神" (négritude) 一词的创造者，"黑人精神"运动领袖之一，著有《还乡记》(1939)、《关于殖民主义的演讲》(1950) 等作品；莱昂-贡特朗·达马斯 (Léon-Gontran Damas, 1912 – 1978)，圭亚那诗人、作家、政治家，"黑人精神"运动领袖之一。

④ René Maran, *Batouala, Véritable Roman Nègre* (Paris：Albin Michel, 1921).勒内·马朗 (René Maran, 1887 – 1960) 的童年和青少年时期均在法国度过。

⑤ Claude McKay, *Banjo* (Harcourt, Brace, Jovanovich, 1929).

《非洲存在》等。^① 其中，《非洲存在》由塞内加尔的阿利乌·迪奥普^②创建。1949 年，他用同一名称创建了出版社，目的在于给非洲知识分子提供更多的创作平台，以促进非洲的现代化进程。这些刊物紧密围绕黑人的历史、传统和语言做文章，给法国黑人学生的思想解放带来了直接的影响。依托《非洲存在》出版社和刊物，这些青年学生先后分别于 1956 年在巴黎、1959 年在罗马举办了两届"撒哈拉以南非洲文艺大会"。"黑人精神"运动是一场政治与文化运动，它体现了黑人青年学生对自己身份的重新反思，对黑人身份的一种探寻，为长期以来的殖民奴役身份正名。

"黑人精神"运动预示了撒哈拉以南非洲文学的诞生，因为它颂扬黑之美，颂扬非洲的文明遗产，从而进一步推进了黑人文化民族意识的觉醒。在文学创作方面，这一时期最大的特点是以诗歌为主要文学体裁。^③ 比较重要的诗集有桑戈尔的《影子之歌》（1945）、塞泽尔的《还乡记》（1939）、莱昂 – 贡特朗·达马斯的《颜料》（1937）、比拉戈·迪奥普的《诱饵与光线》。^④ 他们的诗歌

---

① 《黑人世界杂志》（*Revue du Monde noir*，1931），英法双语，主要谈论黑人问题，一共出了 6 期；《马丁尼克学生会会刊》（*Journal de l'Association des étudiants Martiniquais*，1932），1935 年改为《黑人学生》；《黑人学生》（*L'étudiant noir*，1935），是《马丁尼克学生会会刊》的延续，只发行了一期，相对偏向于对非洲文化的宣传；《正当防卫》（*Légitime Défense*，1935），同样体现了黑人学生的意识形态问题，但更加激进，偏向于政治问题；《非洲存在》（*Présence Africaine*，1946）。

② 阿利乌·迪奥普（Alioune Diop，1910 – 1980），塞内加尔知识分子，《非洲存在》出版社和杂志创始人。

③ 以诗歌体裁介入政治和社会问题是法国文学的传统，撒哈拉以南非洲作家也选择诗歌作为介入社会政治的主要工具，以更好地反映他们的反抗精神。

④ Léopold Sédar, *Chants d'ombre*（Paris：Éditions du Seuil，1945）；Aimé Césaire, *Cahier d'un retour au pays natal*（Paris：Présence africaine，1947）；Léon-Gontran Damas, *Pigments*（Paris：G. L. M.，1937）；Birago Diop, *Leurres et lueurs*（Paris：Présence Africaine，1960）。

展现了黑人的一种民族反抗意识，以推翻西方几百年来在殖民过程中建立起来的森严的等级制度。

20 世纪 30 年代的黑人精神诗歌创作具有划时代的意义，它预示着黑人意识的觉醒。这种意识不仅是非洲意识，同时也是一种世界意识，尤其体现在非洲法语国家。这些早期的"黑人精神"运动诗人同时也是非洲文学的先驱。遗憾的是，这类诗歌随着非洲国家获得独立而失去了它们的适宜性。

三 从"希望"到"幻灭"的撒哈拉以南非洲法语文学

（一）第一代非洲法语文学：反殖民主义（1921～1960 年）

上文所提勒内·马朗因《巴杜亚拉，真正的黑人小说》于 1921 年获法国龚古尔文学奖。这部作品被看作撒哈拉以南非洲法语文学的开端。文学批评界称之为"殖民主义表达的乡土小说"[①]，这部作品同时也被视为第一部"黑人精神"作品。桑戈尔也承认勒内·马朗是第一个用黑人的方法、用法语来表达黑人灵魂的人。

从 20 世纪五六十年代开始，非洲迎来了独立运动。这一时期的文学作品反映出殖民社会中非洲作家们对殖民者的一种暧昧和依赖的矛盾心理。同时，在文学体裁上文学创作发生了转变：撒哈拉以南非洲作家开始转向最为盛行的小说，致力于通过小说描绘和分析殖民主义必然崩塌的新景象。学校教育、宗教与种族隔

---

① *Roman régionaliste d'expression coloniale*, voir Jacques Chevrier, *La littérature africaine* (Paris: Librio, 2008), p. 14.

离和歧视、对古老的非洲传统价值的颂扬等成为这一时期小说的主要创作主题。

首先，1935～1960年，反殖民依然是中心主题，并且影响着作家的创作痕迹。这一代作家也正是"小学教员文学家"。比如喀麦隆作家费迪南·欧瓦尤诺通过作品《老黑人与奖牌》讲述了法国的"忘恩负义"——原著居民把所有的东西即土地和人力都奉献给了欧洲抗战，但最后只有一枚奖牌作为回报，从而描绘了一种荒诞和充满悲剧色彩的人生遭遇。[1] 另有塞内加尔作家桑贝纳·乌斯曼被誉为"非洲的左拉"，他创作的《神之木》深受马克思主义的影响，在作品中他描述了达喀尔－尼日尔铁路工人在1947～1948年罢工的故事，揭露了殖民地的畸形发展：从日常的工头的贪污到命令的粗暴，以及女性罢工者的长期抗争的勇气。[2] 喀麦隆作家蒙戈·贝蒂的作品《可怜的蓬巴基督》则是对福音传教的控诉。[3]

其次，通过对受教育经历或宗教问题的叙述，一方面表达心中的怀旧情感，另一方面又对社会政治进行质疑。这类作品大多数呈现散文体式小说体裁，读者在阅读的过程中不难发现在殖民统治下的非洲人民所经历的文化碰撞，以及充满自传色彩的小说叙事风格。其中，教育题材的代表作家及其作品有塞内加尔作家谢克·阿米杜·卡纳的《模棱境遇》，该书叙述了一名被殖民者在本土文化、伊斯兰文化以及法国文化之间的纠结境地[4]；另有科特迪瓦作家贝尔纳·达迪耶的自传性作品《克兰比耶》，该书描

---

① Ferdinand Oyono, *Le vieux Nègre et la Médaille* (Paris：Julliard, 1946).

② Sembène Ousmane, *Les bouts de bois de Dieu* (Paris：Le Livre Comptemporain, 1960).

③ Mongo Beti, *Le pauvre Christ de Bomba* (Paris：Robert Laffont, 1956).

④ Cheikh Hamidou Kane, *L'Aventure Ambiguë* (Paris：Julliard, 1961).

写了法语的文化适应问题以及法语学习道路上的最让人感到耻辱的惩罚。① 另外，宗教和种族歧视题材有费迪南·欧瓦尤诺的《男仆的一生》，这部小说描述了殖民者与被殖民者的充满歧视与不公的统治与被统治的关系。②

最后，应指出，早期的非洲作家并非都积极介入与西方的针锋相对，也有作家将目光转向非洲文化传统本身，比如卡马拉·莱依。他的作品主要反映了非洲社会的古老价值，揭露了非洲神秘传统的一面，如《黑孩子》。③ 这部作品被视为非洲当代文学的奠基作品之一，1955 年该小说还被改编成同名电影。④ 然而，由于这些独立运动时期诞生的作家同时也背负着革新和现代性的新希望，因此，他们并不是对所有的传统价值盲目颂扬。相反，他们当中也有对传统价值进行批判或描述代际价值冲突的优秀作品，如赛杜·巴迪昂的《在暴风雨下》。⑤ 作者通过对代际冲突的描绘，谈论了非洲人如何面对传统与现代化的态度问题。纪尧姆·欧瓦尤纳·恩比亚的《姆乌特西的连载小说》，以及蒙戈·贝蒂的抨击性文论《黑非洲，玫瑰文学》也为抨击传统文化价值代言。⑥

诗歌方面，这一时期的诗作仍然主要沿袭了"黑人精神"运动的反殖民自由诗这一体裁。桑戈尔仍然是主要的诗人代表，其诗集

---

① Bernard Dadier, *Climbié* (Seghers, 1956).

② Ferdinand Oyono, *Une vie de Boy* (Paris: Julliard, 1956).

③ Camara Laye, *L'Enfant noir* (Paris: Plon, 1953).

④ Alain Mabanckou, *Préface*, dans Camara Laye, *L'enfant noir* (Paris: Plon, 2006), p. IX.

⑤ Seydou Badian, *Sous l'Oragesuivi de La Mort de Chaka* (Lille: Les Presses Universelles, 1957).

⑥ Guillaume Oyono Mbia, *Chroniques de Mvoutessi* (Yaoundé: Editions Clé, 1971); Mongo Beti, « Afrique noire, littérature rose », in: *Présence africaine* (n°1 - 2, avril - juillet 1955), pp. 133 - 140.

《黑人牺牲品》呈现强烈的反殖民主义倾向。①

但与小说逐渐兴起的势头相反，非洲采用法语创作的戏剧相对较少。其中一大原因是缺乏西方舞台效果所要求的专业物质道具。由于缺乏基础设施，非洲戏剧很多时候采取的是更加贴近民生的形式：通常没有剧本文字，戏剧内容有更多临场发挥的因素。除此以外，戏剧在非洲国家独立之后才真正取得它的正统地位，一些剧团由国家资助产生，以突显该民族国家的文化特色。但随着对新生政权的腐败的失望，另一些私有剧团也由此产生，并与国有剧团保持一定的距离。所幸，当地的一些传统的表演，如传统礼仪、节日、庆典等，在一定程度上又使得非洲戏剧得到某种程度的发展，尤其是在达喀尔和阿比让。其中，科特迪瓦的贝尔纳·达迪耶在 1936 年将其戏剧作品《城市》搬上舞台，成为非洲法语国家第一部本土戏剧。另有喀麦隆剧作家纪尧姆·欧瓦尤纳·恩比亚的《三个求婚者，一个丈夫》。② 后者的戏剧作品多体现日常生活主题，如婚姻、女性角色、乡村生活、学习生活等，他以一种大众娱乐的方式体现非洲智慧。总体上，非洲的戏剧受众主要还是非洲民众。

综上，第一代非洲文学家的小说、诗歌、戏剧均获得了一定的发展，但总体上这一时期的小说和诗歌成就远高于戏剧。受法国 19 世纪现实主义文学的影响，这些非洲文学家的作品具有现实主义色彩。但他们的创作比殖民官员的创作更加真实，因为他们身临其境，既是当事人，又是见证者，所以更进一步提升了作品描述的真

---

① Léopold Sédar Senghor, *Hosties noires* (Paris：Seuil, 1948).

② Guillaume Oyono Mbia, *Trois Prétendants un mari* (Yaoundé：Édition C. L. E., 1969).

实性。"真实"及采用吟唱诗人的叙事方式成为他们最大的创作特点。独立时期的文学反映了他们的自由思想，体现了作家们对民族主义、泛非主义、社会主义和马克思主义的信奉。

（二）第二代非洲作家：幻灭时代（1970～1990年）

1970年前后至20世纪90年代采用法语进行创作的非洲作家被视为第二代非洲法语文学家。从创作的社会大背景来看，非洲独立幻想与幻灭紧密交织，因为刚刚迎来新希望的非洲作家们进入20世纪60年代末后很快捕捉到了一种幻灭的气息。这一时代的大部分非洲小说家和诗人对殖民后的新生政权的破产进行了描绘。又因为20世纪70年代多数非洲国家的首领是通过军事政变获得政权，这些国家从而进入独裁统治的时代。然而，这些非洲国家领导人普遍缺乏治国理政经验，或者缺乏强有力的政权保障机制，使得社会暴力横行。贪腐滋生、紧张对立的局势常常以悲剧收尾。敏感的作家们深感希望的幻灭，尤其是后殖民主义政体下的理想的幻灭。法国巴黎第十大学学者佛伦朗斯·帕拉维①表示："非洲作家的写作主要是从社会和政治角度切入，因为这些作家深信文学改变社会的功能。这也在一定程度上说明了为什么在非洲文学中始终没有出现伟大的爱情小说……至今非洲文学主要关注的问题仍然是广泛意义上的社会问题。"② 与20世纪四五十年代高唱黑人价值身份的笔调截然相反，这一时期的作家们与政治保持一定距离，不再直接积极介

① 佛伦朗斯·帕拉维（Florence Paravy），法国巴黎第十大学副教授，研究方向是20世纪法语文学，主攻非洲和加勒比海地区法语文学。

② 笔者译文。参见 Tirthankar Chanda, *Littérature Africaine：de la Négritude à l'《 Écriture 》avec Alain Mabanckou*，http：//www. rfi. fr/afrique/20160316 - litterature - africaine - negritude - mabanckou - college - france。

入，而是将主题转向对后殖民主义时代的虚假繁荣和权贵庇护者进行有力的批判。在这之后，非洲文学创作尽管社会背景或主题有所不同，但作家这种积极隐晦介入的态度始终没有改变。

从主题上看，这一时代文学作品的一大特点是作家们扎根于带着迷失身份的寻根思潮，不再颂扬传统价值，而是揭发在某些传统部落中仍然延续奴隶制度的事实，或者对独立后的国家的贪腐、专制、以权谋私等的现状进行猛烈的批判，以及对独裁、性泛滥、迷信、虚伪、童子军等的批判。同时，对 70 年代与邻国之间的争端、自然灾害环境中人民的悲惨境地有深刻的揭露。这一时期最重要的作品有两部：马里作家杨波·欧乌罗庚的《暴力之责》和科特迪瓦作家阿马杜·库鲁马的《独立的太阳》。① 前者以非洲作家的身份揭露了在殖民者到来以前非洲就已经存在固有的暴力和奴隶制度；后者则从一个马林克②小商贩的衰败人生轨迹影射当局的独裁与理想的幻灭。这两部作品同时也影响了未来十年内整个撒哈拉以南非洲大陆的创作风格和主题。

在语言风格上，这一时期的非洲作家开始逐渐放弃优雅的文学语言和规范法语进行创作，是一种具有颠覆性和创新性的行为。与第一代小学教员文学家相反，这些新作家与标准规范法语保持一定的距离，并积极致力于将文学创作语言"去殖民化"。比如上述提及的《独立的太阳》就是将法语与马林克语融合。在阿马杜·库鲁马的笔下，仿佛法语是从外面嫁接过来的语言，马林克语才是母语。

---

① Yambo Oouloguem, *Le Devoir de Violence* (Paris: Editions du Seuil, 1968); Ahmadou Kourouma, *Les Soleils des Indépendances* (Montréal Presses de l'Université de Montréal, 1968).

② 马林克 (Les Malinkés)：是指主要居住在西非的几内亚、马里、科特迪瓦及其周边国家的跨国民族，主要信仰伊斯兰教和本土宗教，人数超过 400 万，有自己的语言，称"马林克语"。

　　同一时代的其他优秀代表作还有几位来自几内亚和刚果（布）的作家的作品。如阿利乌姆·方图雷的《热带圈》，通过塑造一个农民工进城的各种遭遇映射了一个非理性的独裁者的残暴统治①；威廉姆斯·萨西纳则通过《圣人巴里先生》叙述了一个小学教师因遭到外国教员挤压而在退休前失去工作，最后他决定自己创办小学，但道路充满艰辛②；另一位几内亚作家帝耶诺·莫内能博在他的《非洲大蟾蜍》中描述了一个从欧洲学成归国的热血青年一开始充满建设祖国的雄心壮志，后逐渐被腐朽的体制腐蚀，最终成为后殖民时代腐败政治体制中的一分子。③ 刚果（布）作家索尼·拉布·唐西在《一生半》中虚构了一个由暴君统治的充满魔幻的非洲国度，在这个国度里生者生不如死，死者则起死回生，该书通过一个将自己灵魂附着在其女儿身上的鬼魂主人公展示了这个虚拟国度的悲惨境地④；另一名刚果（布）作家埃玛纽埃尔·东嘎拉的短篇小说集《爵士乐与棕榈酒》主要反映了非洲实施的社会主义体制与非洲传统的文化冲突。⑤

　　20世纪70年代的幻灭风随着撒哈拉以南非洲女性作家的兴起而进一步延续。从1975年开始，非洲女作家的作品发表日益频繁，并且出现了真正意义上的女性职业作家。⑥ 但实际上，在这之前，塞

---

① Alioum Fantouré, *Le Cercle des Tropiques* （Paris：Présense Africaine，1972）.

② Williams Sassine, *Saint Monsieur Baly* （Paris：Présense Africaine，1973）.

③ Tierno Monénembo, *Les Crapauds – Brousse* （Paris：Editions du Seuil，1979）.

④ Sony Labou Tansi, *La vie et Demie* （Paris：Editions du Seuil，1979）.

⑤ Emmanuel Dongala, *Jazz et vin de Palme* （Paris：Hatier，1982）.

⑥ 20世纪20年代非洲仅有极少数教会学校对女童开放，且仅局限于混血女童，并且教育目的是培育新信徒或好的家庭主妇，而不是女文人。历史上首个向女性开放的师范学校是建立于1939年的塞内加尔师范学校。女性有序地接受中等和高等教育是在第二次世界大战之后。

内加尔的安妮特·姆贝依·德尔纳维尔出版了《非洲诗歌》，喀麦隆两
位女性小说家玛丽－克莱尔·马蹄普和泰雷兹·阔－木库里分别发表了
《贡多》《重点邂逅》。① 首部从女性的视角写非洲女性的女性作品是
马里作家阿乌阿·凯伊塔的《非洲女人》。② 这部带有自传色彩的小
说讲述了一位接生婆与殖民者及当地传统势力斗争的故事。同年，塞
内加尔作家娜菲萨图·迪亚洛出版了叙述自己成长史的自传性作品
《从蒂莱恩到普拉图》，随后在 20 世纪 80 年代初她又陆续发表了三部
小说：《被强烈诅咒者》《小商贩阿娃》《迪亚里的王妃》。③ 这些小
说将故事置于历史背景或塞内加尔现状中，通过人物间的爱情关系
提出信仰和宗教冲突、社会不公、女性教育、外来文化等相关
问题。

除此之外，非洲割礼、一夫多妻制、女性生育、代际冲突、
色情交易等也成为非洲女性文学的重要题材，如来自塞内加尔的
三位女作家的作品：阿娃·提亚姆的《给女黑人的寄语》④，玛莉
亚玛·巴的《一封如此长的信》⑤，阿米娜塔·叟·弗的《乞讨者
的大罢工》《竞技场的呼唤》《民族前国父》《族长的枣树》《返乡的

① Annette Mbaye d'Erneville, *Poèmes Africains* (Dakar：Centre National d'art Français, 1965)；Marie-Claire Matip, *Ngondo* (Paris：Bibliothèque du Jeune Africain, 1958)；Thérèse Kuoh-Moukouri, *Rencontres Essentielles* (Paris：Edgar, 1969).

② Aoua Keïta, *Femmes d'Afrique：Ou la vie d'Aoua Kéita Racontée par Elle – Même* (Paris：Présence Africaine, 1975).

③ Nafissatou Niang Diallo, *De Tilène au Plateau, une Enfance Dakaroise* (Dakar：Les Nouvelles Editions Africaines du Sénégal, 1975)；Nafissatou Niang Diallo (1941–1982), *Le Fort Maudit* (Paris：Hatier, 1980)；*Awa la Petite Marchande* (Dakar：Les Nouvelles Éditions Africaines, EDICEF, 1981)；*La Princesse de Tiali* (Dakar：Les Nouvelles Éditions Africaines, 1987).

④ Awa Thiam, *La Parole aux Négresse* (Paris：Denoël, 1978).

⑤ Mariama Bâ, *Une si Longue Lettre* (Abidjan：Les Nouvelles Éditions Africaines, 1979).

柔情》① 等。其中，阿米娜塔·叟·弗的作品同样汲取了传统口述文学的养分，通过作品警示她的同胞们应警惕文化同化影响，但同时也有必要适应现代化的要求。喀麦隆女作家卡利斯特·贝亚拉的《是太阳灼烧了我》《你将名叫唐噶》以及肯·布谷儿的《疯了的猴面包树》等作品则从不同角度刻画了来自底层社会的非洲女性的不幸遭遇、命运抗争与身份探寻。② 除了在小说方面的成就，也有部分女性作家采用诗歌体裁来抨击社会的暴力与不公，如科特迪瓦作家维罗妮克·塔娇的《红土》。③ 从总体上看，取得较大成功的女性作家大部分来自西非的塞内加尔、科特迪瓦和中部非洲的喀麦隆。

进入 20 世纪 80 年代，非洲作家中普遍弥漫着一股悲观主义思潮，文学作家们多采取讽刺性批评手段，针砭时弊。在 80 年代，除了主流作家们幻灭主调的延续和女性文学的崛起，其他新发展是出现了新的文学体裁——侦探小说，同时非洲儿童文学获得了很大的发展。侦探小说方面，阿希尔·恩高耶成为非洲大陆第一位在法国加利玛出版社"黑色幽默"丛书系列出版侦探小说的非洲作家。他与其他作家合著的侦探小说选集《无辜者阵线侦探小说集》获威廉姆斯萨辛文学大奖。④

① Aminata Sow Fall (1941 –), *La Grève des Bàttu* (Dakar: Les Nouvelles Editions Africaines, 1979); *L'Appel des Arènes* (Dakar: Les Nouvelles Editions Africaines, 1982); *Ex – Père de la Nation* (Paris: L'Harmattan, 1987); *Le Jujubier du Patriarche* (Dakar: Editions Khoudia, 1993); *Douceurs du Bercail* (Dakar/Abidjan: Editions Khoudia/NEI, 1998).

② Calixthe Beyala, *C'est le Soleil qui m'a Brûlée* (Paris: Stock, 1987); *Tu t'Appelleras Tanga* (Paris: Stock, 1988); Ken Bugul, *Le Baobab fou* (Dakar: Les Nouvelles Editions Africaines, 1982).

③ Véronique Tadjo, *Latérite* (Paris: Hatier, 1984).

④ Sami Tchak, Achille Ngoye, Kangni Alem, et al., *Le Camp des Innoncents* (Belgique: Lansman, CEC, 2006).

儿童文学方面，20 世纪 50 年代桑戈尔被视为儿童文学先驱，他编著了《乐可兔子的美丽故事》等系列儿童文学作品。[1] 20 世纪七八十年代非洲儿童文学正式诞生，90 年代达到高潮。非洲儿童文学形式、风格、主题均十分多样。知名的非洲儿童文学家及其作品有：塞内加尔安妮特·姆贝依·德尔纳维尔的《铜银戒指》[2]、法图·恩迪耶·叟的《非洲故事：内那·斯拉之女》[3]，科特迪瓦米歇丽娜·库利巴利的《狗，猫和老虎》。[4] 其他代表作家有马里的雅库巴·迪娅拉，贝宁的埃内斯提娜·邦弗等。这些作家被视为撒哈拉以南非洲第一代法语儿童文学作家，他们当中以女性作家为主，大部分至今仍然笔耕不辍。

如果说小说主要面对受过教育的精英阶层，那么戏剧的重要使命则是面向更为广泛的普通非洲大众。如亚历山大·库玛·恩顿博及其代表作《卡夫拉 – 比亚唐嘎：非洲悲剧》。[5] 他的戏剧更加接近蒙戈·贝蒂的作品，其作品以针砭时弊、批判政治和媒体的腐败等著称。

因此从整体上可以说，20 世纪 60 年代末至 80 年代末的非洲文学首先具有后殖民文学的特点，是后殖民文学的重要组成部分，它主要揭露了非洲新生政权的各种弊病，以及这些政权逐渐向独裁和内战偏移的趋势。

---

[1] Léopold Sédar Senghor, Abdoulaye Sadji, Georges Lorofi, *La Belle Histoire de Leuk – le – Lièvre* (Paris：Hachette, 1953).

[2] Annette M'baye d'Erneville, *La Bague de Cuivre et d'Argent* (Dakar：Les Nouvelles Editions Africaines, 1983).

[3] Fatou Ndiaye Sow, *Récit d'Afrique：La Fille de Neene Sira* (Versailles：Les Classiques Africains, 1997).

[4] Micheline Coulibaly, *Le Chien, le Chat et le Tigre* (Abijan：Édition CEDA, 1988).

[5] Alexandre Kum'a N'Dumbe III, *Kafra – Biatanga, Tragédie de l'Afrique* (Paris：P. J. Oswald, 1973).

四　第三代非洲作家：从战争主题到移民文学
（1991 年至今）

　　当代撒哈拉以南非洲法语文学以 1991 年为起点，可以分为两个阶段：第一个阶段是 1991～2000 年，这个十年以战争和内乱为主题；第二个阶段是 2000 年至今，该阶段以非洲移民文学的崛起为特点。

　　在战争题材文学方面，20 世纪 90 年代的文学最为突出的表现是大量以战争、大屠杀、童子军等为创作题材。1991～2000 年，文学创作主调仍然是幻灭的继续。但随着柏林墙的倒塌，非洲精英们开始质疑马克思主义，转而学习西式民主。大量的作品以非洲国家的内乱为社会背景，如阿马杜·库鲁马的《人间的事，安拉也会出错》以塞拉利昂内战为背景描绘了童子军的故事①；帝耶诺·莫内能博的《孤儿们的老大》则直接以卢旺达大屠杀为社会背景刻画主人公目睹双亲被屠杀的故事②；埃玛纽埃尔·东嘎拉的《疯狗强尼》则以刚果（金）20 世纪 90 年代末南北内战为背景描述了平民百姓的悲惨境遇，尤其突出对女性的强奸等暴力罪行③。与此同时，20 世纪 90 年代的撒哈拉以南非洲儿童文学和女性文学持续升温，其中儿童文学达到高潮。当代儿童文学家中，比较知名的有：三位科特迪瓦作家——法图·凯伊塔、维罗妮克·塔娇、米莉艾尔·迪亚洛；一位贝宁作家——贝亚特丽斯·巴多；三位马里作家——穆萨·科纳特、乌斯曼那·迪亚拉、伊思玛依拉·桑巴·特拉奥雷；一位喀麦隆作家——基

① Ahmadou Kourouma, *Allah n'est pas Obligé* (Paris: Editions du Seuil, 2000).

② Tierno Monénémbo, *L'Aîné des Orphelins* (Paris: Editions du Seuil, 2000).

③ Emmanuel Dongala, *Johnny Chien Méchant* (Paris: Le Serpent à Plumes, 2007).

迪·贝柏等。

进入 21 世纪之后，黑人移民文学获得重大的发展。相关数据显示，当今 3/4 的非洲法语文学均由生活在非洲大陆之外的移民作家所写。① 实际上，非洲移民文学出现已久。它最早可以追溯至科特迪瓦作家贝尔纳·达迪耶的作品《一个黑人在巴黎》②，但它与今天的移民文学有所区别。前者是一本完全虚构的小说，且作者并没有长期在西方生活的经历。怀着对历史上首次黑人意识觉醒的思恋，当今黑人移民文学被冠以新词"migritude"，即由"移民"（migration）和"黑人精神"（négritude）各取部分组合而成，可以视为"新移民黑人精神"。这种文学代表着非洲大陆以外的黑人的文学。这个词由法国文学批评家雅克·谢弗里耶③提出，他指出新时代的非洲移民文学既体现了"移民"主题在当代非洲作家文学创作中的中心地位，同时也突出了作者作为侨居海外的移民的身份特征。④ 这个文学运动具有三个特点：一是共同的移民生活经历，二是作品扎根于他们来源国的文化；三是对作家身份的诉求——不带有"黑人"等任何修饰语。当代非洲移民文学立足于他们想象中的高要求的"自由"：对身份的追寻、对生存的焦虑、对写作形式的探寻等。

---

① Odile Cazenave, *Afrique sur Seine, une Nouvelle Générale de Romanciers Africains à Paris* （Paris：L'Harmattan，2003）.

② Bernard Dadier, *Un Nègre à Paris*（Paris：Présence Africaine，1959）.

③ 雅克·谢弗里耶（Jacques Chevrier，1934 - ），法国巴黎索邦大学（现巴黎第四大学）退休教授，现为法语作家协会会长，一生致力于推广法语文学，著有《黑非洲法语文学》《黑人文学》等多部专著。

④ 《Tirthankar Chanda et Séverine Kodjo - Grandvaux》, *L'Afrique Déplumée*, https：//www.jeuneafrique.com/203649/culture/l - afrique - d - plum - e/.

第三代非洲法语作家中最负盛名的有：阿兰·马邦古、帝耶诺·莫内能博、科西·艾福依、科菲·库瓦余乐、法图·迪尤姆、阿布杜拉姆纳·瓦波利、萨米·查克等。[①] 他们的写作风格更加讲究，其作品往往具有碎片化和梦幻化的特点，与第一代作家的朴素和古典有巨大的区别。新一代移民的文学作品普遍反映了生活在欧洲的非洲移民后代对"黑人"和"白人"关系的重新审视。有对欧洲生活，尤其是对巴黎生活的憧憬的描绘，如阿兰·马邦古的《蓝，白，红》[②]；有对非洲移民寄人篱下、流离失所的艰难生活的揭露，如萨米·查克的《节日广场》[③]；有对身份和种族歧视的反映，如蓓索拉的《53 厘米》、法图·迪尤姆的《国民倾向》。[④] 其中，法图·迪尤姆是重要的移民文学作家，她在移民文学作品中同时提及了非洲和法国，甚至有时候也会提及美洲，以及在欧洲的外国人的生存状况。此外，以市郊移民生活为题材的作品也获得关注，如：拉希德·杰达尼的《我的神经》[⑤]，托特·利亚姆的《黑

---

① Alain Mabanckou (1966 -)，作家、诗人、大学教师，具有法国和刚果（金）双重国籍，曾获雷诺多文学奖骑士勋章，该奖是当今最具影响力的非裔文学奖之一；Tierno Monenembo (1947 -)，几内亚作家，曾获 2008 年雷诺多文学奖、2017 年法语文学大奖，代表作为《黑人恐怖分子》(2012) 等；Kossi Efoui (1962 -)，多哥法语作家，被视为当前最有创新力的非洲作家之一，曾获撒哈拉以南非洲文学大奖等多个文学奖项；Koffi Kwahule (1956 -)，科特迪瓦戏剧家和小说家，代表作《娃娃脸》(2006)，曾获阿马杜·库鲁马文学大奖；Fatou Diome (1968 -)，塞内加尔-法国双重国籍女作家，其作品多数以法国移民问题以及法国与非洲大陆之间的关系为主题，代表作为《大西洋的腹部》(2003)；Abdourahmane Waberi (1965 -)，吉布提作家，曾获撒哈拉以南非洲文学大奖等多个奖项，代表作为《过境》(2003)；Sami Tchak (1960 -)，多哥作家，曾获撒哈拉以南非洲文学大奖等多个奖项。

② Alain Mabanckou, *Bleu Blanc Rouge* (Paris: Présence Africaine, 2010).

③ Samy Tchak, *Place des Fêtes* (Paris: Gallimard, 2001).

④ Bessora, *53cm* (J'ai lu, 2001); Fatou Diome, *La Préférence Nationale* (Paris: Présence Africaine, 2001).

⑤ Rachid Djaïdani, *Mon Nerf* (Paris: Editions du Seuil, 2004).

色的郊区》①，印萨·萨内的《萨塞勒－达喀尔》②，非扎·盖纳的《一样的明天》③。最后，一些撒哈拉以南非洲现代小说以非洲古神话传说或者《圣经》为参照，创作宗教题材的小说，如蓓索拉的《石油》等。④

与此同时，非洲移民作家的诗歌也获得一定的发展。新时代的非洲诗人们试图通过诗歌创作呼吁、争取更多的尊严和自由，如索尼·拉布·唐西的诗集《呼吸的行为》、巴巴卡尔·萨勒的诗集《丘陵之血》。⑤

在戏剧方面，非洲剧团物质匮乏的问题一直存在。至今非洲大多数国家仍然缺乏表演场地，从而导致剧团无法长久维持。国家剧团主要推出具有民俗特色的节目，私有剧团则体现出它富有创造性和活力的一面。当代戏剧中比较突出的国家有科特迪瓦、塞内加尔、刚果（布）、多哥和喀麦隆。专业的戏剧则越来越趋向于几个戏剧中心和知名作家，如喀麦隆女性剧作家维尔维尔－丽琴主要在科特迪瓦阿比让从事多种艺术职业，她的戏剧主要与非洲仪式主题相关。⑥

结　语

总体上，现当代非洲文学仍然是小说盛行的时代。非洲诗歌、

---

① Thomté Ryam, *Banlieue Noire* (Paris：Présence africaine, 2006).

② Insa Sané, *Sarcelles – Dakar* (Paris：Editions Sarbacane, 2009).

③ Faïza Guène, *Kiffe Kiffe Demain* (Paris：Fayard, 2004).

④ Bessora, *Pétroleum* (Paris：Editions Denoël, 2004).

⑤ Sony Labou Tansi, *L'acte de Respirer* (Paris：Editions Revue Noire, 2005)；Babacar Sall, *Le Sang des Collines：Poèmes Pour les Grands Lacs* (Paris：L'Harmattan, 1998).

⑥ Werewere-Liking，生于1950年，喀麦隆作家、画家，目前定居于科特迪瓦。

散文、戏剧等虽然有一定的发展，但影响力仍然远不及小说。非洲法语文学作品数量丰富、题材多样。这类文学近百年来字里行间所体现的千年传统以及现当代为争取自由和身份的斗争，进一步提升了法语这种语言的想象力和丰富性。但它至今尚未获得诺贝尔文学奖桂冠。究其原因，一方面，来自非洲的法语作家喜欢杂糅非洲地方语言使创作复杂化，从而加深了读者理解和译者翻译的难度[①]；另一方面，早期的作家多数身兼数职，全身心投入文学创作的作家有限，而当今从事专业写作的移民作家还处于创作积累阶段。另外，非洲法语文学在东西方文学中长期被边缘化，优秀文学批评家常常怀有西方中心主义。再有，它的作品中常常充斥着暴力、血腥与悲惨，对于希望通过阅读陶冶情操的读者而言阅读的舒适度和美感有限。但不可否认，今天它已经成为世界文学中最为活跃的文学类型之一。

Sub – Saharan Africa Francophone Literature：
From Colonial Literature to Migritude Literature

Liu Tiannan

Abstract：As a bright pearl of African literature, the sub – Saharan Africa Francophone Literature was born in the 1920s and has continuously developed over the following eight decades. In every decade, its literary works accurately reflect the social realities of sub – Saharan Africa or the writers'living condition. Beginning with the formation of the first generation of African

① Ruth Bush, Claire Ducournau, 《La Littérature Africaine de Langue Française, à quel (s) prix? Histoire d'une Instance de Légitimation Littéraire Méconnue (1924 – 2012)》, *Cahiers d'Études Africaines* 2015/3 (n°219), pp. 535 – 568.

francophone writers in the 1950s, the sub – Saharan Africa francophone liter-
ature went through four successive stages: "the fight for the independence in
the 1960s", "the disillusion with the unfulfilled heightened expectation of the
independence between 1960 and 1970", "the accusation of dictatorships from
1970 to 1990", "the pursuit of political freedom in the 1990s" and "the
prosperity of the migritude literature since 2000". The sub – Saharan Africa
francophone literature has become an important part of the World literature in
French.

Keywords: Sub – Saharan Africa; Literature in the French Lan-
guage; Colonial Literature; Negro Spiritual Movement

西非国家经济共同体机制改革
与区域一体化

王　战　张蓝月*

摘　要： 西非国家经济共同体成立 40 多年以来，其组织内部进行了多次体制改革，形成了目前同时具有超国家治理和政府间合作双重性质的区域性一体化组织。从结果来看，西非国家经济共同体的一体化机制和政策对西非地区的经济发展起到了有力的推动作用。然而，西非国家经济共同体在其"2020 愿景"中所设定的一体化时间表与现实仍有较大差距。其体制必须继续向超国家层面转变，才能更快地实现西非经济联盟这一目标。

关键词： 西非国家经济共同体；经济一体化；政府间合作；超国家治理

西非国家经济共同体（Economic Community of West African States，ECOWAS；Communauté Economique des Etats de l'Afrique de l'Ouest，CEDEAO）（以下简称"西共体"），是目前非洲规模最大，

---

* 王战，博士，武汉大学非洲研究中心主任；张蓝月，武汉大学外语学院博士研究生，重庆工商大学国际商学院讲师。

发展历史最长的区域性经济合作组织。现有成员国 15 个，包括 8 个法语国家（贝宁、布基纳法索、多哥、几内亚、科特迪瓦、马里、尼日尔、塞内加尔）、5 个英语国家（冈比亚、加纳、利比里亚、尼日利亚、塞拉利昂）和 2 个葡语国家（佛得角、几内亚比绍）。1975 年 5 月 28 日，15 国首脑在尼日利亚拉各斯签署了《西非国家经济共同体条约》（Treaty of the Economic Community of West African States）（以下简称《条约》），西共体正式成立，总部设在尼日利亚首都阿布贾。① 西共体的目标是"促进成员国的合作和一体化，最终在西非地区建立经济联盟，以提高人民生活水平，维持和强化经济稳定，加强成员国间相互关系，为非洲大陆的进步与发展做出贡献"。② 西共体成立 40 多年以来，其组织内部为适应和促进区域一体化发展进行了多次体制改革，形成了目前同时具有超国家治理和政府间合作双重性质的国际一体化组织。

一 西共体组织机构概况

1993 年《修订条约》中的第 3 条规定了西共体各组织机构设置及其相应的权责。2006 年又对其机制进行了一系列改革。目前，西共体主要由两类机构组成，主体机构为行政、立法和司法机构，另外还有为促进经济一体化发展而成立的西共体投资与开发银行、西非货币局等金融机构和卫生组织等专门机构。

---

① 西非国家经济共同体创始国包括贝宁、布基纳法索、科特迪瓦、冈比亚、加纳、几内亚、几内亚比绍、利比里亚、马里、毛里塔尼亚、尼日尔、尼日利亚、塞内加尔、塞拉利昂和多哥，佛得角于 1976 年加入，毛里塔尼亚于 2000 年退出。

② ECOWAS Commission，《Revised Treaty》，Article 3：Aims and Objectives，1993.

主体机构包括国家元首和政府首脑会议、部长理事会、委员会、议会和法院。国家元首和政府首脑会议由成员国国家元首和政府首脑组成，是西共体的最高权力机构，负责制定共同体大政方针和监督共同体各项职能，确保共同体的发展能实现其目标。部长理事会是国家元首和政府首脑会议的咨询和监督机构，负责向国家元首和政府首脑会议提出有关实现共同体目标的行动建议，制定有关协调一体化政策的指令和管理其下属机构的规定，审查并通过委员会和专门委员会的建议以及共同体预算。部长理事会下设 8 个技术和专门委员会，负责为部长理事会准备工作报告、监督条约执行等。委员会是西共体的常设执行机构，2007 年成立，其前身是执行秘书处，负责西共体日常行政事务和协调西共体各机构的工作，下设 14 个部门。西共体议会成立于 2000 年，目前是常设咨询和论坛性机构，其职责包括就西共体的政策制定、条约修改等议题接受咨询，听取委员会主席的工作报告等。刚成立时议会议员暂时由各成员国议会推选，2006 年后通过直接普选产生，其机构职能也逐步转向共同决策和立法。法院是西共体的最高司法机构和监督与咨询机构，兼具人权法院职权，2000 年成立。其主要职责是处理关于条约及其相关协定的解释和适用性的争议，也包括成员国未履行西共体各项指令义务的责任问题，西共体内部侵权诉讼，成员国人权案件等。其裁决具有强制约束力，且不接受上诉。

西共体下设的金融机构主要包括西共体投资与开发银行（ECOWAS Bank for Investment and Development，EBID）和西非货币局（West African Monetary Agency，WAMA）。西共体投资与开发银行于 2003 年成立，主要职能是向西共体项目和计划提供资金，特别是运输、能源、电信、工业、减贫、环境和自然资源相关领域的项目，同时还参与区域内贸易的融资，以加强成员国间贸易。下设西共体地区投资银行（ECOWAS Regional Investment Bank，ERIB）和西共体地区发展基金（ECOWAS Regional Development Fund，ER-DF），主要负责向公共和私营部门发放贷款。西非货币局成立于1996年，其前身是西非清算所（West African Clearing House，WACH），宗旨是在西共体内建立统一货币。现阶段的职能是制定西共体内货币和财政协调与合作的政策和计划，促进成员国中央银行间的清算和交易，管理西共体信用担保基金（ECOWAS Credit Guarantee Fund）等。

西共体其他的专门机构较多，如西非政府间反洗钱行动组（Inter-Governmental Action Group against Money Laundering and Terrorism Financing in West Africa，GIABA）、西非卫生组织（West African Health Organization，WAHO）等。西非政府间反洗钱行动组成立于1999年，负责加强成员国在该地区预防和控制洗钱和恐怖主义融资的能力。西非卫生组织是主要负责保护各成员国公民健康的共同体专门机构，可发起和协调成员国关于卫生方面的政策，整合区域资源并促进成员国相互合作。

二　西共体机制的一体化改革：政府间合作向超国家性质的转变

1975年的《条约》为西共体的建立和初期的稳定奠定了重要基础。但随着国际形势的转变和西共体自身的经济发展，其体制上的缺陷逐渐显露出来。《条约》赋予西共体的权力十分有限，西共体决议方式以及各机构权责分配更多体现为政府间合作性质。国家元首和政府首脑会议是唯一具有决策权的机构，决议表决方式采用全体一致原则，执行秘书处缺乏独立行事权力，决策也缺少群众和私营部门的参与。为促进一体化的发展，西共体各成员国国家元首和政府首脑于 1993 年通过了《修订条约》，同意将一部分国家权力让渡到共同体层面，西共体的超国家性质开始显现。随后于 2000 年成立了议会和法院。2006 年 6 月，西共体通过了新的机构改革方案，主要包括将执行秘书处改为委员会，并更新了议会的组成办法，议会议员将通过普选直接产生。改革增强了共同体层面的执行权、公平性和透明度，逐步将一体化目标中的超国家性质落到实处。这两次促进一体化建设的机制改革主要有以下 8 个方面的内容。

（一）条约宗旨的转变

1975 年《条约》中的第 2 条首次提出了西共体的宗旨："促进成员国所有经济活动的合作与发展，特别是工业、交通、电信、能源、农业、自然资源、贸易、货币和金融问题以及社会和文化领域方面的问题，以提高人民生活水平、增强并维持经济稳定、促进成员国相互间友好关系，为非洲大陆的进步和发展做出贡献。"① 根据这一宗旨，西共体在建立之初仅限于一个发展中国家间的区域性经济合作组织，强调其成员国间的相互协作，并未确定西共体想要达到的经济一体化形式。②

---

① 《Treaty of ECOWAS》，Article 2：Aims of the Community，1975.
② 根据各成员国的具体情况和条件以及它们的目标要求，国际上的区域经济一体化主要分为六种形式或阶段：特惠关税区、自由贸易区、关税同盟、共同市场、经济联盟、完全经济一体化。

1993 年《修订条约》中的第 3 条重新定义其宗旨为"通过促进成员国的合作和一体化,最终在西非地区建立经济联盟"。修订后的条约不仅首次明确提出了经济联盟这一一体化目标,还详细规定了实现该目标的具体阶段和任务,包括统一和协调成员国政策并促进一体化项目,协调环境政策,促进合资生产企业的建立,建立共同市场和货币联盟,促进私营部门和其他经济部门的合资合作,创建良好的法律环境,统一投资法规,统一技术标准和措施,促进区域均衡发展,加强信息流通,建立共同体人口政策,设立合作和发展基金。

修改后的条约宗旨不再只是成员国在经济领域的"合作",为共同体从之前的政府间合作性质转向超国家性质奠定了最根本的法律基础。要形成经济货币联盟,各成员国必然让渡其国家层面的经济主权到共同体层面。这一点也在《修订条约》的序言部分体现出来,成员国承认:"形成一个可持续的区域共同体可能要求在集体政治意愿的背景下将国家的部分主权逐步汇集到共同体内。"

(二) 委员会的成立

执行秘书处是 1975 年《条约》建立的机构,负责执行国家元首和政府首脑会议与部长理事会的决议以及处理西共体的日常事务。该机构有一位执行秘书长,由国家元首和政府首脑会议任命,直接对国家元首和政府首脑会议负责,任期 4 年,可连任一次。国家元首和政府首脑会议有权将其罢免。除执行秘书长外,执行秘书处其他人员的任命由部长理事会决定。由此可见,执行秘书处的权力十分有限,执行秘书长缺乏独立的行政权力。

为增加西共体的公平性和透明度,增强决议的执行力,2007 年执行秘书处被西共体委员会取代。委员会由主席、副主席和 13 名委员组成。主席依然由国家元首和政府首脑会议任命，任期 4 年，不可连任。委员会下设 14 个部门。委员会负责就部长理事会通过的法案制定细则，这些细则拥有与法案相同的强制执行效力。委员会也可提出建议，其建议不可强制执行。

委员会与其前身执行秘书处相比，受制于国家元首和政府首脑会议及部长理事会的程度有所降低。一部分决定具有法律效力，使其独立执行力增强。每位委员负责的部门与之前的执行秘书所负责的相比，范围有所缩小且职权划分更为明确，有利于西共体决议的下达、管控和监督，为成员国在相应领域的主权让渡后的管理和执行做好准备。委员会的存在及其权力的设定是为了维护西共体的利益，是西共体相对于成员国的自主性和独立性的重要体现。但就目前而言，西共体委员会的权力仍然有限，还不能像欧盟委员会一样发挥区域一体化杠杆的作用。

（三）议会的成立

克拉耶夫斯基提出国际组织中民主施政的三个现有要素是透明度和公众监督、议会的参与，以及与民间社会的对话。[①] 西共体在两份条约中都强调本地区公民应更多地参与到一体化议程中来，议会的设立便是其中最重要的一环。1993 年的《修订条约》新增了议会这一西共体机构，其具体内容由 1994 年的议定书确定，2006 年的补充议定书进一步扩大了议会的职权范围。

目前，议会是西非地区人民代表进行对话、磋商和达成共识的

---

① M. Krajewski, "Democratic Governance as an Emerging Principle of International Economic Law", *Society of International Economic Law* (*SIEL*), Working Paper, 2008.

论坛性机构，其目的是促进西非的一体化建设。议会有权审查与西共体有关的任何事项，特别是与成员国公民的人权和自由有关的问题，也可审查成员国之间的能源网络互联、电信互联、媒体合作以及通信系统的发展等议题和计划。议会也可就西共体公共卫生政策、教育政策、青年和体育政策、科学技术研究、环境政策等事宜进行咨询。议会还可就可能影响西共体发展的其他任何问题向相应的西共体机构提出建议，如修订西共体条约、公民身份和社会融合等问题。

《修订条约》还规定，议会议员及其代表必须由成员国公民直接普选产生。在普选开始之前的过渡期内，西共体议员是从成员国的国民议会或其他同等机构中推选成员产生。议会在现阶段的定位是西共体的咨询机构。因此，它目前并不具有实际上的决策权。过渡期的持续时间取决于国家元首和政府首脑会议的决议。

西共体在成立之初缺少民众或其他利益群体可以直接参与共同体事务和决策的机构。广大民众被排除在一体化建设之外，这也是西非一体化进程不能得到有效和快速推进的原因之一。虽然目前西共体议会尚未具备西共体立法机构的性质，不能如其他国际组织中的议会那样发挥决定性作用，但议会的建立已经给区域内人民提供了协商与合作的机会，增强了区域内利益相关者的民主参与意识，体现了西共体要从国家共同体发展为人民共同体的目标和决心。议会将会是西共体机制健全后的核心机构之一，可以保证西共体的合法性和规范性，并以民主的方式确保西共体执行其权力，促进一体化目标的实现。①

① Chidebe Matthew Nwankwo, "Institutional Effectiveness and Legitimacy: Assessing the Impact of ECOWAS Parliament as a Legitimizer of the Current ECOWAS Regime", *Commonwealth Law Bulletin* 55 (2017), p. 254.

（四）法院管辖范围的扩大

1993 年的《修订条约》提出了法院的设立，证明了成员国对一体化进程中的法律层面的关注。原则上，西共体法院应如同欧洲法院一样，是区域一体化的稳定器。但《修订条约》所规定的法院管辖范围较窄，仅限于处理关于《条约》及其相关协定的解释和适用性的争议。2005 年通过的修正案扩大了法院的权限，使其有能力决定更大范围内的争议，包括西共体内部机构之间、西共体与成员国之间、西共体与公民之间的争议，同时也涵盖了成员国的侵犯人权案件以及西共体公民在所有诉讼或仲裁用尽之后的上诉。权限扩大后的法院可以确保西共体和成员国在西共体《条约》框架内更公平公正地处理内部争议，同时也可推进西非公民参与区域一体化的发展和保护西非地区的人权。

但西共体法院仍有两个重要问题尚未解决。一是缺乏独立性。《修订条约》规定，法院的组成、地位和管辖权必须由议定书确定，而议定书只有国家元首及政府首脑会议能够通过或修改，等同于西共体法院必须根据一个政治机构的决定来确定或修改其法规，这种情况不可避免地影响了西共体司法机关的政治独立性，继而影响法院有效约束各成员国以确保其对条约的遵守这一作用。二是解决争端机制有一定缺陷。根据法院议定书第 56 条，任何关于西共体法律解释或适用性的争议均由双方直接协商解决。只有当双方不能解决该争议时，其中一方才能将案件提交给西共体法院。这一程序的缺点是削弱了西共体的一体化运作，因为首先通过双边外交解决因西共体法律的解释或适用性引起的争端极易影响西共体法律和目标在各层面的一致性。

（五） 决议表决方式的扩大

1975 年的《条约》没有对共同体各层级的决议表决方式做出明文规定，但各个机构基本都采取了一致通过原则。该原则要求，只有各成员国代表对所议决的问题一致赞同，决议才能通过，只要有一张反对票，该决议就不能通过，因此也叫"一票否决制"。因此，为得到所有成员国的一致同意，需要就决议的问题和提案反复进行讨论和修改，造成时间和人力、物力上的严重损耗，使西共体的决议很难做到及时有效。另外，由此通过的决议也大多是相互妥协的结果，掩饰了成员国间的分歧，决议文本内容通常笼统、模糊，难以严格、精准，大幅降低了西共体机构在区域一体化进程中的核心作用。

1993 年的《修订条约》中写明了西共体的国家元首和政府首脑会议与部长理事会的表决方式，规定其可按决议所涉及的领域分为一致通过表决和三分之二多数表决。决策通过的效率得到了提高，但仍未达到其他国际组织（如欧盟）在表决机制上（多采用有效多数表决法）所给予共同体的超国家权力和决策效率。由此可见，目前西共体的决议表决方式仍在一定程度上限制了西共体一体化发展进程。

（六） 法规制度的改革

在西共体新的法律制度出台以前，各成员国所履行的共同体义务主要由议定书和《条约》决定，这些决定需要漫长的审批程序才能通过、生效，极大地阻碍了一体化的快速推进。西共体机构中只有国家元首和政府首脑会议的决议可直接适用于成员国，且对其有强制约束力，部长理事会的决议只适用于西共体机构内部。

西共体从 2007 年开始改革其法律机制。其中，适用于成员国的决议不再仅限于《条约》和议定书。法律规章制度的范围扩大至补充法案（act）、条例（regulation）、指令（directive）、决定（decision）和建议（recommendation）。国家元首和政府首脑会议通过颁布补充法案来扩充西共体《条约》的内容，补充法案对成员国和西共体各机构都具有强制约束力。部长理事会制定条例和指令并做出决定和建议，条例及其目标具有普遍适用性和强制约束力，也可直接适用于成员国和西共体机构，但实现这些目标的方式可由各成员国根据本国情况决定。

（七）惩罚机制的确立

一体化组织所颁布的条约、法规或政策都需要相应的惩罚机制以保证其在成员国的有效实施。1975 年的西共体《条约》中并未对此进行明确规定，仅提出："各成员国应尽一切努力规划和指导其政策，以期为实现共同体目标创造有利条件；特别是各成员国应采取一切必要措施，确保通过适用本条约所必需的立法文本。"[1]

为了更好地确保成员国遵守、执行西共体《条约》和规章的义务，1993 年的《修订条约》中所规定的这项义务更为明确，采用了两项创新。一是确定了西共体决议的生效方式。《修订条约》第 9 条规定，国家元首和政府首脑会议做出的决定以及部长理事会通过的条例必须"在官方公报发布日期后的 60 天内在成员国执行"。二是明确了成员国在不遵守西共体义务情况下适用的惩罚措施，真正体现出西共体的超国家性质。《修订条约》第 77 条为惩罚机制提

---

[1] 《Treaty of ECOWAS》, Article 3: General Undertaking, 1975.

供了一个全面的框架。惩罚方式可以从暂停成员国在共同体层面的活动到暂停向成员国支付项目经费或拒绝成员国相关人员对某些西共体职位的申请，也可以是撤销已经批准的成员国项目或特殊政策。在成员国违反共同体义务时即可启动惩罚措施。该条约明确了违反义务的行为包括成员国在西共体机构会议缺勤、缴款不规范、审批西共体文件或国际文件缓慢，成员国政府发生政变、大规模侵犯人权等行为。

（八）仍位于金字塔顶端的政府间机构：国家元首和政府首脑会议及部长理事会

国家元首和政府首脑会议从西共体成立之初就被《条约》置于该组织机构层级中的最顶层，《修订条约》第 7 条再次强调国家元首和政府首脑会议"负责整个共同体的指导和控制"，其所做出的决议对成员国具有强制约束力。国家元首和政府首脑会议集中了西共体机构中所有基本的和重要的权力，反映出共同体层面普遍存在的政府间性质。在这一框架下，成员国不愿将其部分主权让渡给西共体是合乎逻辑的。同时，整个西共体完全由国家元首和政府首脑会议这一具有政治性质的机构来指导和控制也是较为危险的。事实上，在决策过程中，当国家利益与共同体利益发生冲突时，国家元首和政府首脑的决议自然偏向于其国家利益而非整个区域的利益。另外在面对一体化计划时，国家元首和政府首脑更加重视整合项目的政治层面，而非致力于解决一体化进程中出现的具体问题。

部长理事会作为国家元首和政府首脑会议的咨询和下属机构，由于缺乏决策自主权，担心后者修改或取消其决定，因而倾向于不采取任何创新的举措，而是严格遵循国家元首和政府首脑会议的决议结果。部长理事会在其组成性质上也与国家元首和政府首脑会议类似，由各成员国相应部长组成，代表着各自国家的利益。另外，部长理事会例会的举办频率很低，《修订条约》第 11 条规定，其每年至少举行两次例会，其中一次必须在国家元首和政府首脑会议之前，主要任务是为国家元首和政府首脑会议做好准备工作。这意味着西共体部长理事会每年通常只有一次正常的例会。相较之下，欧盟理事会每周都要举行例会，每年要举行超过五十次会议，能及时地监控和管理一体化项目，极大地提高了欧盟层面的决策和执行效率。

由此可见，西共体的核心机构仍有很强的政府间合作色彩，极易造成各成员国自身利益凌驾于西共体利益之上，加剧成员国在相关问题上的摩擦，拖延西共体决议和一体化进程。

三　西共体一体化成效

总的来看，西共体已建立起比较健全和稳定的组织机构和运作体系，为西非发展中国家的经济一体化提供了制度保证。截至 2019 年初，西共体已举行了 54 届国家元首和政府首脑会议，通过这一核心机构较为有效地推动了西共体的一体化进程。西共体积极改革其组织和运作机制，成立了委员会、议会和法院，并逐步开始制定和完善经济一体化的路线图和时间表。西共体的发展历程反映了该地区国家和人民团结合作的愿望和决心，也说明非洲的经济一体化进程逐步走上科学化发展道路。① 从结果来看，西共体的一体化机

---

① 舒运国：《非洲经济一体化五十年》，《西亚非洲》2013 年第 1 期，第 96 页。

制和政策对西非地区的经济发展起到了有力的推动作用，西共体经济增速在 2007～2014 年超过了 6%，成为非洲大陆经济增速第一的地区。之后，由于西非最大经济体尼日利亚受到国际能源和原材料市场的影响，经济持续下行，西共体在 2015～2017 年经济增速低于 4%，但西共体中的法语成员国，即西非经济货币联盟①成员国的国内生产总值增速仍在 6% 以上，远超同时期非洲大陆的其他地区。② 具体来看，西共体所取得的成就主要包括以下四个方面。

第一，促进共同市场的建设。1978 年西共体各成员国签署协定，实行"人员自由流动"政策。从 2004 年 1 月起，西共体开始实行统一护照。各成员国公民持这种护照不需事先获得相关签证便可前往西共体内任一国家旅行、工作或定居，这一举措使得西非成为非洲大陆公民可自由流动的唯一地区。经过多年的内部协商，西共体统一对外关税也于 2015 年 1 月生效。

第二，推动了本地区一体化基础设施建设项目的实施。西共体推出公路交通优先计划，分两阶段实施，第一阶段包括修建横跨西非的高速公路网络，第二阶段主要是各成员国的公路互连，以使内陆国家受益。在电信建设方面，西共体旨在发展可靠的现代化区域电信宽带基础设施，以及建立单一的自由化电信市场。目前，电信计划的第一阶段已基本完成。

---

① 西非经济货币联盟（Union Economique et Monétaire Ouest – Africaine，UEMOA）由西共体中的贝宁、布基纳法索、科特迪瓦、几内亚比绍、马里、尼日尔、塞内加尔和多哥 8 国组成。

② Le 360 afrique, une croissance quatre fois supérieure au reste du continent, UEMOA, april, 2017, http：//afrique. le360. ma/autres – pays/economie/2017/04/11/10988 – uemoa – une – croissance – quatre – fois – superieure – au – reste – du – continent – 10988.

第三，推进了成员国的农业发展。西共体通过了区域农业投资计划（Regional Agricultural Investment Programme，RAIP），并已在所有成员国完成国家层面的计划制订，现处于项目实施阶段。另外，西共体还建立了区域农业信息系统（ECOWAS Regional Agricultural Information System，ECOAGRIS），目前已实现第一阶段即7个成员国的农业信息系统互连。① 由于农业方案和项目的实施缺乏资金，西共体积极动员由欧美发达国家所组成的捐助方集团，现已获得超过3000万美元的融资。

第四，监督和推进成员国的政治改革，维持了该地区的和平与安全。基于政治现实主义和西非地区冲突爆发的趋势所带来的挑战，1993年的《修订条约》扩大了西共体中的政治事务、和平与安全局（Directorate of Political Affairs，Peace and Security，PAPS）的管辖范围和权力。2009年10月，西共体快速反应部队（ESF）建成，区域集体防务初步形成。截至2017年，西共体已协助布基纳法索、科特迪瓦、几内亚、尼日利亚和多哥等国的选举活动稳定开展。西非绝大多数国家也已经根据本国实际情况采取了各具特色的民主制度，逐渐实现了国家政局的平稳过渡，为经济发展创造了良好的国内环境。

综上所述，西共体成立40多年以来，持续推进自身组织机构体制的优化和改革，努力适应国际环境和成员国的经济发展变化，可以说是最有效的非洲一体化组织之一。然而，也必须看到，西共体在其"2020愿景"中所设定的一体化时间表与现实仍有较大差距。共同市场尚未形成，非关税贸易壁垒并未完全消除，成员国间

---

① 7个成员国包括贝宁、布基纳法索、科特迪瓦、加纳、马里、尼日尔、塞内加尔。

的互联互通基础设施不足，导致西共体内货物与人员的自由往来并不频繁。2015 年建成的统一对外关税也仅有 10 个成员国参与，其实施同原计划相比推迟了 7 年时间。① 在货币联盟建设方面，目前 15 个成员国共使用 8 种不同的货币，且相互之间不可兑换，阻碍了西非地区贸易的发展。②

面对国际社会不断变化的形势，西共体应重视目前所面临的问题，使成员国更好地融入世界经济并确保其得到真正发展。西共体组织体制必须继续向超国家层面转变，各成员国也应进一步将经济主权让渡给西共体，推动政治与经济一体化并行，唯有如此才能实现建立西非地区经济货币联盟这一伟大目标。

Reform of the Economic Community of West African States and Regional Integration

Wang Zhan　Zhang Lanyue

Abstract：Since its establishment more than 40 years ago，ECOWAS has carried out several institutional reforms within its organization，forming a regional integration organization with the dual nature of supra - national governance and intergovernmental cooperation. According to the results，the integration mechanism and policies of ECOWAS have played a

---

① 共同对外关税成员国包括：贝宁、贝基纳法索、科特迪瓦、几内亚比绍、马里、尼日尔、尼日利亚、塞内加尔、多哥和加纳。

② 目前，仅有西非经济货币联盟的 8 个成员国使用共同货币西非法郎，该货币汇率直接与欧元挂钩，其余 7 国仍使用各自货币。

powerful role in promoting the economic development of this region. However, the integration schedule set by ECOWAS in its "Vision 2020" still lags far behind the reality. Its system must continue to shift to the supra-national level in order to achieve the goal of the West African Economic Union more quickly.

Keywords：ECOWAS；Economic Integration；Intergovernmental Cooperation；Super – national Governance

非洲法语国家语言状况及语言政策

杨晓燕[*]

摘　要：作为继英语和阿拉伯语之后在非洲国家中广泛使用的非本土语言，法语在非洲法语国家的公共事务、国民教育和家庭交际中发挥着多种功能。在非洲54个国家中，法语是26个国家的官方语言或通用语。法国语言和文化对非洲法语国家的文化、教育、政治和经济产生了深远的影响。本文旨在考察法语在部分非洲国家中的使用状况和语言政策，分析在全球化进程中，非洲法语国家在复兴民族传统文化和语言实践的过程中面临的问题和挑战。

关键词：非洲法语国家；语言状况；语言政策

引　言

据统计，非洲大陆使用的语言总数多达2092种，约占世界语言总数的三分之一，其中100余种语言被超过100万的非洲居民所熟练掌握。非洲拥有世界上最丰富的语言种类，绝大多数国家表现

---

*　杨晓燕，云南大学外国语学院讲师。

出不同形式和程度的语言多样性。语言多样性和复杂性，主要源于部落、族群众多的社会现实和欧洲殖民统治历史的复杂形势。非本土语言法语、英语、阿拉伯语和葡萄牙语是使用最多的官方语言，在行政、司法、教育和外交领域广泛使用。

目前，非洲有 54 个国家，其中许多国家与法国长期保持着紧密复杂的语言文化交流与合作。在地理位置上，北非与法国隔地中海遥遥相望；从历史角度来看，殖民时期和当今的法国文化通过其语言的传播持续影响着 26 个原殖民地国家的政治、经济和文化生活。本文拟呈现非洲法语国家的语言使用和语言政策概况，分析其主要特点，并阐述在全球化进程中非洲法语国家在语言政策选择方面所面临的困难和挑战。

一 非洲大陆的语言分布概况

占世界人口总数六分之一的非洲大陆有 96 个民族和数百个部族，作为通用语、部族语言和地区语言使用的本土语言众多。根据美国国际语言暑期学院（Summer Institute of Linguistics，SIL）旗舰网站"民族语"（Ethnologue）的数据（2017 年 12 月），坦桑尼亚（128 种）、乍得（131 种）、刚果（金）（215 种）、喀麦隆（278 种）和尼日利亚（514 种）等国表现出最为显著的语言多样性。在非洲大陆通行的众多语言里，仅有少数本土语言如斯瓦希里语、阿姆哈拉语和索马里语等作为官方语言使用。由于历史上欧洲殖民主义国家的入侵，大多数非洲国家采用殖民国家的语言作为官方语言。其中，法语是 26 个非洲国家的官方语言或通用语，英语是 22 个非洲国家的官方语言或通用语，阿拉伯语是 11 个非洲国家的官方语言，葡萄牙语是 5 个非洲国家的官方语言。[1] 因此，非洲语言呈现出部落语众多和多语言使用的社会语言学特征，拥有丰富的语言资源和语言生态。[2]

非洲大陆的 2000 余种语言分属 6 个主要语系。

（1）亚非语系（les langues Afro-Asiatiques）主要分布在非洲北部、东北非非洲之角和西非的部分地区。根据美国国际语言暑期学院的数据，亚非语系包含 375 种语言，使用人数接近 3.5 亿人，主要分布在阿尔及利亚、尼日尔、马里、索马里和埃塞俄比亚等地区。

（2）尼罗－撒哈拉语系（les langues Nilo-Sahariennes）主要分布在东部非洲和中部非洲以东地区，包含 6 大语族和 100 余种语言，使用人数为 2500 万～3000 万人，主要分布在乍得、苏丹、坦桑尼亚北部、埃塞俄比亚、乌干达和肯尼亚等地区。

（3）尼日尔－刚果语系（les langues Niger-Congo）主要分布在非洲中部和非洲南部部分地区，包含 3 大语族和 1514 种语言，是非洲最大和语言种类最多的语系，使用人数在 4 亿人左右。分布范围西起塞内加尔河河口，向东经过尼日尔河流域和几内亚湾沿岸，到喀麦隆和中非共和国，再往南到达纳米比亚和南非。[3]

（4）科伊桑语系（les langues Khoi-San）主要分布在非洲南部地区和东南部各国，包括 3 个语族 15 种语言，使用人数接近 32 万人，主要分布在坦桑尼亚和纳米比亚。

---

① 王辉：《非洲的语言多样性与中非合作》，《光明日报》2018 年 9 月 24 日，第 8 版。
② 梶茂树、徐微洁：《非洲的语言与社会》，《非洲研究》2016 年第 2 期，第 192～211 页。
③ 宁骚：《非洲的语言和文字》，《西亚非洲》1983 年第 5 期，第 51～54 页。

（5）奥斯特罗尼西亚语（les langues Austronésiennes）属于南岛语系，主要分布在非洲东南部，与非洲的语言和语系无亲属关系，使用人口逾 800 万。主要分布在马达加斯加岛和新几内亚。

（6）印欧语系（les langues Indo-Européennes）是欧洲殖民主义对非洲国家进行殖民统治所产生的重要社会后果之一，使非洲本土语言被逐渐边缘化，来自印欧语系的英语、法语和葡萄牙语成为非洲大多数国家的官方语言或通用语，在国家的政治、经济生活中占据重要地位。此外，长期的语言和文化接触产生了英语或法语和当地本土语言的混合语，如在南非和纳米比亚使用的南非语，塞内加尔南部到几内亚比绍使用的在葡萄牙语基础上发展起来的克里奥尔语，塞舌尔使用的以法语为基础的克里奥尔语，在喀麦隆和尼日利亚等国使用的在英语基础上发展起来的皮钦语（Pidgin）等。

总之，非洲国家内部种族和民族众多，非洲的语言使用状况极其复杂，这使其拥有世界上最丰富的语言多样性和语言生态，蕴藏了丰富的语言资源。另外，由于殖民统治的特殊历史原因，作为最大的两个殖民宗主国，英国和法国在殖民时期的语言政策和传统深刻影响了非洲的语言格局。

二 非洲法语国家的语言状况

非洲和法国，尤其是非洲法语国家和地区与法国之间的关系历史悠久，很多非洲国家在历史上曾是法国的殖民地。作为法国传统的势力范围和外交重心之一，非洲在政治、经济、文化和生活方面长期受到法国语言和文化的浸润和影响，尤其是在北非和西非。非洲法语地区是世界上除了法国本土和法语流行地区（比利时和瑞士）外使用法语人口分布最广的地区，法语的影响随处可见。在非洲，法语是除了阿拉伯语和英语之外使用人数最多的非本土语言。

自 1638 年法国人在塞内加尔河河口建立贸易站，以便从其境内贩卖大量奴隶、黄金和象牙开始，经由 19 世纪初第一批法国殖民军队到达西非毛里塔尼亚，法语语言和文化首次在非洲大陆各个领域广泛传播和使用，直到今天非洲国家提高本土语言地位的呼声不断，原殖民宗主国语言的地位有所下降，法语在非洲国家和地区存在了将近四个世纪，对非洲法语国家的经济发展和文化传播产生了极其重要的影响。

（一）非洲法语国家语言使用概况

在语言学领域，官方语言是为了适应管理国家事务的需要，在国家机关、正式文件、法律裁决以及国际交往等官方场合确定的一种或几种有效语言。[①] 通用语是指某个国家内部操不同语言或方言的人之间进行交际的媒介，是有不同语言背景的人群交际时所采用的一种共同语。[②] 通用语是在一个国家历史发展过程中自然形成的使用范围最广，使用人数最多，使用频率最高的语言。[③] 在非洲 54 个国家中，法语为 21 个国家的官方语言（或之一），是 5 个国家的通用语，使用人数接近 1.15 亿人。世界上 59% 的法语日常使用者位于非洲大陆，非洲法语国家覆盖整个非洲大陆西北部和西部的大

[①] 孙炜、周士宏、申莉：《社会语言学导论》，世界知识出版社，2010，第 194 页。

[②] 何兆熊、梅德明：《现代语言学》，外语教学与研究出版社，1998，第 172 页。

[③] 钱伟：《多民族国家的国语、官方语言、通用语言的比较研究——以中国周边六国为例》，《新疆社会科学》2016 年第 3 期，第 148 页。

部分地区，西至塞内加尔、毛里塔尼亚，东至乍得、吉布提，南至刚果（金）、卢旺达、布隆迪和马达加斯加。其中，刚果（金）从人口和面积上来说都是非洲最大的法语国家，使用法语的人口接近4200万。从表1可以看出，法语使用者在总人口中占比最高的前三个国家分别是：毛里求斯、乍得和加蓬。

表1 非洲法语国家语言使用的具体情况

单位：%

国家	官方语言或通用语	其他主要语言	法语使用者占比
贝宁	法语	丰语、约鲁巴语等	33
布基纳法索	法语	莫西语、迪乌拉语等	24
布隆迪	法语/基隆迪语	斯瓦希里语等	8
喀麦隆	法语/英语	芳语、布鲁语、雅温得语、杜阿拉语等	41
中非共和国	法语	桑戈语等	28
科摩罗	法语/阿拉伯语	斯瓦希里语等	26
刚果（金）	法语	刚果语、林加拉语等	59
刚果（布）	法语	刚果语、林加拉语等	51
科特迪瓦	法语	杜阿拉语、塞努佛语等	33
吉布提	法语/阿拉伯语	索马里语、意大利语等	50
加蓬	法语	芳语等	66
几内亚	法语	弗拉尼语、马琳凯语、苏苏语等	25
赤道几内亚	法语/西班牙语	芳语、布比语等	29
马里	法语	班巴拉语、弗拉尼语、索宁凯语等	17
马达加斯加	马达加斯加语/法语		20
尼日尔	法语	豪萨语、哲尔马语等	13
塞舌尔	法语/英语/克里奥尔语		53
多哥	法语	埃维语等	40
乍得	法语/阿拉伯语	萨拉语、马巴语等	67

续表

国家	官方语言或通用语	其他主要语言	法语使用者占比
塞内加尔	法语	沃洛夫语、弗拉尼语、谢列尔语等	26
卢旺达	法语/英语/卢旺达语	斯瓦希里语等	6
阿尔及利亚	阿拉伯语/法语	柏柏尔语、卡布列语、阿马齐格语等	33
毛里塔尼亚	阿拉伯语/法语	弗拉尼语等	35
毛里求斯	英语/法语	克里奥尔语	73
摩洛哥	阿拉伯语/法语	什卢赫语、阿马齐格语等	13
突尼斯	阿拉伯语/法语	英语、阿马齐格语等	52

数据来源：Organisation Internationale de la Francophonie，2018.

从表1的数据可以看出，法语在接近半数的非洲国家和地区的政治生活和国家事务中扮演着十分重要的角色，与其他殖民宗主国语言以及本土语言形成了错综复杂的语言使用格局。

（二）非洲法语国家的语言政策

按照法语在非洲国家和地区的分布和使用情况、与其他殖民宗主国语言和本土语言的关系，非洲法语国家的语言政策大致可以分为以下几种情况。

1. 阿拉伯化政策下的非洲法语国家

由于特殊的地理位置和历史关系，北非国家一直保持着法国语言和文化，北非国家中的阿尔及利亚和摩洛哥是法国在殖民时期进入非洲后较早获得的一批殖民地，受到了法国语言和文化的影响；阿拉伯语是阿拉伯人身份认同的重要标识；阿马齐格语（Tamazight）则是阿尔及利亚、摩洛哥和突尼斯等马格里布国家的土著语言。突尼斯的语言格局，在一定程度上反映了马格里布地区法语国家语言使用的状况。阿拉伯国家、马格里布国家和北非国家的多重身份导致了突尼斯特殊语言状况的产生。作为突尼斯的核心语言，阿马齐格语、阿拉伯语和法语在国家事务和政治生活方面实现的是不同的功能。根据突尼斯国家权威机构最新统计，突尼斯现有人口1200万左右，官方语言为阿拉伯语，法语是行政与教育领域的通用语言，阿马齐格语是少数突尼斯人的日常沟通语言。①

此外，突尼斯积极推行各种外语教育政策，但仅有法语在政治、经济、教育、多语服务、国际关系以及社会和文化等领域均有运用。② 在教育领域，法语是理科课程的媒介语；在社会文化方面，法语对突尼斯方言和现代标准阿拉伯语产生了重要影响。在突尼斯阿拉伯语的683个外来词中，148个来自法语，占总数的21.67%，位居第一。

位于非洲之角的吉布提是一个多语言的国家，官方语言是法语和阿拉伯语，主要民族的语言是索马里语（Somali）和阿法尔语（Afar）。吉布提采用的是法国教育体系、教学法和教材，法语在教育领域自小学教育阶段开始广泛使用，并在高等教育阶段得到发展；吉布提广播电视台用法语、阿拉伯语、索马里语和阿法尔语广播。

由此可见，在阿拉伯化政策推行已逾半个世纪的北非和非洲之角，阿拉伯语是官方语言，法语作为通用语在社会各领域广泛使用，一门或多门少数民族语言在社交和家庭生活范围内使用。现代

① 〔突尼斯〕Khalki Hend：《突尼斯的语言生活状况》，《北华大学学报》（社会科学版）2018年第3期，第9页。

② 〔突尼斯〕Khalki Hend：《突尼斯的语言生活状况》，《北华大学学报》（社会科学版）2018年第3期，第13页。

标准阿拉伯语仅在有限的官方范围内使用，各国方言在民族活动、社区交际和家庭生活中广泛存在。作为外语的法语在初级和中等教育阶段广泛使用，并且在家庭和高等教育领域得到广泛发展，也是当地开展国际学术和职业交流的常用语言，因此是这些国家的核心语言之一。

2. 双语制或多语制的非洲法语国家

较之北非马格里布的法语国家，撒哈拉以南非洲法语国家的语言使用情况更为复杂。受殖民时期的语言政策影响，撒哈拉以南非洲法语国家普遍使用双语制或多语制，大部分国家将法语作为官方语言和通用语言，法语和非洲法语国家本土语言之间的关系十分密切，也十分复杂。非洲法语国家对不同语言的态度和使用呈现多样性。

（1）以两种非本土语言为官方语言。由于殖民统治、部落战争和民族融合等历史因素，喀麦隆的语言环境表现出多样性的特征：拥有约 280 种地区方言、众多外语和 2 种官方语言。官方双语政策是喀麦隆语言政策的核心。喀麦隆《宪法》第一条第三款规定："喀麦隆共和国的官方语言是英语和法语，二者具有同等地位。国家保证在全国范围内推行双语制，并致力于保护和促进民族语言。"① 自 1961 年起，喀麦隆《宪法》明确了喀麦隆既是法语国家又是英联邦国家的属性，并开始在学校教育中实行双语教育：在初、中等教育中两个体系（英语教育和法语教育）并行，在高等教育中实行双语教学。

---

① *Constitution of the Republic of Cameroon*，adopted on 18 January 1996，Part I：The State and Sovereignty，p. 2.

1972 年，喀麦隆宣布废除联邦制并开始逐步取消英语区的自治权。英语和法语在社会地位中的不平等逐渐显现出来。首先，英语区和法语区在人口和面积上不均衡，位于西北部和西南部的英语区人口仅占总人口的 20%。其次，喀麦隆的政治首都雅温得和经济首都杜阿拉均位于法语区。在人口数量上占优势的法语处于强势地位，操法语者在司法、行政机关和商业部门一直占据高级职位。喀麦隆法语区和英语区的分裂倾向导致了该国 2016 年要求尊重英语区英语教育和司法权力的集体抗议活动。长期以来被边缘化的英语区的不满情绪最终导致了 2017 年底至 2018 年初的英语区分离主义运动，这直接影响了喀麦隆当时的政治形势。

因此，喀麦隆官方双语政策并未成为促进国家政治统一和社会融合的工具，反而成为导致社会不满和疏离的重要因素之一。[①]

（2）以法语为唯一官方语言，同时鼓励本土语言的发展。在独立后，很多位于非洲西部的法语国家决定沿用殖民时期的语言政策，同时在教育领域推行民族语言。塞内加尔是最早受到法语影响的非洲国家，1638 年便有法国人来到其领土进行贸易，1895 年塞内加尔沦为法国殖民地。1958 年，塞内加尔宣布法语为其官方语言，并作为正式的教学语言被纳入塞内加尔的教育体系。自此，母语扫盲、沃洛夫语（Wolof）教学和法语教学构成了塞内加尔学校教育的三个阶段。塞内加尔《宪法》明确了法语在整个国家社会政治、经济和文化生活中的核心地位，同时确保了沃洛夫语作为民族语言的地位和发展空间。因此，塞内加尔的语言政策包含两个主要

---

① 郑崧：《喀麦隆官方双语政策的性质及失败原因》，《西亚非洲》2010 年第 3 期，第 39 页。

方面：一是发展民族语言，使之成为民族文化遗产；二是保持法语的官方语言地位和国际交往语言地位。

在多哥，作为唯一官方语言的法语已然成为其民族语言文化的一部分。与此同时，多哥的语言政策鼓励在教育和社会交际领域促进民族语言的发展。在幼儿园和小学教育阶段，法语教学和民族语言教学并存；在中学和大学教育阶段，仅有法语教学。在政府机关、司法机关和行政机关中，可以采用民族语言进行交际，形成书面材料时须采用法语；在媒体语言中，法语和民族语言均有使用。

此外，在其他西非国家，如贝宁、科特迪瓦、尼日尔、毛里塔尼亚、几内亚、布基纳法索和马里，尽管做法不尽相同，但是各国在制定语言政策时都确定了法语作为官方语言的地位，并在其他领域，例如教育机构、媒体、政府机关等的公共事务中尝试复兴本土语言或制定相关政策以确保其地位，这在一定程度上缓和了语言和族裔之间的矛盾。

从面积和人口来说，刚果（金）是非洲第二大国家，人口8134万（2017年）；是非洲民族最多的国家之一，有254个民族；是非洲最大的法语国家，总人口中的59%通晓法语。在殖民时期，刚果（金）是比利时的殖民地，语言政策和语言习惯受到比利时法语的影响。和法国在殖民国家强制推行其语言政策不同，比利时对民族语言采取的是比较宽容的政策。因此，法语在殖民时期的刚果（金）并没有得到全面推广，仅在政府层面使用。独立后的刚果（金）选择用法语来消除部族主义和多元化语言。自此，法语成为刚果（金）社会的一门非常重要的语言，是议会和政府的唯一语言，也是国家行政机构、学校、司法和新闻界的唯一语言。

（3）以法语和一门本土语言为官方语言。马达加斯加的官方语言为法语和马达加斯加语（Malagasy）。马达加斯加拥有庞大的法语学龄儿童团体，对法语的传承采取双语教育的形式，法语教学和马达加斯加语教学在城市并行，农村大部分地区的中小学采用马达加斯加语教学。

卢旺达的官方语言为法语、英语和卢旺达语（Kinyarwanda），民族语言为卢旺达语。2017年2月，卢旺达通过法律确认斯瓦希里语为本国的第四种官方语言。在卢旺达，49%的人只会卢旺达语，7%的人通晓英语和卢旺达语，7%的人通晓英、法、卢三语。各政府机构和官方组织均以英语为主要语言，法语多在民间使用。布隆迪的官方语言是法语和基隆迪语（Kirundi），受教育程度高的人通晓英语。卢旺达和布隆迪最初是德国的势力范围，第一次世界大战使卢旺达和布隆迪成了比利时的委任统治地。1916年比利时军人将法语带到了这两个国家，因此这里的法语兼有比利时法语（Belgian French）和瓦隆法语（Wallonia French）的特征，并保留了一些古法语的词汇和表达法。20世纪90年代末从乌干达、莫桑比克和其他地区涌入的难民及其后代主要使用英语，从而使英语的影响力增加，法语的官方地位受到冲击。

（4）使用克里奥尔语。非洲西部地区广泛使用克里奥尔语。克里奥尔语是一种混合语，是从皮钦语发展而来、以法语词汇为基础、使用非洲本土语言句法结构的一种自然语言。混合语的特点就是混合多种语言的词汇，夹杂不同语言的文法。在喀麦隆、塞舌尔和毛里求斯等国，结合了法语词汇、本土语言句法结构的克里奥尔语在民众的社区生活和日常交流中得到普遍运用。

语言政策及其使用是一个多角度、多维度的立体概念，任何一种用单一模式来概括某个国家的语言使用格局和状况的做法都是笼统的。是否作为官方语言或者通用语并不能清晰地描述法语在非洲国家政治生活和社会交际中的实际功能和作用，由于具体国情和政治需求的不同，任何一个国家语言的使用状况都要复杂得多。

（三）非洲法语国家语言使用特点

从以上分析不难看出，法语和其他语言的使用在非洲国家呈现以下几个特点。

1. 语言的交叉使用现象显著

由于地缘、政治、历史等因素，法语在 26 个非洲国家和地区的政治、经济和文化中产生了深远的影响。另外，由于非洲大多数国家部族、民族繁多，形成了异常复杂的语言使用格局。非洲法语国家的语言使用呈现本土少数民族语言、阿拉伯语和原殖民宗主国语言交叉使用的复杂态势。值得注意的是，非洲语言的多样性是一把双刃剑，既展现了非洲本土语言的丰富资源，也增加了推广本土语言的难度。要在一个多民族多部族的国家内部统一语言，势必会导致日常交流和公共行政的矛盾和困难，这是法语、英语和阿拉伯语等非本土语言在非洲国家产生重要影响的原因之一。

2. 法语在各国语言政策中的地位和功能多样

26 个非洲法语国家部族众多、语言种类繁杂、语言政策各异，法语在其政治、经济、文化生活中实现的功能不尽相同。在阿拉伯化政策下的西非和北非地区，阿拉伯语是官方语言，法语是行政和教育领域的通用语言，少数民族语言主要在社区交际和家庭生活中使用；在撒哈拉以南非洲法语地区，很多国家沿用殖民时期的传统，采用双语制或多语制语言政策。在这些国家，法语或作为唯一官方语言，或与英语、阿拉伯语以及其本土语言一起成为官方语言；在非洲西部的部分国家和地区，法语为克里奥尔语提供了大量的词汇基础，成为当地不同团体之间日常交流的重要工具。

3. 殖民时期的语言政策影响深远

非洲大多数国家语言政策的制定和实施受到殖民时期宗主国传统的深远影响。英国和比利时殖民者在非洲建立殖民地和推行语言政策时采取了相对包容的政策，法国在非洲建立殖民地和势力范围时以武力征服为主，在文化推广方面则选择集权加同化的语言政策手段，自小学教育开始便禁用当地语言，强制推行法语教育，这一政策深远地影响了非洲法语国家现行的法语政策和语言使用格局。

三 后殖民时代非洲法语国家面临的问题和挑战

由于特殊的历史因素，当代非洲法语国家在语言政策及其影响方面面临诸多问题和挑战。非洲国家现行的语言政策和实践在一定程度上沿袭了殖民时期的传统：由于受到殖民时期语言和文化政策的影响，获得独立后的非洲各国普遍将殖民宗主国的语言作为官方语言，在行政、司法、教育和外交等公共领域广泛使用，实行不同形式的多语政策，使本土语言受到不同程度的压制。

20 世纪 60 年代非洲国家获得独立后，重视民族传统文化和价值观的思潮开始在非洲法语国家和地区复苏。削弱殖民宗主国的语言文化影响，提升作为民族身份认同标识的本土语言的活力和地位，恢复非洲的民族精神和传统文化成为各国语言政策调整的核心。然而现实状况是：首先，由于经济相对落后，很多非洲法语国家的发展在一定程度上依然无法完全摆脱来自法国的经济援助，无法完全切断与法国的语言文化交流；其次，民族复杂性和语言多样性在一定程度上阻碍了社会民族融合和政治一体化的进程，作为通用语的法语在缓和民族和语言矛盾方面能起到一定的积极作用；再次，殖民时期的语言政策导致了政府和民众对本土语言的消极态度及其边缘化，操法语者能在国家政治、经济和商业领域获得更高的职位和更大的利益，政治追求与利益驱动让非洲民众对法语持比较宽容的态度；最后，法语在非洲国家中接近四个世纪的文化传播和浸润的影响，并不是一朝一夕的努力能够撼动的。

对于此，刘国辉等人指出，殖民时期西方国家意识形态的灌输在非洲留下了破坏性的"遗产"：其一，后殖民时期对本土语言学习的消极态度；其二，本土语言的边缘化及其使用者远离主流社会；其三，本土语言的使用者难以参与到社会、政治和经济生活之中。[①] 此外，全球化趋势对本土语言和法语提出了更大的挑战，主要体现在英语在全球政治、经济和文化领域的广泛运用和全球文化的趋同现象。全球化模糊了非洲本土民族的身份认同和文化特征，限制了非洲本土语言的使用范围，也对其他殖民宗主国语言的影响力产生了较大的冲击。

因此，非洲法语国家只有努力发展本国经济，挖掘民族语言的经济价值，才有可能提高本土语言的声望，真正提升其地位和影响。

结　语

综上所述，非洲大陆拥有世界语言总数的近三分之一，语言资

---

① 刘国辉、张卫国：《〈语言政策与经济学——非洲的语言问题〉评介》，《语言战略研究》2019 年第 1 期，第 94 页。

源丰富，语言使用存在多样性，与法国有悠久历史渊源的非洲法语国家也很好地体现了这一特点。在获得民族独立后，复兴非洲传统民族文化的思潮在大部分非洲法语国家兴起。既是民族文化的重要组成部分，也是民族文化载体和民族身份认同标识的非洲民族语言，也积极寻求在经济、语言、文化和教育领域摆脱殖民宗主国的影响，从而获得非洲民族精神的回归和经济的独立。然而，在全球化进程加速的今天，非洲法语国家在语言政策的选择上依然面临许多困难和挑战。非洲法语国家要想促进本土语言在教育、司法和政治等领域中发展的实践，必须以经济发展为必要条件。在全球化进程加速的今天，事实证明民族传统语言和西方语言之间并不存在不可逾越的鸿沟和不可调和的矛盾。非洲法语国家只有结合本国的具体国情，与西方语言文化沟通、合作，才能在吸收西方先进文明和保护民族传统语言文化并举的道路上走得更远。

Language Situation and Linguistic Policy in French – speaking African Countries

Yang Xiaoyan

Abstract：As a non – native language widely used in African countries after English and Arabic，French has achieved diverse functions in public affairs，national education and family communication in French – speaking African countries（or regions）. Among 54 countries in Africa，French is the official language（or one of the official languages）or lingua franca in 26 countries. French language and culture have had a profound impact on the culture，education，politics and economy of French –

speaking African countries. This paper aims to examine the use of French in some African countries and their language policies. It analyzes the problems and challenges faced by francophone African countries in the process of reviving traditional culture and language practice in the context of globalization.

Keywords：French – speaking African Countries；Language Use Situation；Language Policy

非洲法语国家与中国关系

中国企业在非洲法语国家和地区投资中的形象建设

——基于在刚果（金）的田野调查

宋 卿[*]

摘 要： 随着中非合作论坛的成立及发展，以及"一带一路"倡议的提出，中非合作关系进入全新阶段。中国企业"走出去"既响应了"一带一路"倡议的主张，又为中非合作"升级版"提供了样板和路径。本文通过对中国企业在刚果（金）投资案例的分析，探讨了中国企业形象在当地构建的制约因素，并据此为企业海外形象建设提出建议，即一方面需要政府引导支持，另一方面需要中国企业本身强化能力、梯队、平台、品牌、文化等的"五位一体"建设。

关键词： 中国企业；"走出去"；刚果（金）；形象建设

一 中国企业"走出去"及刚果（金）国内现状

（一）中非合作是时代要求

中非友谊源远流长，基础坚实。中非有相似的历史遭遇，在争

---

* 宋卿，上海国际问题研究院国际战略研究所助理研究员。

取民族解放和国家独立的斗争中始终相互同情、相互支持，结下了深厚的友谊。新中国成立和非洲国家独立开创了中非关系新纪元。非洲国家独立后，积极探索适合本国国情的发展道路，联合自强，寻求和平、稳定与发展。在非洲各国以及非洲统一组织和后来的非洲联盟的共同努力下，非洲政局总体稳定，地区冲突逐步得到解决，经济连年增长。由非盟制定的"非洲发展新伙伴计划"勾画了非洲振兴和发展的宏伟蓝图。非洲国家积极参与"南南合作"，推动"南北对话"，在国际事务中发挥着日益重要的作用。

半个多世纪以来，双方政治关系密切，高层互访不断，人员往来频繁，经贸关系发展迅速，其他领域的合作富有成效，在国际事务中的磋商与协调日益加强。中国向非洲国家提供了力所能及的援助，非洲国家也给予中国诸多有力的支持。

进入 21 世纪，中非合作论坛成立。中非合作拥有了新平台，进入了新阶段。作为中国和非洲国家之间在南南合作范畴内的集体对话机制，该论坛秉持"平等磋商、增进了解、扩大共识、加强友谊、促进合作"的宗旨。从 2000 年中非合作论坛成立至 2018 年北京峰会的召开，中非合作论坛已然走过 18 年发展历程。中非合作论坛推动了中非合作关系的快速发展，为南南合作树立了合作典范，为全球治理提供了中国方案。

当前，中非合作关系进入全新阶段。在国际层面，联合国 2030 年可持续发展目标和议程的制定为未来的非洲发展提供了方向。然而，全球经济形势依然不明朗，发达国家的增长动能在不断减弱，新兴经济体的增长和转型压力开始增大，这对于严重依赖外部的非洲国家而言非常不利。在地区层面，非盟《2063 年议程》的制定和第一个十年计划的出台为未来的国际对非合作提供了政策框架，非洲国家希望通过自主议程、自主融资和自主治理来真正实现非洲的复兴。在国内层面，中国经济增长和转型升级面临空前压力，但压力中也孕育着新动力。"一带一路"倡议的提出反映了当前中国全球经济战略的一个发展方向：加快向发展中国家的优质产能转移，推动产业对接，巩固中国在基础设施和互联互通建设上的优势，提高中国在全球产业价值链中的位置。由此看来，中非合作潜力依旧巨大。

（二）"一带一路"与中国企业"走出去"

自20世纪90年代起，我国企业开始践行"走出去"战略，至今每年海外投资总额已超过千亿美元，2014年我国首度成为全球资本净输出国。非洲是中国企业"走出去"的主要目的地之一。由于非洲百废待兴、基建薄弱，但富含资源，中国对非投资的产业以基础建设、能源资源等为主。

然而，由于国际市场的激烈竞争、各国政府对我国企业加大海外投资的政治疑虑，再加上我国企业在海外投资方面经验不足，中国企业"走出去"面临诸多困难。

"一带一路"倡议是中国在国际竞争日趋激烈的背景下，主动谋求发展动力转换的重要内容，对中国实施创新驱动发展战略，加快经济转型升级具有重要意义。从这个层面上说，中国企业"走出去"既响应了"一带一路"倡议的主张，又为中非合作"升级版"提供了样板和路径。

（三）刚果（金）国内现状

《时代周刊》曾这样写道："如果你想了解非洲的问题，那就去刚果（金）看看。刚果（金）是非洲的旋涡中心，大小与西欧相近。这里几乎没有任何铺设的道路。"① 确实，刚果（金）浓缩了非洲大陆的优势和问题。一方面，刚果（金）富含自然资源，素有"世界原料仓库""中非宝石"之称。其中，铜矿、钴矿、工业钻石等资源在世界上占有重要地位。另一方面，由于战乱和宗教冲突，经济发展缓慢，基础设施落后，社会百废待兴。

刚果（金）目前面临双重危机。第一，政治危机。2016 年 11 月原定进行总统选举。根据现行宪法规定，总统任期不得超过两届，现任总统约瑟夫·卡比拉（Joseph Kabila）已经不再具备参选资格。然而卡比拉谋求连任，反对派对此极力抵制。卡比拉先后提出举行全国包容性政治对话及谈判，但目前双方仍僵持不下。第二，东部问题。由于是资源密集区、部落纷争区以及与邻国交界区，刚果（金）东部长期以来是兵家必争之地。

刚果（金）需要和平，也需要发展。和平与发展的关联性日益受到关注。世界银行出版的《2011 年世界发展报告》将"安全、冲突与发展"作为其主题，并对发展与安全之间的相关性进行了充分论证。其关注点主要在三方面：暴力的恶性循环、不同类型暴力行为之间的相互关系以及跨境暴力行为。《2030 年可持续发展议程》也明确将消除冲突及促进和平纳入可持续发展目标。

联合国维和行动始于刚果（金）。在联合国前秘书长加利任职时期，"维和"向"建和"过渡，联合国维和行动的概念和内

---

① 《刚果金纪实观察：中国企业和非洲共同成长》，中非友好经贸发展基金会网站，http://www.chnafrica.org/cn/kcdy/5300.html。

涵得到了发展和深化。2000 年，联合国向刚果（金）派遣联刚团，2010 年该团体更名为"联刚稳定团"，其中心任务由监督停火、维持和平转向保护平民、巩固和平与维持稳定。2013 年，联合国通过决议，决定在联刚稳定团内部设立干预旅，目标是协助减少武装团体对刚果（金）东部国家主权和平民安全构成的威胁。中国于 2003 年应联合国邀请向刚果（金）派遣维和部队。截至 2016 年，中国已向刚果（金）派出 20 批维和部队，超过 3500 名官兵出色完成了工程建设、医疗救护等任务，累计修筑道路 4300 多千米，架设桥梁 210 余座。[①]

二　中国企业在刚果（金）的积极作用

（一）巩固两国政治友谊

中国和刚果（金）历来是友好国家。一方面，高层互动密切。1960 年 6 月 30 日，刚果民主共和国独立，周恩来总理与陈毅外长分别致电卢蒙巴政府表示祝贺。1961 年 2 月 20 日，两国建交。此后，蒙博托总统先后 5 次访华。2015 年 9 月 3 日，卡比拉总统出席"九三"大阅兵。2015 年 12 月，卡比拉总统出席中非合作论坛约翰内斯堡峰会，并出席习近平主席为部分非洲国家领导人举行的集体会见。另一方面，刚果（金）是中国主要援助对象。2005 年中非合作论坛以后，中国开始大规模援助非洲国家。中国为刚果（金）提供 90 亿美元的援助，其中包括大量基础设施建设，如修建

---

320 千米铁路及修复原有铁路，在刚赞边界修建 3400 千米铁路，修建一条到马塔迪港的 3200 千米公路，修建 450 千米市政公路，修建一个大型医院、41 座小医院、141 个卫生站，并提供各种医疗设备，修建 4 所大学等。

中国企业在两国交往层面扮演推动器作用。一方面，中国企业努力践行两国政府所达成的共识，深化两国合作，帮助刚果（金）发展国内经济。比如，华刚矿业股份有限公司（以下简称"华刚矿业"）是由中铁、中国电建组成的中方企业集团在积极实施国家"走出去"战略、投资开发海外矿业资源的背景下与刚果矿业总公司根据"资源、资金与经济增长一揽子合作模式"在刚果（金）卢本巴希市共同发起设立的国际矿业公司，可以说是中刚合作的产物。

另一方面，中国企业同刚果（金）中央政府保持紧密友好的关系。笔者了解到，刚果（金）总统约瑟夫·卡比拉就职以来，提出以"开发自然资源、促进经济发展"为核心的国家整体战略，着力促进基础设施、健康与教育、水电、住房和就业五大工程建设。五大工程中绝大部分项目背后都有中国企业的身影。另外，卡比拉总统指派其特使穆易斯（Moise Ekanga Lushyma）兼任中刚项目协调与监督委员会执行秘书长，负责中国企业在刚果（金）进行投资生产、基础建设的一切事宜，体现了刚果（金）政府对中国政府和中国企业的重视。

（二）促进当地经济发展和就业

2015 年刚果（金）经济情况和 2017 年中国－刚果（金）经贸合作统计数据分别如表 1 和表 2 所示。

表 1　2015 年刚果 (金) 经济情况

	数据
国内生产总值 (GDP) (按 2005 年不变价计算。单位: 亿美元)	229
经济增长率 (%)	7.7
人均国内生产总值 (按 2005 年不变价计算。单位: 美元)	319.5
人均国内生产总值增长率 (%)	4.7
全国失业率 (%)	40
外汇储备 (亿美元)	14.05
吸收外资 (亿美元)	60.23
接受外援 (亿美元)	15
外贸进出口总额 (亿美元)	201 (出口 103, 进口 98)

资料来源: 中国驻刚果 (金) 大使馆经参处。

表 2　2017 年中国－刚果 (金) 经贸合作统计数据

单位: 万美元

		数据	备注
贸易 (中方口径)	进出口总额	405900	
	对刚出口	141300	
	对刚进口	264600	
贸易 (刚方口径)	进出口总额	373800	
	对刚出口	135600	
	对刚进口	238200	
承包工程	签订合同额	280201	
	完成营业额	173880	
非金融类直接投资 (2017 年度)		3314	
我国在刚累计矿业投资 (中方统计)		712617	截至 2017 年底

资料来源: 中国驻刚果 (金) 大使馆经参处。

从双边贸易统计情况看, 据刚方统计, 中国是刚果 (金) 第一大贸易伙伴国。从实际投资情况看, 据刚方统计, 2017 年, 中国位居第二, 投资额 6.6 亿美元。位居第一和第三的分别是美国和英国，投资额分别为 23 亿美元和 6.5 亿美元。①

中国企业"走出去"，对于非洲大陆上的广大发展中国家而言无疑是一个巨大的有利因素。中国企业为所在国引入大量劳动密集型工程和项目，在当地创造了大量的就业机会。如表 3 所示，第一，在中国企业涉足的各个行业，当地员工得到充分雇用；第二，当地员工用工率占 70% ~80%，尤其是五矿资源，其当地员工用工率达到 100%。

表 3　中国企业在刚果（金）主要项目及人员情况

单位：人

分类	企业名称	中方员工	当地员工	雇用保安	主要项目
工程承包	中刚基建公司	18	12	2	一揽子合作项目下基建项目管理
	中水一局	263	1215	70	宗果水电站 2 期施工
	中水二局	35	55	26	恩吉利机场跑道修复、恩吉利机场控制塔、卢本巴希机场修复
	中水十四局	97	1188	23	RN4 第二标段、布滕博道路现代化
	中国海外工程有限公司	33	150	8	金沙萨政府办公楼维修扩建
	中铁七局	205	1690	165	马塔迪国际码头工程
	中铁八局	47	45	21	金沙萨马蓬扎涵洞等
	中铁九局	243	460	43	华刚矿业营地及矿山建设
	华刚矿建工程联营体	842	2128	345	华刚矿业项目厂房等设施
	中交集团公路一局（路桥）	78	306	46	金沙萨供水二期及布 - 卡武道路等
	江苏建工	48	60	8	小型工程承包、供水工程等
	正威	283	901	100	金沙萨经济银行办公楼建设等
	广东长大	40	108	22	金沙萨、东开赛省市政道路工程
	中地国际	4	20		金沙萨南卢卡亚供水工程
	江西国际	8	80	18	卡萨梅鲁 - 康不公路维护等

① 笔者同中国驻刚果（金）大使馆经参处访谈时所获得的数据。

续表

分类	企业名称	中方员工	当地员工	雇用保安	主要项目
工程承包	中材国际	369	262	30	下刚果省水泥厂建设
	泛华国际	19	20	2	体育场后续工程维修
	北京住总	5	50	5	财政部办公楼维修等
	葛洲坝集团项目组	52	100	6	英加水电站引水渠工程
电信通信	中兴通讯	72	38	5	电信业务
	中通建	51	142	34	光缆二期
	华为	45	280	9	政府安全网项目
	四达时代	13	85	30	数字电视经营业务
矿业投资	华刚矿业	308	920	242	矿业开发项目
	上海鹏欣集团希图鲁矿业	215	711	119	铜钴矿开发（含初加工）
	浙江华友	170	1096	221	铜钴矿冶炼、贸易及矿山开发
	北方公司	50	210	80	矿业开发及铜钴矿冶炼
	富利矿业	10	19	13	
	中铁资源	343	1559	146	铜钴矿生产及开发
	金川集团	51	3251	550	铜钴矿生产及开发
	五矿资源	0	685	624	铜钴矿生产及开发
	中色华鑫	49	383	35	铜钴矿生产及开发
	安徽外经	85	610	120	钻石开发
	金聚成	18	71	10	铜矿生产
	海亮矿业	11	8		矿产勘探
	龙飞矿业	9	56		矿产勘探
	坤泰矿业	4	12	9	矿产勘探
	紫金矿业	54	48	45	矿产勘探
	山西地矿	18	20	10	矿产勘探
	凯鹏矿业	64	277	28	矿产勘探

资料来源：笔者自制。

另外，在走访中发现两个现象。第一，在工程承包类企业和矿业投资类企业中，除了后勤保障部门（诸如食堂、司机、搬运）雇用大量当地劳工以外，市场部、公关部也会雇用大量会说汉语的当地人才，他们主要负责同刚果（金）政府各相关部门及中方人员进行对接，起到桥梁作用。第二，在电信通信领域，当地雇员不只在行政、安保、销售、客服等劳动密集型部门就职，还在拥有一定技术含量的部门获得"存在感"。比如，华为和四达时代致力于培养本土技术型人才，在研发部和技术部招募了当地高学历员工，不仅提供培训，而且让当地员工独立完成工作或者进行团队合作，为他们持续就业创造条件。

（三）强化安全保障

中国企业"走出去"，在创造经济贡献的同时，也面临海外利益如何保障的问题。刚果（金）治安环境恶劣，安全形势严峻。在金沙萨，中国企业员工时常面临人身安全、财产安全方面的危险，针对华人华侨的抢劫、敲诈等非法侵害行为屡见不鲜。要解决上述问题，一方面可通过维和行动，另一方面可通过企业自保（以减轻维和部队作业负担）。秉持"抱团取暖"的理念，刚果（金）中国企业协会采取有针对性的防范措施，共同保护自身利益和团体利益，切实为华人华侨和团体组织着想，维护了广大侨胞的利益。

第一，安保机制化。刚果（金）华人安全保障互助会和刚果（金）华人警民合作中心先后于 2014 年 10 月和 2016 年 11 月成立，高效开展正常工作。在中国驻刚果（金）大使馆的要求和指导下，刚果（金）华人安全保障互助会于 2014 年 11 月 3 日正式组建了 110 指挥中心和巡逻中心，有效遏制了安全事件增长，尤其是在重大安全事件中功不可没。

第二，安保协同化。加强与当地政府和警方合作，从而强化了安保的力量和打击侵害行为的合法性。刚果（金）华人安全保障互助会为警察局赠送了 2 辆执法车辆，警察局为每辆警车配备了 8 名全副武装的防暴警察，还有司机和队长各 1 名，一起与安保人员开展巡逻和处理突击任务。[①] 这些措施在减少打砸抢行为的同时，稳定了华人在刚果（金）继续经商的情绪，使刚果（金）华人安全保障互助会的工作高效有序。

第三，安保高科技化。为有效提高工作效率，110 指挥中心装置了远程报警系统，终端覆盖到每个侨胞参保户家中。该终端有一个电话卡通过无线网络和主服务器连接，有红外感应探头、警灯和警报，装在侨胞家中适当的位置，可起到监控保护作用。

（四）改善社会民生

企业在建设过程中需要履行社会责任。近年来，中国企业在刚果（金）履行社会责任的能力不断提高，在改善社会民生方面成效显著。

以华刚矿业为例，华刚矿业作为中刚两国企业合作的典范，在履行社会责任方面发挥了积极作用（见表 4）。第一，形式多样化。华刚矿业在履行社会责任方面不仅限于传统意义上的慈善捐赠，还涉及社区建设、安全环保、矿区建设等方面。第二，服务对象多样化。华刚矿业在服务对象方面坚持三位一体，即个人（科卢韦齐市民）、机构（科卢韦齐政府、警察局等）、社区（卡巴达村、迪拉拉社区）相结合。第三，基础设施重点化。科卢韦齐市政工程、农贸市场改造、体育场地修缮、水泥电缆更新和供电保障升级，客观

---

① 信息由刚果（金）华人安全保障互助会会长徐根红提供。

上保证了社区容貌和功能升级。第四，文教卫生核心化。华刚矿业在教育及卫生免疫方面重视投入，保证当地居民有书可读，实现有效预防疾病。

表4　华刚矿业在刚果（金）项目情况

单位：美元

类别	项目	地点	时间	金额	受益方
社会捐赠	科卢韦齐市政工程捐款	科卢韦齐市区	2015年2月	40000	科卢韦齐市民
	五一节庆祝活动费用	科卢韦齐就业办	2015年4月	500	科卢韦齐就业办
	沙石运送	科卢韦齐矿业办	2015年5月	2880	科卢韦齐矿业办
	小儿麻痹症注射疫苗活动	科卢韦齐市政府	2015年5月	500	科卢韦齐市政府
	三方委员会运行费用	科卢韦齐市政府	2015年7月	500	科卢韦齐市政府
	办公桌、办公椅、折叠椅	科卢韦齐警察局	2015年7月	1241	科卢韦齐警察局
	水泥	科卢韦齐军队法院审计员住所	2015年7月	720	科卢韦齐军队法院审计员住所
	废铁和电缆	卡巴达村	2015年7月	960	卡巴达村
	科卢韦齐622独立营	科卢韦齐622独立营	2015年8月	2000	科卢韦齐622独立营
	科卢韦齐市政府疫苗接种	科卢韦齐市政府	2015年9月	1000	科卢韦齐市政府
	学习、文体用品	卡巴达村玛利亚小学	2015年10月	4860	卡巴达村玛利亚小学
	吊车使用	卡巴达村	2015年10月	1950	卡巴达村
	科卢韦齐市艾滋病日活动	科卢韦齐市政府	2015年11月	500	科卢韦齐市政府
	科卢韦齐市麻疹疫苗接种	科卢韦齐市政府	2015年11月	500	科卢韦齐市政府
	科卢韦齐市迪拉拉社区警营医务中心修缮	卢阿拉巴省警局	2015年12月	2000	迪拉拉社区警营医务中心
社区建设	供电保障升级	卡巴达村	2015年7月	66811	卡巴达村
	水泥电缆	卡巴达村	2015年8月	15044	
	专科学校改造	卡巴达村	2015年9月	550000	
	农贸交易市场改造	卡巴达村	2015年9月	300000	
	体育场地修缮	卡巴达村	2015年9月	100000	

续表

类别	项目	地点	时间	金额	受益方
安全环保	边坡筑网	华刚矿区	2015 年 1 月	200000	矿区、员工、卡巴达村
	购置泡沫消防车	华刚矿区	2015 年 6 月	200000	
	排水及边坡维护	华刚矿区	2015 年 7 月	1500000	
	劳动防护用品	华刚矿区	2015 年 7 月	1200000	
	完善路桩、挡墙等安全设施	华刚矿区	2015 年 7 月	150000	
	边坡雷达监护	华刚矿区	2015 年 7 月	800000	
	LED 显示及现场视频监控	华刚矿区	2015 年 8 月	250000	
	购置道路抑尘剂及洒水车配件	华刚矿区	2015 年 6 月	170000	
矿区文化、生活、卫生	刚方员工活动室	华刚矿区	2015 年 4 月	258000	矿区员工
	食堂修缮	华刚矿区	2015 年 10 月	100000	
	运动场馆修缮	华刚矿区	2015 年 10 月	260000	
	文体设施	华刚矿区	2015 年 11 月	615700	

资料来源：华刚矿业提供。

不同中国企业由于业务及分工不同，企业履行社会责任的领域也有区别，但是对于当地社区的经济发展和地区建设而言则是殊途同归。笔者在中通建调研时了解到刚果（金）没有固定电话网络，上网靠卫星，手机运营商之间互不联通。受基础设施落后等条件限制，法国之外其他西方国家的通信公司基本不涉足刚果（金）电信业。在这种艰苦的条件下，中通建、华为和中兴通讯等中国通信公司克服各种困难进驻刚果（金），为刚果（金）联通世界、弥补与世界的数字鸿沟做出了突出贡献。自 2006 年开始，中通建帮助刚果（金）建设全国光缆系统，至 2009 年，第一期 635 千米光缆系统已经建成，包括 9 个基站，借助西非海底光缆接入大西洋国际接口，实现了与世界的连接。目前，中通建正在帮助刚果（金）修建另一条从金沙萨到卢本巴希，再经赞比亚及东非海底光缆接入印度洋国际接口的新光缆。一东一西两条国际光缆，从战略上解决了刚果（金）电信网络的接入问题，使刚果（金）政府在网络电信上掌握了主动权，促进了刚果（金）国家和社会的整合，并辐射到邻国，影响巨大。

三　中国企业在刚果（金）形象建设的制约因素

尽管中国企业在刚果（金）做了许多贡献和实事，但从当地大部分居民的反馈来看，存在较为严重的贡献同认可的背离。究其原因，有以下一些制约因素。

（一）中国企业方面

1. 沟通赤字亟待解决

中国企业虽然脚踏实地、勤劳肯干，在经济建设方面成效明显，但由于对沟通方面的不重视，中国企业和当地社区之间缺少良好的沟通渠道和桥梁。当地人常开玩笑说，一家大型中国企业在当地的影响力还不如一家小小的中餐馆。具体而言，中国企业存在意愿和能力不足问题。

第一，意愿不足。首先，中国企业重视上层风险，忽视下层风险。驻外的国企和大型民企通常沿用国内的经商逻辑，认为只要打通对象国上层关系，做好政府工作，响应有关机构号召，就可以获得相应的营业资质，并在经营实践中享有"开绿灯"的待遇。同时，中国企业忽视了地方社区的诉求和意见，并未形成良好的沟通机制，导致在实践过程中出现许多社区对于企业行为的错误认知和判断。

其次，中国企业信奉营地化管理和军事化管理。笔者在调查中发现，无论是工程承包类企业、矿业投资类企业还是电信通信类企业，公司上下同吃同住，办公区域和生活区域高度毗邻或重合。除了开展业务以外，企业员工尽量大门不出、二门不迈。这种出于安全考虑的政策虽然保障了员工的人身安全和财产安全，但是其面对跨文化挑战的应对逻辑是鸵鸟政策，即主动避免文化冲突，而非主动融入社区，客观上造成了企业同当地社区在地理上的天然隔阂以及心理上的人为隔阂。

再次，中国传统观念深入企业，许多企业存有"多一事不如少一事"的想法。这一点和企业在国内的来源地不无关系。大部分"走出去"的中国企业来自国内二、三线城市，比较封闭，缺乏主动沟通意识。这虽然不是一种刻意隐藏的战略，但是客观上转化成了当地百姓的信任赤字。同时，中国企业信奉短平快的服从文化，在雷厉风行、效率出众的同时忽视了同当地社区平等沟通。

最后，中国企业缺乏借助媒体正面宣传的意识。

以上几点导致企业与社区的互动存在多层误区。第一层是社区不知道企业有何行为，第二层是社区不知道企业行为的用意，第三层是社区经常成为企业行为的客观受害者，比如一些金沙萨市民抱怨中国修的路挤占了他们做生意的空间等。①

第二，能力不足。首先，语言能力缺位。刚果（金）之前是比属殖民地，官方语言为法语。大部分驻外中国企业员工在外派前并未学习过法语或者仅略知一二，导致对外沟通意愿不足。企业中虽

---

① 信息来源于笔者同金沙萨居民的访谈。

然配有法文翻译，但是一方面，翻译的语言水平（包括法语本身水平以及对于非洲法语口音的辨识能力）参差不齐，另一方面，翻译对于专业知识的熟悉程度参差不齐。这两点直接导致企业对外沟通的质量大打折扣，甚至出现错误。

其次，综合能力缺位。中方员工根据所属部门的不同行使不同的职能，这导致每个人都只成为自己领域的行家，却不具备跨学科知识和宏观把握能力。

再次，背景知识缺位。由于殖民历史以及各国本身的民族特性，非洲国家通常拥有复杂的宗教文化和部族文化，刚果（金）也是如此。中国企业员工在某一特定国家的工作时间通常为2~3年，这种短期用工制度导致了员工的"短视"行为，即缺乏对目的国历史文化的深入研究和学习。

最后，沟通技巧缺位。由于上述因素的制约，无论是身居高位的领导，还是具体负责某一业务的办事员，都会因为语言能力、综合能力、背景知识的缺位而懒于甚至羞于对外沟通，客观上造成了中国企业话语权赤字的现象。

2. 本土化目标任重而道远

中国企业虽然在用工本土化方面达到极高比例，解决了非洲当地居民的就业问题，但值得注意的是，本土化的内涵不仅限于用工本土化，还包括文化本土化、宣传本土化。

其一，文化本土化。企业文化是企业的软实力及核心竞争力，对于企业"走出去"成功与否有重要影响。目前，许多中国企业在文化本土化方面遇到瓶颈，主要表现形式为企业生搬硬套母公司在国内的一套行事规则，没有认真研究或仔细分析目的国的企业文化。

其二，宣传本土化。首先，中国企业行事谦虚低调，重实际效益轻对外宣传；其次，中国企业认为"说得好不如干得好""酒香不怕巷子深"；最后，宣传手段及工具单一化。个别中国企业虽有传播意识，但其宣传的主要平台是公司官方网站，受众大多为中国百姓。在当地缺乏宣传平台和对接资源，时常陷入宣传无门的尴尬境地。

（二）当地社区方面

1. 殖民情结

由于存在百余年的殖民历史，宗主国在刚果（金）的方方面面留下了深深烙印，涉及政治体制、法律制度、医疗体系、教育模式等。尤其是刚果（金）的精英层通常在比利时或法国接受基础教育或中高等教育，即便回到刚果（金）工作，其意识形态及思维习惯仍沿用西方发达国家那一套。因此对于中国在非洲大陆的存在天然地表现出猜忌和疑虑，批评中国企业的社会责任缺位，质疑中国企业在非投资的真实意图（新殖民主义），指责承包工程的完成质量未达标准等。①

2. "恨屋及乌"

由于刚果（金）国内复杂的政治局势，其外溢效应波及中国企业。一方面，对于反政府民众而言，他们在反对政府的同时自然而然会反对中国人同政府合作，所以在反对卡比拉的游行示威中经常对中国企业进行打砸抢。另一方面，很多市民和农民认为中国企业所作所为意在取悦政府而非民众，因此虽然客观上为他们带来便

---

① 信息来源于笔者在金沙萨大学政治科学学院座谈时的记录。

利，但他们并不买账。

3. 期望过高

一部分刚果（金）人则把中国视为救世主，认为中国无所不能，因而提出了过多不切实际的要求，比如中国应该为刚果（金）修路架桥，但不能开发他们的矿产。

4. 舆论渲染

舆论环境对中国企业而言十分不利。一方面，国际舆论一如既往地对中国对非投资的真实意图进行考问和批判，并夸张放大一些负面事件。另一方面，刚果（金）个别有影响力的当地媒体由于外资参与或是受到西方企业的指使，对中国企业持有不少负面评价。

四　中国企业在刚果（金）形象建设的路径依赖

中国企业若想改善在刚果（金）的形象，不仅要做到物理空间层面的"走出去"，还要实现心理层面的"走进去"和认知层面的"走下去"。"走进去"意味着赢得当地居民的充分认同，"走下去"意味着高度融入当地社会。为实现这一目的，需要多方参与。

（一）政府要"走出来"，为企业"走出去"保驾护航

1. 完善支持"走出去"政策

首先，要改进"走出去"的宏观调控。抓紧研究制定实施"走出去"战略的总体原则和指导政策，指导境外资源开发、境外加工贸易和对外承包劳务等专项规划；加快出台和完善有关境外投资、境外加工贸易、设计咨询、工程承包、劳务合作等方面的政策法规。其次，要深化体制改革。加快投融资体制改革和行政审批制度改革，改

革境外投资管理体制，减少审批，降低门槛，简化环节，规范程序。最后，要加大财政、税收、金融、外汇等政策的支持力度。

2. 强化服务工作

首先，加强信息服务，将对国外市场投资环境、法律法规的研究，及时向社会发布，供企业参考。其次，完善培训服务，为企业提供法律、财务、知识产权等方面的培训服务，扫除业务盲区。再次，增加交流项目，针对刚果（金）提供各类配套人才交流项目。比如，为刚果（金）优秀学生提供短期奖学金留学计划，针对高校教职人员提供访问学者项目，针对刚果（金）商界和媒体从业人员组织赴华考察团。最后，组织成立孔子学院，为刚果（金）培养汉语人才。通过汉语教学以及输送一部分优秀学生赴华留学交流，培养刚果（金）青年一代的对华好感度。

（二）企业要修炼好内功，为"走出去"做好物质和心理准备

1. 能力建设

一是学习能力。在"走出去"过程中，通过多种学习途径获得"走出去"的知识和技能。熟练的外语能力是境外万事之基础，对日常工作的有效开展起着关键性作用。在刚果（金），中国企业员工除会法语外还须掌握一门当地通用语言，如林加拉语。使用当地语言与刚果（金）政府人员或合作方直接交流，减少翻译环节，一方面可显示对刚方人员的尊重和对刚方文化的认同，促使对方增加对本方的好感；另一方面可促使交流更融洽顺畅。① 企业需组织集

---

① 笔者在拜访多家刚果（金）政府机构时了解到，中国企业家拜访刚果（金）政府机构时习惯携带翻译人员，不仅造成会晤冗长，沟通质量也往往得不到保证。

体语言学习小组，同时，鉴于雇员"任期制"的特点，从"短"计议，通过测试员工语言水平来"分级定薪"，"倒逼"员工夯实语言基础。二是综合知识能力。我国海外投资起步较晚，企业不熟悉国际市场，缺乏海外投资经验，而且会计、律师、咨询等中介机构发展程度低、风险评估能力弱等问题比较突出。海外国家的政治、经济、社会环境复杂多变，语言文化、商业规则、法律体系、行业标准等与国内截然不同，对企业的适应能力和管理水平提出了更高要求。三是企业履行社会责任能力。企业社会责任是企业经营、投资时所产生的社会效益以及企业回馈社会的路径，它作为企业的形象工程，是促进民心相通、改善当地社区对企业认知的最便捷高效的方式。近年来，中国企业在这方面提高很快，需要保持势头。四是对外沟通能力。中国企业必须改变以往闭门造车的行为方式，要同刚果（金）当地社区人员、机构、组织多走动，多交流。

2. 梯队建设

首先，企业内梯队建设十分必要。一方面，企业要致力于培育复合型人才，精通外语、法律、投资、税收等领域的知识；另一方面，企业要保证人才的板凳深度，实现可持续发展。驻外中国企业流动性非常大，客观上要求有足够多的人才承担相应工作。其次，企业间梯队建设应成为趋势。一是淡化国企民企界限，发展混合所有制，以应对地缘政治风险；二是民企间应变单打独斗为抱团取暖，以往民企通常是各自为政，集群式"走出去"能有效降低民企信息搜索成本，实现人才和信息的共享互补。①

---

① 骆嘉：《"一带一路"视阈下江西民营企业"走出去"方略探析》，《企业经济》2016年第8期。

3. 平台建设

中国企业的发展要点面结合，充分利用平台优势，最大化地加强自身"存在感"，改善企业在当地社区中的形象。第一，利用智库平台。智库作为第三方具有企业所不具备的软实力，智库的中立性以及学术性可以淡化企业的功利性并对企业进行理性分析。智库报告往往会成为政界、商界、媒体界所热衷传阅的文件。中国企业首先要加强同中国智库的交流，无论是官方智库、高校智库，还是民间智库，都有共性及特性，可以从不同角度为企业的形象建设提供个性化的方案。其次要加强同本土智库的交流，比如金沙萨大学的政治研究中心。作为刚果（金）为数不多的智库机构之一，政治研究中心汇集了刚方精英阶层。企业可以在表明善意的同时向刚方精英阶层展现中国企业的贡献。最后要加强同西方智库的交流。直面西方智库的质疑和不解，坦诚大方地表明来非意图，并从西方智库的角度了解西方对中国企业的顾虑，从而更好地指导自身工作。第二，利用高校平台。金沙萨大学几乎囊括了刚果（金）各界精英以及未来翘楚，中国企业可以通过参与就业宣讲活动、奖学金资助活动、刚果（金）学生联欢活动等近距离接触刚果（金）的青年一代，赢得他们的尊重和理解。

4. 品牌建设

首先，企业可以成立专门的公关部或公关小组，由专人负责同当地社区的对接。其次，引入第三方评价体系。通过第三方评价机制对企业的社会责任报告进行公正客观的评议，一方面可提高企业行为的透明度，另一方面可通过评价体系来倒逼企业改善自身行为，提高服务质量。再次，企业可在当地"草根"层面举办一些公开的、有影响力的活动，形成"地毯式覆盖"。2016 年，中国企业协会筹措款项，为刚果（金）民间合唱团 VOX DISPOSA 一行 40 人赞助访华机票，推动中刚文化交流。此举在刚果（金）一时传为佳话，大大提升和改善了中国企业在刚果（金）社区的形象。最后，利用媒体平台。中国企业要敢于和刚果（金）当地媒体以及西方媒体接触。一方面，"酒香也怕巷子深"，中国企业需要舆论为自己正名；另一方面，如何实现宣传本土化值得思考。习近平提出要讲好中国故事，传播中国声音；中宣部部长刘奇葆提出讲好中国故事，关键在于找准世界的需求，把我们想讲的和国际社会想听的结合起来。中国企业需为当地社区把脉，了解对方的"口味"，并结合自身特色讲对方想听的故事。

5. 文化建设

文化是软实力。中国企业的文化建设主要体现在跨文化管理能力方面，即提高文化包容度。非洲国家存在多种文明、上百种语言，加上殖民历史，巨大文化差异下往往容易产生误解和摩擦。因此，中国企业在本土化的过程中，要有意识地对非洲国家的国民进行更多的教育和宣传。这里面包含两层含义，一方面，中国企业要避免生搬硬套国内文化，将家长式思维强加于目的国社区。刚果（金）是"小政府大社会"，企业要多接地气。另一方面，中国企业需注意避免本公司文化被当地文化同化。总之，中国企业要继承古丝绸之路的文化传统，促进多元文化间的交流互通、共同发展，形成文化命运共同体。

Image Building of Chinese Companies During Their Investment in Francophone Africa

——A Case Study of DRC

Song Qing

Abstract: With the development of FOCAC and B&R, China-Africa cooperation enters a new phase. Chinese companies'going out echoes B&R's proposals and provides the updated version of China – Africa cooperation with model and pathway. The article cites investment cases in DRC to depict the contribution of Chinese companies in local community and the reasons behind community risk and provide suggestion to build sound corporate image overseas. To achieve this requires support from the government and strengthening of companies'ability, architecture, platform, branding and culture.

Keywords: Chinese Companies; "Going Out"; DRC; Image Building

中国和西非法语国家高教合作中的汉语教育问题

李宏亮*

摘 要：在中国和西非法语国家的高等教育合作中，汉语教育问题是一个基础问题。该问题出现的原因是：对汉语国际推广政策的综合研究不够全面和深入，导致非洲的汉语教育资源欠缺。鉴于现状，本文提出了一个立足于西非本土的"汉语＋X"预科教育模式，以寻求问题的解决之道。

关键词：西非法语国家；高等教育合作；汉语国际推广；"汉语＋X"

引 言

在中国和非洲国家（包括西非法语国家）的合作中，高等教育一直是一个重要领域。在该领域的合作中，汉语语言问题是一个基础性问题。目前，西非法语国家汉语教学中存在较多问题，并由此带来一系列问题，必须从全局性的汉语国际推广高度出发，才能全面地看待这些问题，并有效地解决问题。

---

* 李宏亮，电子科技大学国际教育学院副教授。

一 文献综述和研究价值

（一）汉语国际推广战略宏观研究

我国的汉语语言政策在 2006 年由官方层面提出，即"汉语国际推广战略"。截至 2019 年 4 月，中国知网（CNKI）中以"汉语国际推广"为主题的期刊和硕博士论文共 2314 篇。这些研究分别从汉语国际推广的历史背景、意义、模式、问题和策略等层面进行了较全面的研究。其中，最具代表性和系统性的研究是董学峰有关汉语国际推广的博士论文。[①] 该论文深入研究了孔子学院的发展现状、各国语言推广手段的对比、汉语国际推广的机遇和存在的问题，并提出了一些建议。

（二）非洲孔子学院

徐丽华、郑崧指出非洲的汉语推广进入了一个快速发展阶段，但在层次、师资、教材和资源等方面面临一系列挑战。[②] 推进非洲的汉语推广，要积极争取非洲国家的支持，充分发挥孔子学院的重要作用，加快对非洲本土汉语教师的培养，实现非洲汉语教学的本土化，同时还要加强对非洲汉语推广的研究。李红秀指出目前非洲孔子学院的汉语文化传播面临传播环境不佳、本土高水平汉语文化人才缺乏、语言文化差异、功利性接受等问题。[③] 应构建"一院多

---

① 董学峰：《国家语言战略背景下的汉语国际推广研究》，博士学位论文，东北师范大学，2016。
② 徐丽华、郑崧：《非洲汉语推广的现状、问题及应对策略》，《西亚非洲》2011 年第 3 期。
③ 李红秀：《非洲孔子学院建设与汉语文化传播》，《中华文化论坛》2015 年第 1 期。

点"的汉语文化传播模式，推动汉语文化传播的本土化进程，重视语言文化传播的互动性，建立多主体参与的汉语文化传播模式。杨薇、翟风杰、郭红等认为孔子学院的语言文化传播对于提升非洲人民对中国整体形象的认知起到了正面的促进作用。[①] 与此同时，非洲孔子学院也面临规模迅速扩大与稳定教育资源供给不足的矛盾，以及缺乏现代文化产业支撑等诸多问题。据此，中国政府相关部门需加强孔子学院语言教学与文化传播的有机结合，积极扶持创意文化产业发展；在语言文化传播的目标和方式上，则需实现从重数量到重质量的转型，且通过加强非洲研究，夯实提升孔子学院语言文化传播效果的基础。

在针对非洲的语言推广方面，罗美娜指出新时期对非语言推广应以增进中非民众的深层认知和交往、促使汉语成为非洲人民广泛学习和使用的语言之一、传播中国文化、提升中国在非洲的软实力、进一步巩固中非关系为目标。其主要任务是：增进中非民众的语言文化接触和认知，促进中国文化在非洲的接受，与非洲人民共建和谐语言社会。在未来的对非语言工作中，应加强汉语和中国文化在非洲的传播，增强对非洲语言人才的培养等。[②]

除此之外，还有27篇以非洲孔子学院个案研究为主题的硕士学位论文，如敖芳芳等[③]，涉及喀麦隆、南非、莫桑比克、布隆迪、肯尼亚等国家的孔子学院发展情况和规模，孔子学院所起到的积极作

---

① 杨薇、翟风杰、郭红等：《非洲孔子学院的语言文化传播效果研究》，《西亚非洲》2018年第3期。

② 罗美娜：《新时期对非语言战略初探》，《浙江师范大学学报》（社会科学版）2014年第1期。

③ 敖芳芳：《肯尼亚汉语教学与推广研究》，硕士学位论文，天津师范大学，2016。

用，教学、教师和教材问题，以及课堂教学中的教学策略等。

（三）非洲基础教育阶段的汉语教育

与对孔子学院相对较多的研究相比，专门研究基础教育阶段的论文很少。黄金声、田笑以毛里求斯小学汉语教学为例，指出非洲汉语教学发展势头良好，然而大多以孔子学院为主导，以大学生为主要对象，多数没有建立起完整的基础教育阶段汉语教育体系。①

当前我国的汉语国际推广集中在孔子学院层次，在基础教育阶段汉语尚未被大量纳入国民教育体系，尤其是在非洲国家；孔子学院全球分布不平衡问题突出，有的西非法语国家甚至没有孔子学院；在师资本土化、教材、教学内容等方面也存在一些问题。这就导致汉语虽然"热"，有市场需求，但是基础教育没有跟上。

既往的研究成果为本文提供了很好的借鉴意义，但是存在以下问题：第一，没有研究汉语国际推广教育在全球分布中不平衡的问题，以及如何解决该问题；第二，大多数研究主题集中在发达国家或中国周边国家，针对非洲的汉语教育研究多为个案分析，宏观研究目前只有 1 篇。涉及西非法语国家汉语教育的研究目前几乎处于空白状态。因此，本文将在前人研究的基础上，针对西非法语国家的研究薄弱点进行初步分析。本文将讨论西非法语国家汉语教育的重要价值，调整国家汉语推广机构国别分布的必要性，以及现阶段为了更好地促进双方高等教育合作，从语言推广的角度提出应对新思路。

---

① 黄金声、田笑：《对非洲小学汉语教学的思考——以毛里求斯为例》，《海外华文教育》2016 年第 4 期。

二　中国对非汉语教育存在的突出问题

（一）孔子学院的分布不平衡

根据国家汉办 2018 年的年度报告，全球 154 个国家和地区共建立了 548 所孔子学院，1193 个孔子课堂。孔子学院集中分布在经济发达、国际影响力大、社会环境好的洲。非洲比例最小，西非法语国家中的布基纳法索、尼日尔至今尚未建立孔子学院，对汉语学习和推广极其不利。由于孔子学院建设不足，师资严重缺乏，非洲尤其是西非法语国家班级规模庞大，有的甚至达到 100 人，非常不利于教学效果的提高。

（二）西非基础教育阶段汉语资源尤其薄弱

和英语等欧洲语言在非洲各国基础教育阶段得到大力普及不同，汉语在非洲各国教育体系中不仅在高等教育阶段处于发展阶段，在基础教育阶段更属稀缺资源。黄金声、田笑指出在毛里求斯的 312 所小学中，仅 25 所开设了汉语课，中学阶段则更少，许多有志于汉语学习的学生在进入中学后，无法在学校里学习汉语，只能选择中国文化中心或新华学校等业余培训机构。[①] 该文认为，这种情况在非洲基础教育阶段是普遍存在的，西非法语国家只有贝宁将汉语作为中学选修课，其他国家普遍没有在初级教育阶段开设汉语课。

[①] 黄金声、田笑：《对非洲小学汉语教学的思考——以毛里求斯为例》，《海外华文教育》2016 年第 4 期。

（三） 汉语的弱势和法语的强势

在西非法语国家，由于历史因素和法国持续的语言推广政策，法语是官方语言。在基础教育阶段和高等教育阶段，法语的重要性和课时比例远远大于汉语，汉语目前处于弱势地位。虽然个别学校开设了汉语选修课，但在分数压力下，由于法语或其他欧洲语言的传统普及性，更多学生选择法语或其他欧洲语言，以便于获取更高的学业分数。[①]

（四） 来华学历生教育面临的问题

海外汉语教育存在的客观问题，在我国引起了连锁反应。据教育部统计，2011 年，来华学历生有 118837 名，占外国留学生总数的 40.61%，同比增长速度高于总人数；2017 年，共 48.92 万名外国留学生来华学习，其中学历生 24.15 万人，占总数的 49.37%，同比增长速度高于总人数。这说明来华留学的学历生比重越来越大，学生不再仅仅满足于来华学习汉语，而是扩展到其他各个专业。

以笔者所在电子科技大学的汉语教育为个案进行考察，发现来华留学的学历生在汉语教育方面存在以下突出问题：其一，以英语授课的学历生来自非洲国家的比例很高，但其汉语基础非常薄弱甚至为零基础，虽然有 60 节综合汉语课和数量不等的语言文化选修课，但由于其他专业课程的压力，他们的汉语技能提高效果不佳，在华学习生活面临诸多不便。其二，以汉语授课的本科生，只有一年的预科汉语学习时间，虽然会进行高强度的汉语技

[①] 黄金声、田笑：《对非洲小学汉语教学的思考——以毛里求斯为例》，《海外华文教育》2016 年第 4 期。

能训练和基础专业预科课程辅导，但由于时间有限，难以保证学员能够在一年后与中国学生同进度学习。辅导员和任课教师以及留学生普遍反映汉语水平不够，专业课学习受到较大影响，不利于培养质量的提高。其三，来自西非法语国家的留学生数量非常少，个别学生来华是为了学习汉语，而非完成学位课程。经过调查发现，这些学生的英语水平和汉语水平都不足以完成以英语或汉语授课的学位课程。大多数该区域的学生会去欧洲国家继续深造。此状况显然不利于我国高等教育阶段留学生的招生和培养，给双方的教育合作造成了语言障碍。

三　对西非法语国家汉语教育工作的优化

以上在西非法语国家存在的四个现实教育问题，其背后深层次的原因是国家的汉语教育政策尚不够明确、具体。具体的举措也缺乏明晰的指导规则。比如，孔子学院的布局如何科学地结合各国汉语需求差异问题，如何系统规划海内外学历教育和汉语的衔接关系，如何与法语、英语等强势语言展开良性竞争，等等。

一方面，通过调查访谈发现，和欧美国家学生相比，大体上来说非洲以及其他发展中国家学生学习汉语的工具性动机更为强烈。他们有不断增长的汉语需求，来华非洲留学生数量在不断增加，但是自己国家的汉语学习资源有限。更多的孔子学院布局在发达国家，西非最为稀缺，有的西非法语国家甚至没有国家汉办组织的汉语教学机构，这就构成了供需矛盾。另一方面，本土的汉语技能培养滞后，导致中国国内的学历留学生培养质量受到影响，而且这种影响在非洲学生中更为突出。不少非洲学生来华前汉语是零基础，对中国知之甚少，学业和生活都受到限制。另外，由于法国长期以来对法语区非洲国家采取同化和联合的语言政策，法国被认为是世界上推行中央集权主义语言政策方面最集权式的国家。① 这些西非法语国家的汉语教育基础极为薄弱，官方语言又非英语，而国内的硕博学历教育以英语授课为主，本科层次无论是以英语或汉语授课都对这些国家的学生构成严重的语言障碍，造成我国留学生招生的生员流失，不利于双方的教育合作。

因此，必须进一步深入研究国家的汉语国际推广区域布局问题，在有巨大市场需求的非洲国家，尤其是西非法语国家，布局更多孔子学院、孔子课堂。同时，正如吴应辉、何洪霞指出的，在一些汉语国际传播效果好的国家，如泰国等，政府力量的介入可以起到非常积极的作用。开展和西非法语国家政府层面的对话，建议对方以官方形式介入，发布有利于汉语教学的政策，促进汉语教育在初级教育阶段的大力发展。②

调整我国的汉语教育资源布局，还有一个突出的作用是满足越来越多的在非中国企业的人才需求。目前的来华非洲留学生大多拿的是英语学位，将来回国就业或在华就业，其汉语能力都无法达到用人单位的要求。只有从根本上解决语言障碍问题，才能使学历教育满足用人单位的需求。

综合考虑西非法语国家的汉语教育现状，为了解决双方教育合作的问题，首先要把语言障碍问题解决好。而语言障碍问题的解决，不是一蹴而就的，应该从学生需求最迫切的问题入手。既然这

---

① 李清清：《英语和法语国际传播对比研究》，博士学位论文，北京外国语大学，2014。
② 吴应辉、何洪霞：《东南亚各国政策对汉语传播影响的历时国别比较研究》，《语言文字应用》2016 年第 11 期。

些学生学习汉语的工具性和个人发展需求最强烈，而不是情感和文化需求占主导地位，那么就应该在满足其汉语需求的基础上开设课程。因此，对这样的学习群体，除了开设常规的汉语技能和文化课，还需要解决他们来华留学的专业课程学习问题以及在当地华企工作的语言和专业知识问题。结合访谈调查，我们提出了一个现阶段的初步解决方案，即在西非法语国家设立若干所两年制的预科学院，模式为"汉语＋X"，即教学内容为汉语技能和专业知识。具体可根据当地国情和学员深造需求、用人单位需要，开设计算机类、电子类、农业类、工商管理类等相应课程。

目前的孔子学院和孔子课堂主要是传播汉语语言和文化，一般不涉及专业知识。而预科学院和目前的孔子学院模式不同，不仅培养汉语技能，而且开设有关领域的专业课程。预科学院可以单独开设，也可以和当地的高校、教育机构合作办学，开设在后者内部，成为一个二级学院或附属机构。师资方面，首先由中方委派汉语和专业教师，然后逐渐过渡到以本土师资为主。

目前国内一些高校有类似的预科性质培训项目，模式大多是在一年内进行高强度的汉语学习，再附带开设一个入门性质的专业类课程。但是据笔者了解，该模式尚存在不少问题。最大的问题是由于学生来华学习成本太高，加上学习习惯、文化适应等问题，一年内能否通过汉语四级考试（HSK4）还是一个问题，其他专业课程学习更是蜻蜓点水，流于表面，因此留学生很难达到和中国学生一起上课的水平。本文提出的在留学生本土国家开设预科学院的模式，大大降低了学生的学习成本，两年的学习时间可以保证对语言和专业知识基础的掌握，同时也避免了直接来华学习的学习习惯差异和文化适应问题，可谓一箭三雕。

A Study of the National Chinese Language Strategy in the Higher Education Cooperation Between China and French Speaking Countries of Western Africa

Li Hongliang

Abstract: In the higher education cooperation between China and French speaking countries of West Africa, the Chinese language issue is a fundamental point. Due to lack of the comprehensive studies in this field, the Chinese learning resources in this region is insufficient. Based on the present situation, this paper puts forward a preparatory "Chinese + X" mode in order to solve this problem.

Keywords: French-speaking Countries of West Africa; Higher Education Cooperation; National Chinese Strategy; "Chinese + X"

"一带一路"背景下中国与西非农业合作

——以中国海水稻为例

王 南[*]

摘 要：2018 年中国水稻专家前往中东迪拜试种海水稻获得了成功。此举标志着中国海水稻的研发已经取得了重大突破。中国海水稻的特点和优势表明，它完全具备了进行商业开发和推广的价值和条件。在当今世界，粮食安全问题仍然较为严峻，特别是在一些非洲国家和地区，中国海水稻可以为解决这一问题发挥积极和重要的作用。中国海水稻与"一带一路"互为机遇，并正成为中国"一带一路"倡议的一项新内容。非洲是共建"一带一路"的历史和自然延伸，是重要参与方，其中也包括西非国家和地区。农业合作是中国与西非国家和地区的一个重要的合作领域，双方完全可以在海水稻方面展开合作。这样既可以为中国—西非农业合作增添新的内容，也可以为西非国家和地区的粮食增产和农业发展助力，进而为西非的经济发展和民生改善做出贡献。

关键词：海水稻；粮食安全；"一带一路"；中国与西非农业合作

---

* 王南，上海师范大学非洲研究中心研究员。

一 中国海水稻海外试种成功

2018 年伊始，中国水稻专家前往中东迪拜试种海水稻。此事备受国内外关注，各方媒体对此事进行了大量报道。特别是在中国专家团队于迪拜热带沙漠地区试种海水稻获得成功之后，国内外媒体的报道更是铺天盖地，各方普遍予以好评和赞扬。

综合各方媒体报道得知，以著名水稻专家袁隆平为首的中国专家团队，在迪拜热带沙漠地区试验种植海水稻获得成功。这个看似不可能完成的任务，被中国农业科学家们完成了，其中一种海水稻的产量超过 520 公斤/亩，[①] 这是全球首次在热带沙漠试验种植水稻取得成功。加拿大媒体报道说，这位 88 岁的中国最著名科学家之一又成了关注的焦点，这一次是因为另一个科学奇迹：培育一种能够在咸水中高产的水稻。这项创新让他再次成为中国独一无二的人物，尽管他已是耄耋之年。[②]

有报道称，2018 年 5 月至 7 月，包括海水稻在内的 80 多个试种水稻品种分批成熟。5 月 26 日，由来自国际水稻研究所及印度、埃及、阿联酋和中国的 5 名专家组成的国际联合测产专家组，对首批成熟的品种进行了测产。5 个品种的产量分别为：7.8041 吨/公顷（超过 520 公斤/亩）、7.4106 吨/公顷、7.3076 吨/公顷、5.952 吨/公顷和 4.8266 吨/公顷。这些品种的产量都超出了水稻 4.539 吨/公顷的世界平均水平。在随后一段时间里，海水稻团队又分别

[①] 《中国农业科学家在阿联酋沙漠中种出海水稻》，《人民日报》2018 年 8 月 14 日，第 23 版。

[②] 《海水稻参与"一带一路"意义重大》，《参考消息》2018 年 8 月 28 日，第 14 版。

对逐渐成熟的品种进行测产，有 4 个品种的产量超过世界平均水平，这标志着此次海水稻试验种植取得阶段性成功。① 阿联酋副总统兼总理穆罕默德（Muhammad）将收获的海水稻加工成精美的沙漠海水稻纪念品，作为"国礼"赠送给尊贵客人。阿联酋驻华大使阿里·扎希里（Ali Zahiri）评价说，这是全球第一次在热带沙漠试验种植水稻取得成功，将有助于提升沙漠地区的粮食自给能力和改善沙漠地区的生态环境。据悉，在东南亚、非洲和中东其他地区进一步开展海水稻试验种植的工作已经在筹划之中。②

二 中国海水稻及其特点

所谓"海水稻"是耐盐碱水稻的形象化称呼，是在海边滩涂等盐碱地生长的特殊水稻。其并非被种植在海水里或海里，而是不惧海水的短期浸泡，海边滩涂是海水经过之地而非位于海水里。为区别于普通水稻，人们称之为"海水稻"，又称"海稻"。不过，海水稻确实有一定的抗盐碱能力，在淡水稀缺的沿海地区，用稀释海水浇灌稻田来节省淡水资源的办法也是可行的。

中国水稻专家通过坚持不懈的努力，终于在海水稻方面取得了重大突破，其标志性事件之一就是 2018 年中国海水稻在迪拜试种获得成功。经过综合测量与评估，享有中国知识产权的海水稻主要具有以下特点。其一，产量较高。中国海水稻已经完全具备商业推广和开发的价值和条件，相关品种的中国海水稻的产量已超出世界水稻的平均产量。这

---

① 《中国农业科学家在阿联酋沙漠中种出海水稻》，《人民日报》2018 年 8 月 14 日，第 23 版。

② 《海水稻参与"一带一路"意义重大》，《参考消息》2018 年 8 月 28 日，第 14 版。

已通过海外试种得到证明，并由多国水稻专家组成的国际联合测产专家组所见证。其二，改良土壤。它的推广种植有望改良盐碱地，使之逐渐变成良田。对此，科学家进行了分析，过去人类改造盐碱地，往往采用大水洗地的办法，但水退之后，随着水分蒸发，盐分又会回到土壤表层。而水稻生长周期中都离不开水，对土地的改良是持续的。这样，种了几年水稻之后，盐碱地可能转化为耕地，也能种植其他作物。① 其三，味好营养。在口感方面，海水稻不仅口感不差，还很香。海水稻米的黏弹性好，筋道有嚼劲，咀嚼时微甜，气味也比较清香。② 在营养方面，因为海水稻所生长的滩涂地和盐碱地中矿物质多，所以所产稻米的微量元素含量比普通稻米丰富。海水稻米是海红米，因其硒含量比普通稻米高 7.2 倍，脱粒后的稻米呈胭脂红色。经过中国相关权威部门检测，海水稻的稻米与普通精白米相比，氨基酸含量高出 4.7 倍，具有很高的营养价值。这是因为盐碱地中微量元素含量较高，因此海水稻矿物质含量也比普通水稻要高。③ 海水稻在条件恶劣的盐碱地生长，很少会患普通水稻常见的病虫害，基本不需要农药，是天然的绿色有机食品。其四，非转基因。中国专家培育出来的海水稻，包括在迪拜沙漠试种成功的海水稻，属于耐盐碱杂交水稻，而不是转基因产品。从对耐盐碱水稻品种选育过程来看，袁隆平及其团队所属的青岛海水稻研发中心，目前主要采用两系法杂交水稻的技术路线，并未采用转基因技术手段进行品种选育。④

---

① 《"海水稻"将给餐桌带来哪些变化》，《解放日报》2018 年 6 月 4 日，第 12 版。
② 《海水稻打开粮食增产想象空间》，《人民日报》2018 年 7 月 19 日，第 4 版。
③ 《我国海水稻试种成功，亩产 300 斤稻米氨基酸含量高出普通精白米 4.7 倍》，上观网，https://www.jfdaily.com/news/detail? id = 39351。
④ 《海水稻打开粮食增产想象空间》，《人民日报》2018 年 7 月 19 日，第 4 版。

中国海水稻所具有的以上四个特点，加之节约淡水资源、不占现有良田等方面的优势，足以表明，无论是在中国国内还是在世界其他国家和地区，中国海水稻都具有极高的商业开发和推广价值，以及良好和广阔的发展前景。

三　中外海水稻研发简况

中国在海水稻研究和开发方面取得的成果，凝结着诸多中国农业科学家和工作者的辛勤劳动与智慧。中国最早发现野生海水稻植株的时间是 1986 年，当时还是农校普通学生的陈日胜和他的老师罗文列教授在普查湛江红树林资源时发现了野生海水稻植株并投入长期研究。不过，因为较长时间没能解决海水稻亩产比较低的问题，所以难以大规模推广。直到"杂交水稻之父"袁隆平对海水稻进行改良，特别是解决了海水稻的产量问题，这才大大推动了相关工作的进展。[①]

当然，并不是只有中国在研究海水稻，世界上很多国家都在做这方面的研究，有的还比中国早了很多年，最早可追溯到 20 世纪三四十年代。相关资料显示，20 世纪 30 年代末期，东南亚一些国家就已开始培育耐盐水稻品种。斯里兰卡在 1939 年就培育出了新品种，并于 1945 年推广；印度于 1943 年开始推广耐盐水稻，现在几乎各邦都有适合当地种植的品种。

为了研究耐盐碱水稻品种，世界各国一直在进行着角逐：埃及将咸水湖芦苇与水稻杂交，菲律宾将两个不同亲本的耐盐株系杂

---

① 《"海水稻"将给餐桌带来哪些变化》，《解放日报》2018 年 6 月 4 日，第 12 版。

交，印度将从红树里提取的基因植入现有水稻品系，日本采用光波信息混合物改变水稻性能等。① 这些都没有太大成效。迪拜也请过其他国家的专家来种水稻，但都失败了。②

而今，尽管中国海水稻研发已经取得了举世瞩目的成就，而且具备了进行商业开发和大规模推广的基础和条件，但这并不意味着中国就可以停止对海水稻的后续研发，今后只专注于它的推广。中国的有关专家并没有满足于已有的成绩，而是仍在继续努力对海水稻及其相关方面进行深度研究，其中包括海水稻稻米衍生品的开发和生产等，以便提升中国海水稻的经济价值，尽可能延伸和完善中国海水稻的产业链。

四　世界粮食增产面临诸多挑战

当今世界的粮食安全问题主要由两方面构成，一是世界人口数量的快速增长，尤其是贫困国家和地区人口数量的迅猛增长；二是粮食增产所面临的诸多挑战和压力。联合国人口基金（United Nations Population Fund，UNFPA）于 2018 年 10 月 17 日发布的一份报告称，从现在起到 2050 年全球人口将增长 22 亿，其中 13 亿的增长可能来自撒哈拉以南的非洲。③ 全球饥饿人口也在增加。世界卫生组织（World Health Organization，WHO）发布的《2018 年世界粮食

① 《中国攻克世界级大难题新增 15 亿亩耕地》，百度文库，https：//wenku.baidu.com/view/f8a2f0567375a417876f8f0a.html。
② 《中国农业科学家在阿联酋沙漠中种出海水稻》，《人民日报》2018 年 8 月 14 日，第 23 版。
③ 《联合国报告：到 2050 年全球人口将增长 22 亿》，中国新闻网，http：//www.chinanews.com/gj/2018/10－18/8652883.shtml。

安全和营养状况》最新估计表明，过去三年饥饿人口不断增加，正向近十年前的状况倒退。尽管在减少儿童发育迟缓方面的工作有所进展，但五岁以下儿童仍有近 22% 受到影响。[1] 甚至有研究估测，西非大国尼日利亚人口将达到 15 亿，超过中国成为世界人口最多的国家。[2]

联合国发布的《2018 年世界水资源开发报告》显示，由于人口增长、经济发展和消费方式转变等因素，全球水资源的需求正在以每年 1% 的速度增长，这一速度在未来 20 年还将大幅加快。各国必须实现从对抗自然到顺应自然的转变，更好地利用基于自然的解决方案来应对水资源短缺的挑战。此外，未来工业用水和生活用水需求量将远大于农业用水需求量，其中水资源需求的增长主要来自发展中国家和新兴经济体。与此同时，气候变化正在加速全球水循环，造成湿润地区更加多雨，干旱地区更加干旱。未来数十年，水质还将进一步恶化，对人类健康、环境和可持续发展的威胁将只增不减。[3]

《2018 年世界水资源开发报告》指出，面临洪水风险的人口数量预计将从目前的 12 亿人增长到 2050 年的大约 16 亿人，受到土地退化、沙漠化以及干旱影响的人口数量将约为 18 亿。从死亡人数和人均 GDP 社会经济影响角度来看，这是最严重的一类"自然灾害"。生态系统退化是水资源管理不断面临挑战的主要原因。自

---

[1] 《2018 年世界粮食安全和营养状况》，世界卫生组织，https：//www. who. int/nutrition/ publications/foodsecurity/state－food－security－nutrition－2018/zh/。

[2] 《研究预测尼日利亚将超中国成人口最多国家》，世界人口网，http：//www. renkou. org. cn/countries/niriliya/2014/674. html。

[3] 《联合国发布〈2018 年世界水资源开发报告〉》，中国水网，http：//www. h2o－chi- na. com/news/272373. html。

1900 年起，全球有 64%～71% 的自然湿地面积因人类活动因素消失殆尽。[①]

令人担忧的事还包括，某些事关粮食生产的自然资源竟然成为引发一些国家争端的原因。例如，在尼罗河的水量分配和水能利用问题上，埃及、苏丹、布隆迪、坦桑尼亚、乌干达和埃塞俄比亚等相关国家就存在争端。埃及前总统萨达特甚至这样说道："埃及将对任何可能危及青尼罗河水流的行动做出强硬反应，哪怕诉诸战争。"

五　中国海水稻之意义和前景

海水稻作为主要粮食作物之一，必然与人类的生存和发展相关。《2018 年世界粮食安全和营养状况》称不断有新的证据表明，全球饥饿人数正在上涨，2017 年达到 8.21 亿人，即每 9 人中就有 1 人在挨饿。[②] 根据联合国教科文组织和联合国粮食及农业组织不完全统计，世界盐碱地的面积为 9.5438 亿公顷，换算过来就是 143.157 亿亩，即便其中只有 1/20 的面积能够种植海水稻也有望多养活 5 亿人。对于还处于饥饿和贫困中的部分第三世界国家而言，海水稻价值巨大。因此，海水稻被寄予解决人类粮食危机的重要期望。

中国在海水稻研发方面取得的成就甚至被认为是"能够影响和推动人类文明进程的伟大发现和发明"。日本稻米研究会会长、野

---

① 《联合国发布〈2018 年世界水资源开发报告〉》，中国水网，http：//www.h2o-china.com/news/272373.html。

② 《联合国新报告称全球饥饿人数持续上升》，世界卫生组织，https：//www.who.int/zh/news-room/detail/11-09-2018-global-hunger-continues-to-rise-new-un-report-says。

生稻保护专家松浪·滋感叹道："我从事野生水稻资源保护工作 30 多年，仅知道南非曾发现过一株可在沉积海滩上种植的滩涂稻，还没有听说过可用海水灌种的水稻品种，可以说至目前为止，海水稻是世界唯一，资源相当宝贵，是对人类的一大贡献，要站在全球 65 亿人吃饭的角度保护利用好。"①

当中方团队在迪拜试种海水稻成功之后，迪拜方面计划与中方合作建立"袁隆平中东及北非海水杂交稻研究推广中心"，该中心将承担面向中东及北非地区的海水稻品种测试、工艺条件优化、技术培训和产业化推广等使命。据悉，越南、印度和斯里兰卡等多个亚洲国家也提出要与他们合作种植海水稻。② 中方有关人士也表示，中国海水稻有望在 2019 年进行推广。③

由此可见，未来中国海水稻的推广在世界各地具有非常广阔和良好的前景，其中包括至今粮食安全问题仍然严重的非洲地区。所以，中国海水稻有可能为摆脱世界粮食安全问题提供一条切实可行的途径。

六 "一带一路"与中国海水稻

"一带一路"是中国领导人向世界发出的倡议，也是中国向世界提供的"公共产品"。"一带一路"提出之后得到了国际社会越来越多成员的认同和支持，特别是广大发展中国家。有些之前对此

---

① 《专家评价"海稻86"！海水稻科研价值大曝光！》，搜狐网，https://www.sohu.com/a/116415883_492276。

② 《中国农业科学家在阿联酋沙漠中种出海水稻》，《人民日报》2018年8月14日，第23版。

③ 《青岛市人大代表刘佳音：青岛海水稻2019年有望推广》，青岛大众网，http://qingdao.dzwww.com/yc/201801/t20180111_16327316.htm。

持观望态度、持消极看法的国家开始转变看法，表示愿意加入"一带一路"与中国进行合作。

中国领导人始终主张"一带一路"建设秉持的是共商、共建、共享原则。"一带一路"不是封闭的，而是开放包容的；不是中国一家的独奏，而是沿线国家的合唱。中国将同各方一道，秉持共商、共建、共享原则，推进政策沟通、设施联通、贸易畅通、资金融通、民心相通，实现发展战略对接，深化互利合作，为区域经济发展和民生改善注入强大动力。推进"一带一路"建设，要聚焦"发展"这个根本性问题，释放各国发展潜力，实现经济大融合、发展大联动、成果大共享。

对于中国而言，借助"一带一路"倡议可以不断扩大和深化对外经贸合作，进一步促使中国商品、中国资本、中国标准、中国工程承建团队，乃至中国的发展模式和中国的发展理念等走出国门，走向世界。习近平指出："'一带一路'建设不应仅仅着眼于我国自身发展，而是要以我国发展为契机，让更多国家搭上我国发展'快车'，帮助他们实现发展目标。"① 所以，国际社会广大成员，特别是"一带一路"沿线国家和地区也可以围绕"一带一路"倡议，不断加强对华经贸合作，从中分享中国的发展红利，如中国的发展经验和成果等，其中也包括中国海水稻。

虽然中国对自己研发成功的海水稻拥有完全自主的知识产权，但是，作为一个拥有悠久历史和灿烂文明的国家，作为一个与广大发展中国家有着良好合作基础的国家，作为一个愿意为世界和平与发展发挥积极作用的负责任大国，中国不会独享自己的海水稻研发

---

① 《习近平谈治国理政》第二卷，外文出版社，2017，第 501 页。

成果，而是愿意与国际社会，特别是"一带一路"沿线国家和地区分享中国海水稻的成果。

许多"一带一路"沿线国家和地区，尽管彼此之间存在这样或那样的差异，但在人口增长和粮食安全方面，大多面临同样的压力和挑战。增加粮食生产，拓展粮食增产途径，是摆在它们面前的现实和紧迫的任务。只要拥有闲置的滩涂、荒漠和盐碱地等，且具备其他相应条件，那么，引进和推广中国海水稻，必将对增加粮食产量、保障粮食安全产生正面作用。

一方面，中国除了具备与海水稻直接相关的各种优势（如稻种、水利）外，还具备农业机械生产与研发、农用肥料和药物以及金融等方面的优势，而且在农田水电基本建设等方面拥有丰富的资源。另一方面，不少"一带一路"沿线国家和地区存在粮食增产的现实和紧迫的需要，具备发展海水稻的相应条件和良好前景，但在技术、机械和资金等方面存在短板和不足。在海水稻的种植和推广方面，中国与这些国家和地区可以形成优势互补。所以，中国海水稻与"一带一路"互为机遇。有外国媒体认为，海水稻正成为中国"一带一路"倡议的一项新内容。[1]

七　非洲需要海水稻

习近平指出非洲是共建"一带一路"的历史和自然延伸，是重要参与方。中国支持非洲国家参与共建"一带一路"，愿在平等互利基础上，坚持共商、共建、共享原则，加强同非洲全方位

---

[1] 《海水稻参与"一带一路"意义重大》，《参考消息》2018 年 8 月 28 日，第 14 版。

对接，推动政策沟通、设施联通、贸易畅通、资金融通、民心相通，打造符合国情、包容普惠、互利共赢的高质量发展之路。①

众所周知，非洲是发展中国家最集中的大陆。由于种种原因，特别是过去曾长期遭受西方列强的殖民与掠夺，现今又面临不合理国际秩序的不公平对待，非洲许多国家和地区还非常贫穷落后，不少民众的饥饿问题尚未真正解决。不仅如此，最新数据表明，如今非洲总人口已超过12.85亿，② 而且仍在快速增长。联合国有关报告认为，"非洲人口以其快速增长率而闻名，预计从现在到2050年，全球人口增长的一半以上将出现在该地区"。③ 联合国粮食及农业组织、国际农业发展基金会、联合国儿童基金会、世界粮食计划署和世界卫生组织等五大机构共同发布的《2018年世界粮食安全和营养状况》指出，2017年有近1.51亿5岁以下儿童因营养不良而身材矮小，远低于各年龄段的身高标准，其中非洲和亚洲的发育迟缓儿童人数分别占总数的39%和55%。④

粮食安全一直是许多非洲国家和地区的近忧远虑。埃及《金字塔报》报道说，随着耕地减少、水资源短缺和人口持续膨胀，埃及正面临粮食短缺的挑战。⑤ 为了应对这一挑战，发展农业生产，增加粮食产量，非洲一方面要靠自身努力，另一方面则应该寻求对外合作。

---

① 《习近平：支持非洲参与共建"一带一路"》，新华网，http://www.xinhuanet.com/2018 – 09/03/c_129946035.htm。
② 《非洲人口排名2019》，排行榜网站，https://www.phb123.com/city/renkou/zhou_AF.html。
③ 刘霞：《地球究竟可以承载多少人?》，《科技日报》2018年7月13日，第2版。
④ 韩硕：《全球粮食安全形势不容乐观》，《人民日报》2018年9月17日，第21版。
⑤ 《中国农业科学家在阿联酋沙漠中种出海水稻》，《人民日报》2018年8月14日，第23版。

    非洲南窄北宽，地中海、红海、印度洋和大西洋环绕四周。在非洲 54 个国家中，有 38 个是沿海或岛屿国家，海岸线全长 4.7 万千米。[①] 非洲的盐碱地面积为 8053.8 万公顷（超过 12 亿亩）。[②] 非洲的沙漠面积占非洲总面积的 1/3，世界面积最大的沙漠撒哈拉沙漠就在非洲，其面积约 906.5 万平方千米。非洲大约有一半的地域是干旱、半干旱的气候环境，荒漠面积十分广大。由于非洲大陆受南北两个副热带高压的控制，干燥气候覆盖面积比较大。其中撒哈拉沙漠占据非洲地表面积的 3/10，成为世界上面积最大的沙漠。无论从非洲荒漠面积的绝对数值来看，还是从它所占全洲面积的比例来看，荒漠面积之大、比例之高，在世界各大洲中都居于首位。[③]

    世界银行发布的报告显示，在全球 15 个最缺水国家中，有 12 个位于中东和北非地区。[④] 所以，非洲适合推广海水稻的地方肯定不在少数。非洲可以并需要通过推广海水稻来增加粮食产量，发展农业生产，改善民生。这其中也包括幅员辽阔、人口众多的西非国家和地区。

八　西非地区相关情况

    西非包括西撒哈拉、毛里塔尼亚、塞内加尔、冈比亚、马里、

---

① 郑海琦、张春宇：《非洲参与海洋治理：领域、路径与困境》，《国际问题研究》2018 年第 6 期。

② 《世界盐碱地的分布》，百度文库网站，https：//wenku. baidu. com/view/930d75d33 60cba1aa811da87. html。

③ 姜忠尽：《非洲农业图志》，南京大学出版社，2012，第 7 页。

④ 《中国农业科学家在阿联酋沙漠中种出海水稻》，《人民日报》2018 年 8 月 14 日，第 23 版。

布基纳法索、几内亚、几内亚比绍、佛得角、塞拉利昂、利比里亚、科特迪瓦、加纳、多哥、贝宁、尼日尔、尼日利亚等 16 个国家和 1 个地区，西非面积约 638 万平方千米，约占非洲总面积的 1/5。有关数据表明，西非人口近 3 亿，约占非洲人口 1/3，是非洲人口最多且最稠密的地区。[①]

西非地区大多数国家拥有海岸线。西非的几内亚湾是非洲最大的海湾。几内亚湾西非海岸外的大西洋海湾，西起利比里亚的帕尔马斯角，东至加蓬的洛佩斯角，沿岸国家有利比里亚、科特迪瓦、加纳、多哥、贝宁、尼日利亚、喀麦隆、赤道几内亚、加蓬，以及湾头的岛国圣多美和普林西比。相比非洲其他地区，西非拥有较好的耕地资源。例如，非洲的耕地面积有增长的趋势，其中西非的耕地面积增长尤为明显，这主要取决于西非的地形和地理优势。相对而言，西非是非洲自然条件较为优越的地区，是非洲耕地面积最大的地区，人口密度最大，占非洲 1/5 的土地供养着非洲 1/3 的人。由于人们的发展需要，耕地开发成为必然，其中包括适合海水稻生长的潜在耕地。这些都为中国与西非国家和地区之间的农业合作，包括中国海水稻的商业开发和推广，提供了非常有利的条件。

九 中国与西非可以就海水稻进行合作

中国与西非国家经济共同体（以下简称"西共体"）15 个成员

[①] 《西非地区》，百度网，https://wenku.baidu.com/view/ee50ef2bff4733687e21af45b307e8710 1f6f8e2.html。

国均保持着良好的合作关系。自 2003 年起，中国向西共体派驻大使（由驻尼日利亚大使兼任）。2000 年以来，西共体先后作为观察员列席中非合作论坛历届部长级会议和中非合作论坛北京峰会有关活动。2007 年，西共体委员会主席钱巴斯率团访华。2008 年，中国－西共体经贸论坛在北京召开。2009 年，钱巴斯率团出席在武汉举行的"中国－非洲现代农业项目洽谈会"。这足以证明，中国与西非国家之间的经贸合作早已进行，其中就包括农业合作。[①] 2011年 8 月，中国国家开发银行江苏省分行在洛美与西非开发银行签署协议，承诺为西非地区农业、能源、交通和基础设施等领域项目及当地私营部门的中小企业发展提供支持。[②]

在海水稻方面，中国与西非完全可以实现优势互补和合作共赢。中国拥有一流的研发团队和世界领先的技术，同时也具备资金、设备和管理等方面的优势。更为重要的是，中国愿意以合作的方式与非洲朋友分享这一切。西非和非洲其他地区，既存在增加粮食生产的现实需求，又不乏适合生长海水稻的滩涂、荒漠和盐碱地等，所以海水稻无疑是增加粮食生产的有效途径之一。

中国一直是西非国家和地区的一个重要合作伙伴。农业合作也是中国与西非国家和地区合作的一个重要领域。双方完全可以通过合作，将中国先进、成熟的海水稻种植技术，引进西非国家和地区，并进行推广，使之产生越来越多的经济效益和社会效益。这样既可以为中国—西非农业合作增添新的内容，也可以为西非国家和

① 《中国同西共体关系》，中国外交部网站，https：//www.fmprc.gov.cn/web/gjhdq_676201/gjhdqzz_681964/xfgjjjgtt_682974/zghgzz_682978/。
② 《中国同西非经济货币联盟关系》，中国外交部网站，https：//www.fmprc.cn/web/gjhdq _676201/gjhdqzz_681964/xfgjjjgtt _690298/zghgzz _690302/。

地区的粮食增产和农业发展助力，进而为西非的经济发展和民生改善做出贡献。如何才能通过合作方式在西非国家和地区更好地推广海水稻？中国与西非国家和地区应该把握和注意以下几点。

1. 发挥现有农业合作平台和机制的作用

中国与西非的农业合作由来已久，具有良好的基础，取得了丰硕的成果，而且仍有很大潜力。双方之间已经拥有相应的合作平台和机制，既有双边的，又有多边的；发布过相关合作文件；兴建了若干示范中心：这些都可以为海水稻落户西非国家和地区发挥积极作用。

2. 尽量避开现有农业生产区

这样不仅可以避免对现有农业生产造成诸如争地、争水、争劳动力和争资源之类的负面影响，还有可能培育和打造新的农业生产区。毕竟海水稻可以生长在海边滩涂地和盐碱地，以及沙漠地区，可节省浇灌用淡水，不会大量挤占和消耗常规农业生产所需的资源。

3. 因地制宜

西非地区地域辽阔，自然条件差异较大，即便同是沙漠，也有热带沙漠和温带沙漠之分。所以，在非洲推广海水稻时，应该因地制宜，根据不同自然条件选择不同的海水稻品种，或是培育和研发适合当地生长的海水稻，然后再予以推广。

4. 采用高起点高水平方式进行

海水稻在试种成功后进入推广阶段时，不宜采用传统的小农生产方式，而应该采用高起点、高水平的集约化方式，这样才能形成专业化和产业化。在这方面，中国与西非双方正好可以实现优势互补，通过资源整合实现合作共赢。

5. 酌情用海水稻改良土壤

在粮食问题得到了较好解决的西非国家和地区，可以酌情用海水稻来改良土壤，待其改为良田后，再栽种其他作物。中国曾有不少类似的成功案例。西非国家和地区也可以酌情借鉴中国的成功案例和经验，利用海水稻来改良某些地方的土壤，以便更好地发展农业和经济。

6. 利用和借助其他国际资源

中国与西非就海水稻进行合作，这并非一般性国际合作，也不只是一般的经济项目，它同时也是民生项目，甚至还是扶贫项目。对此，联合国粮食及农业组织，一些国家的基金和慈善团体，以及其他相关国际机构等，甚至某些非政府组织，都是可资利用和借助的。

结　语

由中国水稻专家研发的海水稻已经取得了重大突破，并将进入商业开发和推广阶段。这为中国与西非的农业合作，以及其他中外农业合作，提供了一个新的契机。中国海水稻在进行商业开发和推广的过程中，其意义并不局限于一般性农业合作与经济合作，它还可以被视为防范粮食安全风险的一种努力，尤其是在一些粮食安全问题较为严峻的国家和地区。

"一带一路"是中国向世界提供的"公共产品"。"一带一路"建设秉持的是共商、共建、共享原则，它不是封闭的，而是开放包容的；不是中国一家的独奏，而是沿线国家的合唱。中国支持非洲国家和地区参与共建"一带一路"。虽然中国对自己研发成功的海水稻拥有完全自主的知识产权，但是，中国不会独享海水稻研发成果，而是愿意与国际社会，特别是"一带一路"沿线国家和地区，分享海水稻方面的成果。

在海水稻方面，中国与西非完全可以实现优势互补、合作共赢。中国拥有一流的研发团队和世界领先的技术，同时也具备资金、设备和管理等方面的优势。西非和非洲其他地区，既存在增加粮食生产的现实需求，又不乏适合海水稻生长的滩涂、荒漠和盐碱地等，所以海水稻无疑是增加粮食生产的有效途径之一。因此，中国海水稻完全可以促进中国与西非的农业合作。

The Agricultural Cooperation Between China and West Africa with the Background of "the Belt and Road" Initiative

Wang Nan

Abstract：In 2018，Chinese expert's team on rice went to Dubai in the Middle East for planting Saline-alkali Tolerant Rice. It was successful. This represents a major breakturough in the research and development of Saline-alkali Tolerant Rice by China. The characteristics and advantages of China's Saline-alkali Tolerant Rice show that it has fully met the value and conditions for commercial development and promotion. At present，the problem of food security in the world is still serious，especially in some African countries and regions. China's Saline-alkali Tolerant Rice could play an active and important role in this regarding. China's Saline-alkali Tolerant Rice and the Belt and Road initiative are opportunities with each other, and are becoming a new content of the Belt and Road. Africa is the direction with the historical and natural extension of the Belt and Road initiative. Africa is also an important participant, including West African countries and regions. Agricultural cooperation is an important aspect of cooperation between China and West African countries and regions. Both sides can cooperate in the field of Saline-alkali Tolerant Rice. This will not only add new content to China-West Africa agricultural cooperation, but also contribute to food production and agricultural development in West African countries and regions, so as to promote economic development and people's livelihood improvement there.

Keywords: Saline-alkali Tolerant Rice; Food Security; The Belt and Road; Agricultural Cooperation Between China and West Africa

中国在尼日尔修建铁路的优势分析

张 秦 王 战[*]

摘 要：本文通过分析尼日尔铁路建设的市场需求，以及列举中国在非洲修建高速铁路的优势，从经济学角度分析了中国在尼日尔修建铁路的优势。

关键词：中国；尼日尔；铁路

2013 年，国家主席习近平提出共建"一带一路"的重大倡议，旨在加强沿线各国互联互通伙伴关系，构建全方位、多层次、复合型的互联互通网络，实现沿线各国多元、自主、平衡、可持续的发展。非洲的众多国家为"一带一路"的沿线国，要实现沿线国的互联互通，基础交通设施是关键。在该倡议的框架下，2014 年 5 月，李克强在世界经济论坛非洲峰会上发表了题为《共同推动非洲发展迈上新台阶》的报告，他在该报告中指出，交通基础设施建设是实现非洲经济快速增长的基础。中国和非洲需要并且应该互利合作。

2013 年 10 月，非洲商法协约委员会成员国在瓦加杜古非洲商

---

* 张秦，湖北大学外国语学院讲师，武汉大学非洲研究中心研究员；王战，武汉大学非洲研究中心主任。

法协调组织会议上就讨论过在尼日尔境内修建铁路的相关事宜。
2014 年 4 月 7 日，尼亚美至多索 140 千米路段开工建设。然而在
2018 年 3 月，贝宁政府要求竞标成功的贝宁佩特洛林和法国铁路建
筑公司博洛雷集团从上述铁路建设计划中撤标。目前，尼日尔相关
部门并未确定最终负责铁路项目的相关单位。本文将以尼日尔为研
究对象，一方面，从宏观层面对中国在尼日尔铁路建设投资的可能
性进行分析和梳理，以证明中国在该国投资的前景和潜力巨大；另
一方面，从经济学的技术外溢、规模效应、集群效应和流动性四个
概念来分析铁路对这个国家经济发展的推动作用。

一　尼日尔铁路建设的市场需求

（一）尼日尔共和国概况

尼日尔共和国位于非洲中西部，是撒哈拉沙漠南缘的内陆国，
为世界上最不发达国家（低度开发国家）之一。该国北与阿尔及利
亚和利比亚接壤，南同尼日利亚和贝宁交界，西与马里和布基纳法
索毗连，东同乍得相邻，面积 126.76 万平方千米，2012 年统计人
口 1630 万。1922 年沦为法国殖民地；1957 年获半自治地位；1958
年 12 月成为"法兰西共同体"内的自治国家，称"尼日尔共和
国"；1960 年 7 月退出"法兰西共同体"，同年 8 月 3 日正式宣布独
立。尼日尔实行半总统制。总统为国家元首、行政首脑和武装部队
统帅，通过两轮多数选举产生，任期 5 年，可连选连任一次。总理
为政府首脑，由总统根据议会多数党团的提名人选任命，对议会
负责。

(二) 工农业及资源

农、牧、林业等第一产业是尼日尔最主要的经济部门，2011 年其产值占国内生产总值的 39.5%。全国 80% 以上的居民从事农业，有可耕地 1723.89 万公顷，已耕地 588.29 万公顷。粮食生产不稳定，主要粮食作物有小米、高粱、薯类和豆类等。2000~2005 年畜牧业产值平均占国内生产总值的 13.25%。全国从事畜牧业的人口超过 100 万。畜产品是第二大出口产品，出口值仅次于铀。森林资源贫乏，林业产值约占国内生产总值的 3.8%。[1]

工业基础薄弱，2011 年工业产值占国内生产总值的 14.9%。主要有电力、纺织、采矿、农牧产品加工、食品、建筑和运输业等。[2]

矿产资源比较丰富，已探明铀储量 21 万吨，占世界总储量的 11%，居世界第五位。磷酸盐储量 12.54 亿吨，居世界第四位，尚未开发。煤储量 600 万吨。还有锡、铁、石膏、石油、黄金等矿藏。[3]

(三) 基础设施

尼日尔为内陆国家，境内无铁路交通，主要运输方式为公路、航空和内河运输。公路总长 14660 千米，其中沥青路 3760 千米，占全国公路网的 26%，其余为土路。根据对沿线公路交通的观察，公

---

[1] 《出口西非系列之尼日尔篇》，中非贸易研究中心网站，2017 年 6 月 30 日，http：// news. afrindex. com/zixun/article 9183. html。

[2] 《出口西非系列之尼日尔篇》，中非贸易研究中心网站，2017 年 6 月 30 日，http：// news. afrindex. com/zixun/article 9183. html。

[3] 《出口西非系列之尼日尔篇》，中非贸易研究中心网站，2017 年 6 月 30 日，http：// news. afrindex. com/zixun/article 9183. html。

路客货交通流量较小，基本以客货混载 12 座的中巴车为主。尼日尔河（季节性河流）流经尼日尔境内 550 千米，有小型机动货船通行，雨季可航行较大船只。目前尼日尔没有运输船，只有民用独木舟。[①]

（四）产品的流动

尼日尔主要出口铀、牲畜、洋葱和黄金等。主要出口对象为法国、尼日利亚、加纳和美国。主要进口生产资料、日用品和食品等，主要进口来源地为法国、法属波利尼西亚、尼日利亚和中国。由于尼日尔为内陆国，其进出口物资主要经阿比让、科托努、拉各斯和洛美等邻国港口转运和空运。根据其与邻国的关系、国际等级公路等因素，目前尼日尔进出口货物的运输主要由与布基纳法索连接的 N6 公路承担，进出口公路运距都在 1000 千米以上。[②]

表 1　2006～2010 年尼日尔进出口货物运量统计

单位：万吨

年份	2006	2007	2008	2009	2010
出口	15.44	14.01	18.12	14.09	19.54
进口	105.62	114.86	120.82	133.68	175.27
合计	121.06	128.87	138.94	147.77	194.81

资料来源：《新建铁路尼日尔铁路 NIAMEY 至 YATAKO 段预可行性研究》，中铁第四勘察设计院，2012 年 10 月。

---

① 《尼日尔国家概况》，中非合作论坛网，2009 年 9 月 17 日，http://www.fmprc.gov.cn/zflt/chn/zjfz/fzzl/t584866.htm。

② 《尼日尔：被 7 个国家包围的"西非心脏"》，搜狐网，2017 年 3 月 22 日，http://www.sohu.com/a/129713378_530667。

随着尼日尔社会经济的快速发展、矿产资源的不断开发利用，尼日尔国内生产、生活资料的需求量将迅速增长，优势产业（如农牧业）的出口能力不断提高，既有进出口货物运输通道的能力和质量满足不了这些需求。同时，该国地区间物资流通将日益频繁，该国的公路系统面临更大的压力。

（五）人员的流动

随着尼日尔城市化进程的加快，城市规模的扩大，人民生活水平的提高，国家和地区间经济、文化交流的频繁，旅游业的快速发展，人均出行次数将增加，客运将以较快速度发展。尼日尔的政治、经济、文化和交通中心尼亚美人口约 106 万。[①] 其邻国布基纳法索的首都和最大城市瓦加杜古人口 163 万；阿比让人口 439.5 万，是西非金融、贸易中心，著名的良港，非洲著名旅游城市，为科特迪瓦最大的旅游中心、经济首都。[②] 由于客流吸引范围内城市密集，人口稠密，并且工商业发达，加之沿线有较丰富的资源，因而商业性客流和旅游客流居多。

通过对尼日尔国家概况的综合分析，发现该国有相当多的农业、工业和矿产资源，但基础设施的不足，尤其是交通设施缺乏，造成了物品和人员流动性较差。因此轨道交通建设，尤其是高铁具有较大的市场潜力。中国的高铁是能够满足这种市场需求的。

[①] 《尼日尔国家概况（2019 年 4 月）》，中国外交部网站，https://www.fmprc.gov.cn/web/gjhdq_676201/gj_676203/fz_677316/1206 678332/1206x0_678334/。

[②] 《科特迪瓦 2014 年全国人口普查详细统计结果出炉》，中国商务部网站，http://ci.mofcom.gov.cn/article/jmxw/201502/20150200897022.shtml。

二　中国高铁的竞争优势

（一）技术优势

据国际铁路联盟统计，截至 2013 年底，世界其他国家和地区高速铁路总营业里程 11605 千米，在建高铁规模 4883 千米，规划建设高铁 12570 千米。同期，中国高速铁路总营业里程达到 11028 千米，在建高铁规模 1.2 万千米，中国高铁的营业里程已占世界总里程的一半。[1] 目前，中国可以说已经成为世界上高铁系统技术最全、集成能力最强、运营里程最长、运行速度最快、在建规模最大的国家。近年来，中国在高铁技术方面申请的专利也是日渐攀升，已经达到了 2000 件。在中国高速铁路技术专利申请中，国内申请人占据了 70%，其次是来自日本、美国、欧洲的申请人，分别占到了 13%、8%、7%。[2]

2013 年，中国铁路完成旅客发送量 21.06 亿人次，其中高铁线发送旅客 5.3 亿人次，比重超过 25%。[3] 中国高铁的快速发展也为世界高铁发展注入了新的活力，展示了多样化的技术经济优势。

全国铁路第六次大面积提速后，时速 200 千米线路延展里程达到 6003 千米。从时速 160 千米提高到时速 200 千米后，列车控制系

---

[1] 《价格下降　竞争力更强　中国高铁加速驶向全球市场》，中国经济网，2014 年 10 月 27 日，http：//www.ce.cn/cysc/jtys/tielu/201410/27/t20141027_3781556.shtml。

[2] 《我国高铁总营业里程达世界一半》，新浪网，2014 年 3 月 6 日，http：//news.sina.com.cn/c/2014-03-06/033029633711.shtml。

[3] 《中国高铁总里程达 11028 公里占世界一半》，中国经济新闻网，2014 年 3 月 6 日，http：//www.cet.com.cn/cjpd/jjsj/1126883.shtml。

统、牵引制动系统、车体外形、系统集成等都要因为这 40 千米时速的提升而做出质的改变。为此，铁路部门引进国外动车组先进技术，消化吸收再创新，打造了时速 200 千米及以上国产动车组制造平台。动车组指的是列车的类型，亦称"多动力单元列车"，是铁路列车的一种。它是自带动力、固定编组、两端均可操作驾驶、穿梭运行的旅客列车。

庞大的高铁路网和相对较低的建设和运营成本是中国高铁引以为傲的优势之一，世界银行驻中国代表处于 2014 年 7 月发表的一份关于中国高铁建设成本的报告指出，中国高铁的加权平均单位成本是：时速 350 千米的项目为 1.29 亿元/千米；时速 250 千米的项目是 0.87 亿元/千米。而国际上，高铁建设的成本多为每千米 3 亿元以上。[1]

(二) 国际化优势

中非铁路合作有悠久的历史渊源，始于 20 世纪六七十年代由中、坦、赞三方合作建成的坦赞铁路。该铁路是连接坦桑尼亚与赞比亚两国的钢铁大动脉，东起坦桑尼亚达累斯萨拉姆，西至赞比亚中央省的卡皮里姆波希，与赞比亚原有的铁路接轨，全长 1860 余千米。这条铁路的建成有力促进了坦赞两国民族经济的发展，在当时对于加快整个非洲的解放进程功不可没。这条非洲人民的自由之路，已经成为中非友谊的坚实桥梁。

2010 年，铁道部就已与泰国、老挝、阿根廷、哥伦比亚、

---

[1] 齐中熙、樊曦：《中国高铁造价 1.29 亿/公里　国际上普遍超 3 亿》，城市吧，2014 年 7 月 19 日，http://www.city8.com/tieluditu/1619877.html。

保加利亚、黑山、斯洛文尼亚、土耳其等国的主管部门以及部分国外铁路设备企业分别签署了高铁合作协议。自 2010 年至今，中国与非洲国家还签署了包括乍得铁路、尼日尔铁路等在内的多个铁路项目。

2014 年 5 月 8 日，埃塞俄比亚至吉布提铁路，在埃塞俄比亚境内的德雷达瓦市开始铺轨。该铁路西起埃塞俄比亚首都亚的斯亚贝巴，东至吉布提共和国吉布提港，全长 740 千米、时速 120 千米，总投资达 40 亿美元，由中国进出口银行提供部分优惠贷款，并由中国企业总承包建设。[1] 这条电气化铁路全部采用中国标准，从设计、施工、监理到轨料、施工装备、通信信号和电气化设备、机车车辆等，全部使用中国产品。作为东非地区首条现代化跨境铁路，项目建成将对整个东非地区的发展产生重要影响。

2014 年 5 月，中国铁建旗下中国土木工程集团与尼日利亚交通部签订尼日利亚沿海铁路项目框架合同，总金额达 131.22 亿美元，刷新了中国对外承包工程单体合同额最高纪录。[2] 该项目起点为尼日利亚经济中心拉各斯，终点为东南部城市卡拉巴，途经尼日利亚沿海地区的 10 个州，穿越整个尼日尔三角洲产油区，线路全长 1385 千米，设计时速 120 千米，全线设 22 个车站，全部采用中国标准建设。[3] 这一铁路的建设也将为中国同非洲的高铁合作带来极

---

[1] 《"中国记"铁路在非洲大陆延伸》，凤凰网，2014 年 5 月 9 日，http://finance.ifeng.com/a/20140509/12298042_0.shtml。

[2] 《中国铁建 131 亿美元签约尼日利亚沿海铁路项目》，国务院国有资产监督管理委员会网站，2014 年 5 月 8 日，http://www.sasac.gov.cn/n1180/n1226/n2410/n314289/15888495.html。

[3] 《中国铁建 131 亿美元签约尼日利亚沿海铁路项目》，凤凰网，2014 年 5 月 8 日，http://finance.ifeng.com/a/20140508/1289381_0.shtml。

大的示范作用。

2014 年 7 月 25 日，连接土耳其首都安卡拉和最大城市伊斯坦布尔的高速铁路二期工程顺利实现通车。安卡拉至伊斯坦布尔高速铁路全长 533 千米。2005 年，由中国铁建和中国机械进出口（集团）有限公司牵头组成的合包集团成功中标二期主要路段，中标路段全长 158 千米，合同金额 12.7 亿美元，设计时速 250 千米。[①] 根据土耳其交通部提供的数据，目前安卡拉至伊斯坦布尔铁路客运量仅占总量的 10%，高铁开通后预计客运量占比将提升至 78%。[②]

（三）中国和尼日尔的合作优势

1. 政治关系

中国与尼日尔于 1974 年 7 月 20 日建交。1992 年 6 月 19 日尼日尔过渡政府宣布同台湾当局"复交"，7 月 30 日中国政府宣布中止与尼日尔外交关系。1996 年 8 月 19 日中尼复交。此后两国关系得到迅速恢复和发展。

2. 经贸关系和经济技术合作

1974 年至 1992 年，中方共承建农业合作、特腊水库、埃尔地区打井、农具车间改造、蒂亚吉埃尔下垦区、综合体育场、沼气项目、加亚垦区等项目。1996 年中尼复交后，中方又完成恩东加节制闸工程、修复特腊水库部分设施、社会住宅建设、体育场维修、尼亚美大学教室和纺织印染厂扩建、津德尔市政供水工程等项目。目

---

① 范珣：《中企参建安卡拉－伊斯坦布尔高铁二期工程实现通车》，国际在线网，2014 年 7 月 26 日，http：//gb.cri.cn/42071/2014/07/26/6071s4629983.htm。

② 范珣：《中企参建安卡拉－伊斯坦布尔高铁二期工程实现通车》，国际在线网，2014 年 7 月 26 日，http：//gb.cri.cn/42071/2014/07/26/6071s4629983.htm。

前正在实施的有尼日尔河三桥和体育场技术合作等项目。

两国签有经济贸易合作协定，设有经贸合作混委会，2002 年 9 月在尼日尔举行了混委会第二次会议。2006 年 7 月在北京举行了混委会第三次会议。2007 年两国贸易额为 3078 万美元，同比减少 57.7%，几乎全部为中方出口。中国主要向尼日尔出口纺织品、机电产品和茶叶。

中国公司于 1988 年进入尼日尔承包劳务市场，已完成尼亚美古代尔水坝、古代尔坝船闸、中尼合资纺织印染厂仓库扩建和车间土建等工程，主要涉及电信、打井等领域。

3. 文化、教育、卫生、军事交往与合作

中尼两国政府签有文化和教育合作协定。自 1978 年起中国向尼日尔提供奖学金名额，目前尼日尔有在华留学生 33 人。[1]

两国签有中国向尼日尔派遣医疗队议定书。中国自 1976 年起向尼日尔派遣第一批医疗队员 29 人，截至 1992 年共派出 8 批医疗队员。两国复交后，中方于 1996 年 12 月恢复向尼日尔派遣医疗队。第 20 批于 2018 年 1 月抵尼，在尼亚美综合医院工作。[2]

2010 年 8 月，中国国际广播电台调频节目在尼日尔马拉迪、津德尔和阿加德兹正式开播。

三 从经济学角度分析铁路建设给该国带来的效益

物理学中的重力模型是指两个物体之间的作用力与两个物体的

---

① 《尼日尔简介》，百度百科，https：//baike. so. com/doc/1918284 - 2029561. html。
② 《中国同尼日尔的关系》，中国外交部网站，https：//www. fmprc - gov. cn/web/gjhaq676201/gj - 676203/fz - 677316/1206 - 678332/sbgx - 678336/。

质量成正比，与物体间的距离成反比。Tinbergen 和 PÖynÖhen 通过实证研究发现，两国之间的贸易量与两国 GDP 成正比，与两国之间的距离成反比。[①] 基于此，重力模型成为分析贸易流量和流向的重要工具。1995 年，MaCallum 利用重力模型研究发现的"边界效应"（border effect），更是给空间经济学的发展带来了突破。空间经济学研究的是空间的经济现象和规律，研究生产要素的空间布局和经济活动的空间区位。借助空间经济理论，我们可以进行如下探讨。

（一）经济辐射效应

经济辐射效应是指以中心城市为经济发展的基点，通过资金、技术、人才等生产要素的流动，将经济、文化、科技、教育、人才等优势资源辐射扩散到周边地区，带动周边地区经济、文化、教育、科技等的全面发展。

尼亚美是非洲中西部国家尼日尔的首都和最大城市，全国的政治、经济、文化和交通中心，人口约 100 万。尼亚美主要工业企业有农牧产品加工、纺织、水泥、制鞋、铝制品、电力、农业机械、制药和饮料等，国内一半的企业设在尼亚美。尼亚美还是尼日尔的主要对外贸易口岸，主要出口铀矿砂、牲畜、皮革和农产品。

尼亚美是全国交通中心，全国对外经济联系大部分经此城市。它是多条公路交会点，除通向国内主要城市以及贝宁、尼日利亚和布基纳法索等邻国的公路外，还有穿越撒哈拉沙漠的公路，可通往

① 史朝兴、顾海英：《加入 WTO 对中国双边贸易增长贡献的实证研究——兼论影响中国双边贸易增长的因素》，《财贸研究》2006 年第 3 期。

阿尔及利亚等国。市郊有国际机场，可起降大型客机。尼亚美是全国重要河港，尼日尔河每年 10 月至翌年 3 月可通航小船。

泰拉（Tera）是尼日尔西南部的城市，由蒂拉贝里大区负责管辖，位于首都尼亚美西北 175 千米的尼日尔河支流河畔，毗邻布基纳法索。居民以农民为主，2010 年人口 58 万，城区人口约 15 万。①

多索市距离尼亚美市 130 千米。面积 31000 平方千米，占国土面积的 2.45%。人口约为 1477090，人口增长率为 3.6%。境内有尼日尔河流过，森林资源占全国森林资源的 18%，土地肥沃。周围为谷物、棉花、花生和粟子产区。是农牧产品贸易中心，有花生加工、制砖和鞣皮加工等工厂。

尼亚美向东贯穿国境的公路干线和南入贝宁、尼日利亚的公路在此交会，并有飞机场。沿线 200 千米范围内，除尼亚美有较落后的产业外，其他城市的发展水平都很低，主要以农牧业为主，经济活动基本依赖进口，且沿线没有运量较大的资源开发项目。

城市辐射效应的发挥需要两个前提条件，即辐射内容和辐射媒介。辐射内容包括资金、人才、技术等生产要素。尼亚美与全国的其他城市相比较，已经具备了该前提条件。辐射媒介是指生产要素流通的渠道，包括交通、信息、网络等。在尼日尔建设高铁项目可以将首都尼亚美及其周边城市有机联系起来，通过发展尼亚美的地域资源及文化等优势，有效地带动其周边城镇的发展。铁路具有运量大、速度快、安全性高、能耗低等优势，可以带动多索与泰拉地区农牧业的发展，利用多索与邻国贝宁及尼日利亚交通的地理优

---

① 《尼日尔国家概况（2019 年 4 月）》，中国外交部网站，https：//www.fmprc - gov.cn/
web/gjhaq676201/gj - 676203/fz - 677316/1206 - 678332/sbgx - 678336/。

势，同时发挥首都尼亚美资源和文化优势，可以加强地域间货物与人员的流通，提升整个区域内的产业结构水平，提升区域内城市基础设施水平，加强区域内的经济合作。随着尼日尔城市化进程的加快，城市规模的扩大，人民生活水平的提高，国家和地区间经济、文化交流的频繁，旅游业的快速发展，铁路带来的辐射效应将更加明显。

（二）规模经济效应

规模经济效应，是指随着规模的扩大，生产成本和经营费用都得以降低，从而能够取得一种成本优势。其反映的是生产要素的集中程度同经济效益之间的关系。

尼日尔国内近一半的企业设在尼亚美。其中，支撑该国经济的农牧业的加工地也大多在尼亚美。原材料大部分是由尼亚美附近方圆 200 千米范围内发展水平较低的城市供应。目前，尼日尔农牧业生产的特点是自给自足，农牧业家庭需求决定生产规模，当地人往往将家庭剩余的农牧产品拿到市场上出售。但是恶劣的环境条件——高温、雨量少、低肥力——限制了农牧业发展的数量及范围，并且由于缺乏足够的基础设施和便利的连接网络，农牧业产品不能及时且大规模地运到市场。

尼日尔的出口农作物主要为洋葱，但事实上，尼日尔整个农作物的出口都经历了下降过程，从而使出口总量下降。洋葱占农作物总出口量的 80% 以上，而小规模的洋葱种植者一直难以从他们的工作中获得利润，由于缺乏储存工具和基础设施，他们必须将洋葱在市场饱和、价格低廉的时期就近出售。

尼日尔牲畜贸易的基础是活的牲畜，因此，在牲畜营销渠道中主要增值方式是把牲畜从一个位置或所有人手中转让给另一人，包括收藏家、中介机构、市场协会、国外贸易商，以及其他参与者。在国内市场，这主要涉及陆路贸易，也就是公路贸易。牲畜从农场大门和收集市场等主要前沿市场交易给小商小贩。跨界部分主要涉及动物通过边境的牲畜市场。终端市场的大牲畜交易一次一卡车，至少装载 35 头牛。可想而知，公路载体的局限性使得这种交易规模不会很大。

撒哈拉地区国家的牲畜业在全球范围内都保有价格优势（每吨 1500 美元）。尼日尔由于具有一个非常好的发展畜牧业的农牧区，该国在畜牧业养殖和出口方面与周边沿海国家相比，应该具有极强的竞争优势。但事实是，尼日尔牲畜的出口量并未增加，原因是这个传统产业的生产活动一直保持着游牧方式，缺乏专业性。并且由于基础设施的不足，农民想要将他们的商品销售到市场上，要消耗很高的运输和时间成本，从而在很大程度上限制了农产品交易量，使得产品的鲜活度下降、牲畜的质量和重量下降、皮质下降，导致整体收益下降，并导致该国的农牧产品加工活动一直处于初级阶段。该国是内陆国，没有铁路系统，主要道路的网络比邻国小很多，农村网络要更小，特别是农村人口或耕地少的地区。投资畜牧业生产，建立密集型生产区肯定会带来经济的增长。对于农民是否能够及时进入市场，基础设施的建设显得尤为重要。

尼日尔畜禽贸易一般从农场大门和乡村市场收集动物，然后转向二级市场，或在边境或其他较大城镇的市场重新集结，再将牲畜按性别和年龄分成不同类别，最后输送到位于国家各个省会城市的终端市场。首都尼亚美是全国最大的农牧产品终端市场，收购而来的畜禽产品一方面要供其自身人口的需求，另一方面还要出口到其他国家。因而每年都有大量的农牧产品输入尼亚美。

目前，尼日尔的运输方式只有公路、航空和内河运输三种方式，其中，航空运输成本过高且航线较少，内河运输受到季节的限制，国内农牧产品的运输只有依靠公路。多索和泰拉是主要的农牧业生产地，其作物一般通过公路运往尼亚美进行加工，同时尼亚美出口货物也只能通过公路转铁路的方式运往国外。但公路路况及运量的限制，及其运输成本的高昂，限制了该经济区域内货物的流通能力。铁路的建设将改善目前的状况，其故障率低、运输成本相对于公路较低廉等优势可以满足尼亚美对原材料供应量和供应时间的需求。

（三）集群效应

产业集群（industrial cluster）是指在某一特定领域中，大量产业联系密切的企业以及相关支撑机构在空间上聚集，并形成强劲、持续竞争优势的现象。1990 年迈克尔·波特在《国家竞争优势》一书中首先提出用产业集群一词对集群现象进行分析。区域的竞争力对企业的竞争力有很大的影响。波特通过对 10 个国家的考察发现，在所有发达的经济体中，都可以明显看到各种产业集群。

农牧业是尼日尔最主要的经济部门，全国 80% 以上的居民从事农业。全国从事畜牧业的人口超过 100 万，畜产品是第二大出口产品。[①] 首都尼亚美也是全国重要的农产品加工地，其原材料农牧产品由大型收购商从全国各地小型批发商或农户收购而来，由工厂加工后再销往国外。

① 《尼日尔：世界产铀大国》，《湖南日报》2019 年 6 月 18 日，第 3 版。

　　尼日尔生产的皮革和毛皮主要出口到欧洲。制革厂生产的上限为每年 5 万 ~600 万张皮，接近尼日尔的总生产能力，可提供大量出口品到欧洲市场。这项工业活动和传统制革厂的现代化涉及山羊皮和绵羊皮的后续加工，而高产的牲畜量使得这项活动的进行有了保障。尼日尔的皮革和毛皮行业的扩大和发展具有重大潜力，这一方面是因为该国牲畜具有高质量的毛皮，另一方面是由于其悠久的传统工艺。尼日尔国内的皮革和毛皮工匠往往受过良好的训练，这使得该国的皮革质量多年来在欧洲享有盛誉。①

　　设在首都尼亚美的牛奶加工公司的牛奶产量几乎达到国内需求的 50%。其主要还是通过收集附近的牛奶来加工生产。由于缺乏基础设施，从遥远地区收集牛奶是这一行业的主要障碍。

　　铁路的修建将缩短原材料到达工厂的时间，并且与其他出口国铁路连接线的建成将减少供应成本，提高产品的竞争能力，使得产品的需求日益增加，业务往来更加密切，信息交流、科技扩散更加迅速。农牧业所涉及的各个行业机构为了满足消费者多样化的需求，都要在这个链条上的各个环节协作和配合。

　　铁路的修建将大大缩短时空距离，加速市场经济的发展，优化资源配置，发展规模经济，提高整体效率，改善投资环境，增大对外的吸引力。尼日尔铁路的建设，特别是首都尼亚美及农牧产品丰富的周边地区的铁路建设，会使更多的企业在交通干线地区聚集，使得交易费用和运输成本降低，吸引更多的企业到此区域投资，从而促进产业集群的形成和发展。因此，与农牧产品相关的产业会在

---

① Zakari Seydou, "Niger Agricultural Production and Trade: Situation and Prospects", *Research Paper*, October, 2008.

铁路沿线地区聚集和扩散，促使铁路沿线地区形成一个最发达、最繁荣的极具活力和实力的经济发展增长轴。

（四）流动性带来的竞争优势

一个国家内各要素充分流动是该国经济快速增长的前提，其中包括人流、物流、资金流及信息流。支撑这四大流的基础设施则是畅通的区域交通网。之前，我们提到了洋葱是尼日尔最重要的农产品，其出口量占该国农产品出口总量的80%以上。① 表2是目前洋葱在尼日尔销售市场上的成本结构。

表2 尼日尔洋葱销售市场成本结构

单位：西非法郎

成本项	成 本
交易费用及收费	—
洋葱购买	1320000
套装	132000
封塑	16500
装车＋市场税	150000
交通运输（Niamey – Abidjan）	1155000
产品质量认证	150000
资料和护送费	316000
卸车	33000
损失（20袋）	80000
总数	3352500
每麻袋价格（阿比让）	13000
净回报	677500

注：以最终市场在阿比让每卡车装35吨货物为标准获得的数据。
资料来源：尼日尔食品与营养研究所，INRAN。

① Zakari Seydou, "Niger Agricultural Production and Trade: Situation and Prospects", *Research Paper*, October, 2008.

阿比让是尼日尔邻国科特迪瓦最重要的自治港。从表2我们清楚看到，洋葱在销往国外的过程中其营销成本占总成本的比例过高。如果有其他国家可以降低洋葱在科特迪瓦出口的营销成本，那么尼日尔洋葱可能会丢掉这一市场。而这种高营销成本中很大一部分是由交通运输所产生的费用。

目前，尼日尔出海运输主要通过三条国际干线。

贝宁线：尼亚美至科托努港1060千米，其中尼亚美至贝宁的帕拉库以公路相连（622千米），帕拉库至科托努港（438千米）既有公路又有铁路。

布基纳法索线：可分两路，一是从尼亚美到布基纳法索东部的法达恩古尔马，然后由法达恩古尔马南下至多哥的洛美，均为公路，全长1245千米；二是通过公路由尼亚美到瓦加杜古（全长540千米），然后转铁路由瓦加杜古到阿比让（全长1145千米）。

尼日利亚线：由公路从尼亚美经马拉迪到尼日利亚的卡诺，然后转铁路到拉各斯。

尼日尔出口农牧产品到阿比让必须通过公路由尼亚美到瓦加杜古，然后转铁路到阿比让。其中，公路全长接近总路程的三分之一。

综合考虑当地的经济形势、铁路客货运成本，以及尼日尔当地居民出行承受能力，并根据相关施工单位对尼日尔铁路建设可行性分析的经济评价结果，货运的单价成本为：公路货运每吨每千米0.249美元；铁路货运每吨每千米0.135美元。由此，我们可以看到，铁路货运的运价远远低于公路货运的运价。通过铁路降低交易成本将增加交易量，增加贸易商和生产商的经济利益，同时通过增加贸易量促进区域贸易一体化是可行的并极具说服力的。许多研究证明，不完善的营销系统会增加交易成本，从而导致失去竞争力。例如，农民可能宁愿在附近农场就地出售也不愿将其货品运到遥远的市场进行交易，以免增加交易成本。这种情况可能会降低生产者生产该产品的积极性。

尼日尔属于内陆国家，国土面积大，只有铁路以其运距长、连续性强、规模大等特点，才能将全国经济有机地联结起来，并可延伸至邻国海港，突破地域对国家和国民经济整体性和联系性的空间阻隔。科特迪瓦的阿比让自治港是本项目的主要基石。它是西非最具活力的港口之一。尼日尔铁路建设的推进可以更好地适应尼日尔日益增加的进出口运输量，增强当地农牧业活动的竞争力。

随着尼日尔城市化进程的加快，城市规模的扩大，人民生活水平的提高，国家和地区间经济、文化交流的频繁，旅游业的快速发展，人均出行次数将增加，客运将获得快速发展。同时，将会使一大批劳动力从偏远贫穷地区向较发达地区流动，降低劳动成本，增强企业的竞争力。

结　论

根据《西非国家经济共同体铁路连接可行性研究》，卡亚—多里—尼亚美段铁路连线是西非国家经济共同体总体规划中的路线之一，全长约 1646 千米，连接了尼日尔的首都尼亚美，布基纳法索的首都瓦加杜古和科特迪瓦的商业中心、主要海港阿比让，为尼日尔提供了一条通往海港的铁路，其中卡亚至阿比让段为既有铁路。同时，随着尼亚美至考拉纳莫达（尼日利亚）、尼亚美至帕拉库（贝宁）、尼亚美至布里塔（多哥）铁路的建设，以及尼日尔国家铁路骨架网络的形成，其出海口不断增加，该项目可承担至其他线路的运量。

卡亚—多里—尼亚美段铁路连线项目同时也是西非铁路网建设和西非国家经济共同体发展的需要，西非国家经济共同体是目前非洲最大的区域性经济合作组织之一。该项目是西非国家经济共同体铁路网中 18 条线路的一部分，高铁是现代高新科技的结晶，其项目建设不仅能大幅度提高交通运输能力，同时具有强大的产业拉动能力。按照高铁每投入 1 元就会带动其他产业 10 倍投资的测算，尼日尔的铁路建设可有力带动其他产业的投资。该项目的建设可以将现有的铁路网连接成一个统一的整体，从而将成员国紧密联系起来，将在方便人流、物流的同时，为扩大内需提供运输支撑，带动相关产业转型升级，带动铁路沿线地区的经济社会发展。以上的分析，可以证明中国在尼日尔建铁路是完全有可能的，并且会带给该国较大的经济利益。

Analysis of the Advantages of China's Railway Construction in Niger

Zhang Qin   Wang Zhan

Abstract：Analyzing market demand for the construction of national railways in Niger, and listing the benefits of China's high – speed railway construction in Africa, this article analyzes China's advantages in building railways in Niger from the perspective of economics.

Keywords：China; Niger; Railway

布基纳法索经济现状、地缘政治
与中布合作潜力

张振克 刘立涛 任 航 褚蔚霖[*]

摘 要： 布基纳法索位于低缓的高原，属热带草原气候；经济以农业为主，种植业规模不断扩大，畜牧业在衰退；矿产资源较为丰富，黄金分布广、产量大，锰矿、铜矿、锌矿也有一定规模，发达国家矿业公司介入较多。作为一个内陆国家，它与多个国家毗邻，地缘战略位置重要，国内和邻国矛盾均会对布基纳法索经济社会发展构成威胁。在中非发展合作背景下，基于复交基础上的中布合作具有重要的现实意义。在综合分析布基纳法索经济地理现状的基础上，本文认为中布在农业发展合作方面潜力巨大，前景可期；交通基础设施建设和供水合作需求也比较旺盛；矿产资源开发领域既具有合作潜力，也面临风险和国际竞争压力。

关键词： 中布合作；地缘政治；布基纳法索

布基纳法索属西非内陆国家，2019 年人口约 2000 万人，面积

---

[*] 张振克，教授，南京大学非洲研究所所长，南京大学华智全球治理研究院非洲研究中心主任；刘立涛，副教授，南京大学非洲研究所副所长；任航，南京大学国际关系学院博士生；褚蔚霖，南京大学外国语学院博士生。

约 27.42 万平方千米，西北与马里接壤，南部和科特迪瓦、加纳、多哥、贝宁为邻，东北部的邻国是尼日尔。① 布基纳法索为法国前殖民地，1960 年独立之后的国名为"上沃尔特"，1984 年更名为"布基纳法索"，含义是"有尊严的国土"。② 瓦加杜古（Ouagadougou）是布基纳法索的首都和最大城市，位于布基纳法索的中部。布基纳法索作为一个不发达的非洲内陆国家，自然资源较为丰富，农业经济占主导地位，经济发展潜力巨大。重新融入中非合作的大家庭之后，布基纳法索和中国之间的合作将进一步加强。本文根据国际机构的统计数据，对布基纳法索的地理环境、自然资源、社会经济情况进行综述，对布基纳法索的地缘政治环境和中布合作的潜力及优先领域进行分析，有助于推进中布合作在新的起点上高质量持续发展。

一　布基纳法索地理环境

布基纳法索地貌以低缓的高原为主，海拔 400 米左右，以热带草原气候为主，北部自然景观为草原，南部逐渐过渡到稀树草原或森林草原景观。布基纳法索大部分地区年降水量为 500～1000 毫米，南多北少。布基纳法索在起伏和缓的西非高原上，地势向南倾斜，水系分为向南流动的沃尔特水系和向东流动的尼日尔河水系。因为地处热带，地表发育了红壤，但旱期的漫长和雨季的冲刷，造成土

---

① Burkina Faso population 2019, http://worldpopulationreview.com/countries/burkina - faso - population/.

② 布基纳法索一词来自当地摩西语的"burkina"（意为"正人君子、有尊严的人"）和班巴拉语的"faso"（意为"国家"、"土地"）。

壤十分贫瘠，对农业生产不利。因为雨季和旱季交替，地表流水侵蚀严重，岩石出露的高地，在侵蚀作用下形成了独特的水平岩层地貌景观。布基纳法索北部因为靠近撒哈拉沙漠，每年的 2 ~ 4 月最容易出现沙尘暴。

布基纳法索大部分国土位于沃尔特河水系的上游。沃尔特河的三个重要支流均发源于布基纳法索境内，布基纳法索境内主要河流有穆温河（Mouhoun，也称"黑沃尔特河"）、纳康伯河（Nakambé，也称"白沃尔特河"）和纳齐农河（Nazinon，也称"红沃尔特河"），三条河流均汇入沃尔特河，经加纳汇入大西洋。由于季节变化，旱季几乎所有的支流都会发生断流。地表干旱，加上布基纳法索有很多贫瘠的土壤，农业发展面临巨大的环境挑战。布基纳法索的气候具有季节差异明显、光照强烈、炎热干旱的特点。布基纳法索的北部是半干旱的草原气候，也称"撒哈拉地带"，有 3 ~ 5 个月的雨期，但降水没有规律，降水量也很少；南部地区气候为热带的湿润和干旱交替的类型，温度和降水的变化大，降水总量比北部大。布基纳法索可以分为四个季节：干冷季（11 月中旬到次年 2 月中旬），温度在夜间可以降到 16℃；干热季（2 月中旬到 6 月），最高温度可以达到 40℃，来自撒哈拉沙漠的沙尘暴常常袭击布基纳法索；雨季为 6 月到 9 月；过渡季节从 9 月到 11 月中旬。布基纳法索年均降水量，南部为 1000 毫米，北部为 250 毫米，由南到北逐渐减少。

布基纳法索的动植物资源丰富，北部是萨瓦那稀树草原，多刺的灌木和其他矮小的树木在雨季会呈现繁盛景象，南部多刺的灌木和星散分布的树林在河流两岸尤为密集。布基纳法索有一种神奇的乳油木树（shea tree），也称"非洲酪脂树"，果实可以用来加工制作肥皂以及食用植物黄油。乳油木树地位神圣，人们不上树采摘其果子，亦不会摇晃树身或砍伐树木，只会围在树下收集从树上掉落的熟透的果子。

布基纳法索的野生动物有水牛、羚羊、狮子、河马、大象、鳄鱼、猴子以及众多的鸟类和昆虫。众多河流中的鱼类种类繁多。丰富的动物资源是布基纳法索国家公园的资源基础，比较有名的国家公园有南部的"Po"、东南部的"Arly"以及与贝宁和尼日尔相连的"W"。

二　布基纳法索的经济社会状况

布基纳法索属低收入国家，根据2017年联合国开发计划署人类发展指数，该国在186个国家中排名第183。[1] 在过去的十年里，该国经济有了很大的增长。经济在很大程度上依赖于农业、林业和畜牧业以及矿产资源的开发。贫困在布基纳法索特别是农村地区依旧十分严峻，人均国内生产总值仍然是世界上最低的国家之一。经济极易受到气候和经济环境等外部冲击的影响，包括矿产、粮食和石油价格的波动以及棉花贸易条件的恶化。

（一）劳动力资源：人口增长迅速，农业人口占比大

布基纳法索2019年初总人口为2000万[2]，有若干个部族，其

---

[1]　Burkina Faso—Human Development Index, https：//countryeconomy.com/hdi/burkina - faso.

[2]　Burkina Faso population 2019, http：//worldpopulationreview.com/countries/burkina - faso - population/，访问日期：2019年3月12日。

中以莫西人（Mossi）为主（占总人口的 52.5%），其次是弗拉尼人（Fulani）、戈马人（Gurma）、博博人（Bobo）等。该国有61.6% 的人口信奉伊斯兰教，其次是信奉天主教的，占 23.2%，新教徒占 6.7%，其余极少数人口信奉布基纳法索的传统宗教。2017年布基纳法索城市人口占 31.5%，农村人口占 68.5%。① 布基纳法索人口分布不均衡，在首都瓦加杜古，主要是莫西人。作为首都，瓦加杜古有一些大公司的总部，同时它也是国际对非援助的中心城市。人口主要分布在东部和中部地区，占全国总人口的一半，其余地区人口分散居住。农村人口占四分之三，主要居住在远离河岸的高地，在沃尔特河两岸很少有人开发居住，主要是因为这里蚊虫多，其中舌蝇会带来嗜睡病，有的蚊虫还会造成盘尾丝虫病，使人视力锐减，甚至致盲。总体上看，布基纳法索经济发展的劳动力资源比较充裕，新生人口多、人口结构年轻化，消费市场潜力大。

（二）农业经济占据主导地位

布基纳法索 90% 的人口从事种植业和畜牧业。在干旱的影响下，落后的经济让农村人口生存更加困难，所以人口向城市的迁移现象明显，也有人口向环境条件好的加纳和科特迪瓦迁移。布基纳法索有一百万以上的劳动力到邻国务工。21 世纪初，科特迪瓦的战乱导致布基纳法索的失业问题更为突出。布基纳法索的工业经济发展具有规模小的特点，由于布基纳法索是内陆国家，距离海洋远，增加了国际贸易的成本。从 20 世纪 90 年代开始，政府鼓励国有企

---

① Burkina Faso population 2019，http://worldpopulationreview.com/countries/burkina-faso-population/，访问日期：2019 年 3 月 12 日。

业吸引海外投资，推动工业、矿业发展，但农业依然是布基纳法索主要的经济部门。

农业在布基纳法索地位重要，不仅有粮食作物，也有重要的经济作物，棉花、甘蔗、乳油木果、芝麻等是主要的出口农产品，高粱、小米、玉米、花生和大米则主要供当地人食用。Fonio（一种种子被作为谷物食用的杂草）、木薯、甘薯和豆类也会被种植。畜牧业是主要的收入来源之一，饲养的动物包括牛、绵羊、山羊、猪、驴、马、骆驼、鸡、鸭等。

2012 年，农业贡献了 GDP 的约 30%，雇用了超过 90% 的劳动力。① 农业主要以不到 5 公顷的私人小规模农场为主，其主要产品是高粱、小米、玉米（产量最多）和棉花（最具价值）。在黄金开采热潮之前，棉花是主要出口商品，约占出口收入的 60%。2012 年，棉花的出口收入只占不到 15%，尽管如此，布基纳法索仍然是非洲主要的棉花生产国和出口国之一。棉花是布基纳法索经济的核心，为 15%~20% 的在职劳动力提供收入，直接或间接支持了近一半人口的经济来源。

布基纳法索的农业生产总值从 2016 年的 9852 亿西非法郎下降到 2017 年的 9460 亿西非法郎。从 1990 年到 2017 年，布基纳法索的生产总值平均为 6895.4 亿西非法郎，2014 年达到 9874 亿西非法郎，是历史最高水平，1990 年的 3058 亿西非法郎为历史最低水平。②

---

① Burkina Faso GDP from Agriculture, https://tradingeconomics.com/burkina - faso/gdp - from - agriculture, 访问日期：2019 年 4 月 10 日。

② Burkina Faso GDP from Agriculture, https://tradingeconomics.com/burkina - faso/gdp - from - agriculture, 访问日期：2019 年 4 月 11 日。

（三）矿产资源丰富并得到大规模开发

矿产，尤其是锰和黄金，是布基纳法索潜在财富的主要来源。在库杜古西南的普拉有金矿，在北部的塞巴和多里－亚尔戈附近也有较小的金矿。镍、铝土矿、锌、铅和银的储量在这个国家也较为丰富。布基纳法索东北部唐巴奥的大量锰矿可能是其最重要的资源，也是世界上储量最丰富的锰矿产区之一，但现有运输条件的不足限制了锰矿资源的开发。

布基纳法索在过去 10 多年黄金储备迅速增长，自 2006 年以来已发现逾 15 处主要金矿，2012 年已成为非洲第四大黄金生产国。[①]布基纳法索拥有丰富的金、锌、铜、锰、铁、镍、石灰石、白云石和磷酸盐矿床。

在宏观经济层面，2015 年采矿业对 GDP 的贡献为 117 亿美元，占名义 GDP 的 6.9%。2015 年，政府采矿业收入为 2.999 亿美元，约占 2015 年政府总收入的 15.9%。2015 年，采矿业对出口的贡献率为 65.2%，其中 62.8% 的收入来自黄金出口，2.3% 来自锌出口。[②] 2015 年至 2016 年，布基纳法索的 GDP 从 4% 增加到 5.9%，这主要得益于采矿业公共投资的大幅增加。[③] 国际货币基金组织

---

① Mining Industry of Burkina Faso，https：//en. wikipedia. org/wiki/Mining industry of Burkina Faso，访问日期：2019 年 4 月 15 日。

② USGS Report，2012 Minerals Yearbook：BENIN，BURKINA FASO，AND SAO TOME E PRINCIPE. May 2015，报告来源：https：//s3 – us – west – 2. amazonaws. com/prd – wret/assets/palladium/production/mineral – pubs/country/2012/myb3 – 2012 – bn – uv – tp. pdf，访问日期：2019 年 4 月 15 日。

③ USGS Report，2015 Minerals Yearbook—BURKINA FASO AND COTE D'IVOIRE，December 2018，报告来源：https：//prd – wret. s3 – us – west – 2. amazonaws. com/assets/ – palladium/production/atoms/files/mybe – 2015 – uv – iv. pdf，访问日期：2019 年 4 月 1 日。

（IMF）预计，到 2020 年采矿业将占 GDP 的 10.2%（2016 年为 8.3%），雇用约 7035 名工业采矿业人员。新法规规定政府对矿业公司每月营业额征收 1% 的税，用于地方开发，并将国家征收的税费的 20% 用于地方政府机构的预算。[①]

布基纳法索拥有巨大的采矿潜力，黄金是布基纳法索最受欢迎的矿产资源，而且自 2009 年以来一直是该国的主要出口产品。有迹象表明，这个国家几乎到处都有黄金的存在。布基纳法索在非洲黄金生产国的排名中迅速升至第四位，黄金产量从 2009 年的 12.2 吨攀升至 2015 年的 37 吨，2016 年增加到 40 吨，2017 年更是达到 45 吨。[②] 其他重要的矿产资源也被开采，如锌、锰、铜和铁。自 2008 年以来，布基纳法索采矿业对国家预算的直接贡献超过 16 亿美元，吸引了大量投资者，例如加拿大 7 家矿业公司、澳大利亚 5 家矿业公司、英国 3 家矿业公司在布基纳法索进行矿业勘探和开发。仅在 2017 年，布基纳法索有 8 座工业金矿投入运营。[③] 唐巴奥的锰矿床是世界上最大的锰矿床之一，储量估计为 1900 万吨[④]，但其大规模开采受到运输条件的限制。作为战略矿产资源，西方尤其是加拿大对此矿产开发尤为重视。

布基纳法索有丰富的天然磷酸盐矿藏。自 20 世纪 60 年代以

---

① USGS Report, 2015 Minerals Yearbook—BURKINA FASO AND COTE D'IVOIRE, December 2018, 报告来源：https://prd - wret. s3 - us - west - 2. amazonaws. com/assets/ - palladium/production/atoms/files/mybe - 2015 - uv - iv. pdf，访问日期：2019 年 4 月 1 日。

② IMF. IMF Country Report No. 16/390 BURKINA FASO, https://www. imf. org/external/pubs/ft/scr/2016/cr16390. pdf，访问日期：2019 年 4 月 1 日。

③ 8 座工业金矿分别为：Taparko, Youga, Mana, Kalsaka, Inata, Essakane, Guiro - Bayildiaga, Bissa - Zandkom。

④ Tambao manganese mine: Lack of dialogue test between Pan African Minerals and local communities, http://www. burkina - emine. com/? p = 3105，访问日期：2019 年 4 月 15 日。

来，人们一直致力于利用磷酸盐化肥来弥补土壤中的磷缺乏。特别值得一提的是，科贾里的磷酸盐矿藏据说有 3000 万吨的储量，[①] 然而，到目前为止，这个地方还没有大规模生产磷酸盐。

当帕库埃锌矿于 2013 年 1 月开始运营时，布基纳法索成为非洲生产锌矿的国家之一。该矿的储量估计为 630 万吨，锌含量为 14.5%，预计可持续开采 12 年。2015 年，该矿出口锌精矿 13.7344 万吨，2014 年为 13.5369 万吨。国家持有该矿 10% 的股份。

近年来，采石部门蓬勃发展。例如，2014 年花岗岩产量为 42.8 万立方米，而 2010 年为 9.9 万立方米。[②] 全国各地都有丰富的花岗岩、白云质灰岩和长石矿床。2010 年有 41 项采石授权，2016 年的采石授权约为 60 项。

布基纳法索交通不发达，因地处内陆，出口尤为不便。政府将交通运输列为重点投资方向之一。截至 2013 年，全国公路总长 1.8 万千米。从布基纳法索首都瓦加杜古至科特迪瓦首都阿比让的铁路全长 1175 千米，其中 517 千米在布基纳法索境内，全国 45% 的进出口货物依靠铁路运输。

（四）加工制造业薄弱

布基纳法索的制造业规模仍然不大，2014 年制造业产值占 GDP 的比重为 6.4%，自 2009 年以来一直在下降。农业食品部门占

---

① USGS Report, 2015 Minerals Yearbook—BURKINA FASO AND COTE D'IVOIRE. December 2018, 报告来源：https://prd-wret.s3-us-west-2.amazonaws.com/assets/-palladium/production/atoms/files/myb3-2015-uv-iv.pdf, 访问日期：2019 年 4 月 1 日。

② USGS Report, 2015 Minerals Yearbook—BURKINA FASO AND COTE D'IVOIRE. December 2018, 报告来源：https://prd-wret.s3-us-west-2.amazonaws.com/assets/-palladium/production/atoms/files/myb3-2015-uv-iv.pdf, 访问日期：2019 年 4 月 1 日。

主导地位，其次是化工、水泥和纺织行业。这些行业的市场机制是自由竞争。除了关税保护和根据《投资法》规定的特许权之外，没有其他支持措施。用于消费的制成品大部分是进口的。主要出口产品是水果和蔬菜加工品、家畜产品和棉花。制成品只占布基纳法索出口总额的5%。

1998年通过的工业发展战略仍然是制造业和主要投资部门目标的参考文件。全球服务与解决方案供应商（SDI）的目标是促进竞争性产业，特别是农牧产品加工领域。该国正在努力提供有利的商业环境，特别是通过《投资法》中的激励措施。但加工制造业仍面临许多方面的限制，包括质量和运输成本以及电力供应水平。

工艺活动是布基纳法索私营部门的重要组成部分。传统制造领域中有许多非常常规的手工业贸易企业，如建筑、锻造、维修和保养、贵金属、食品、木材和稻草、纺织品和服装、皮革，以及工艺品。工艺产品通常具有独特的或艺术性优点，并且不必与其他进口制造商竞争，还有出口潜力。布基纳法索工艺品商会（CMA－BF）是一个受负责贸易的部门监督的公共机构，代表了手工业部门的一般利益。2013年，政府制定了国家文化创意产业发展战略。

制造业主要集中在食品加工、纺织品和进口替代品领域，主要集中在瓦加杜古、博博迪乌拉索、库杜古、邦福拉地区。布基纳法索约有100家公司，其中多数为国有企业。尽管制造业生产总值占GDP的20%，但只雇用了1%的劳动力。由于缺乏原料、需要进口燃料以及国内市场规模小，制造业的增长受到了限制。从1985年到1995年，制造业陷入困境，平均每年萎缩5.8%。但自1995年以来，食品加工和金属加工行业出现了一些复苏迹象。不过，布基纳法索的企业担心，随着区域贸易自由化，它们将竞争不过外企。

Sosuco（一家糖业企业）是拥有 1800 名工人的单一最大雇主，因廉价进口糖产品的竞争而受到影响。

（五）金融和贸易

布基纳法索的货币是非洲金融共同体法郎（简称"西非法郎"，FCFA），官方将法郎与欧元挂钩。它由西非国家中央银行发行，这是西非经济和货币联盟的一个机构，由八个国家①组成，它们曾经是法国在非洲的殖民地。布基纳法索中央银行的分行位于瓦加杜古和博博迪乌拉索。在国有商业银行中，最重要的是位于瓦加杜古的布基纳法索国际银行。布基纳法索是西非国家经济共同体的成员，西非国家经济共同体是一个包括西非大多数国家的机构，它试图整合和协调该地区的经济发展。布基纳法索是世界上最贫穷的国家之一，在很大程度上依赖国际援助和移民汇款来帮助其抵消账户赤字。

布基纳法索在 21 世纪初期的主要出口产品包括棉花、黄金、牲畜、糖和水果。部分产品出口到非洲国家，部分产品，如棉花和矿产品则出口到中国、新加坡和欧洲国家。2015 年，黄金和棉花占布基纳法索商品出口总量的 75%。自 2009 年以来，黄金一直是其主要出口产品，其他的出口产品还包括芝麻籽、乳油木果和活牛。布基纳法索的黄金出口主要流向欧洲（2015 年为 57%，2009 年为 70%），瑞士是该国黄金的主要出口目的地。亚洲在 2015 年吸收了 26% 的出口，2009 年为 13%，而西非国家经济共同体成员国和南非是其在非洲的主要出口国。布基纳法索主要进口石油、化工产品、机械和食品，欧

---

① 这八个国家是贝宁、布基纳法索、科特迪瓦、几内亚比绍、马里、尼日尔、塞内加尔和多哥。

盟，特别是法国，是布基纳法索商品进口的主要来源，其次是中国。尽管国际市场的石油和食品价格出现波动，但其进口产品的结构仍然相对稳定。国际收支出现赤字，主要原因是出口数量相对较少。

作为内陆国家，布基纳法索通过海上进入国际市场，货物必须通过邻国的港口，特别是阿比让（科特迪瓦）、特马（加纳）、洛美（多哥）和科托努（贝宁），这些港口距离瓦加杜古大约 1000 千米，导致其进口商品价格比较昂贵，而出口没有竞争力。作为一个过境国，布基纳法索必须对某些邻国的国际贸易环境和安全做出反应。

（六）交通运输

科布铁路线将瓦加杜古与科特迪瓦的阿比让港连接起来。它原长约 1100 千米，其中约 500 千米穿过布基纳法索（在 21 世纪初的几年里，由于科特迪瓦内战，该线路已经关闭）。该线路在穿越边界之前从东向西延伸，为库杜古、博博迪乌拉索和邦福拉等城镇提供服务。首都瓦加杜古还通过公路连接到该国的主要行政中心和邻国的首都。布基纳法索的公路网络发展很慢，只有一小部分道路可用，其余部分主要是未铺砌的乡村道路。国际机场位于瓦加杜古和博博迪乌拉索，全国各地都有许多小型飞机跑道。

公路运输对布基纳法索的国际贸易至关重要，大多数进口货物通过沿海港口过境，并继续通过卡车运输。2014 年，布基纳法索政府启动了公路运输现代化改革进程。布基纳法索与有关国家签署了双边运输协定，如 1989 年签署的布基纳法索与科特迪瓦海上运输和过境合作协定，其中规定在布基纳法索占三分之二和科特迪瓦占三分之一的基础上分摊运费。此外，布基纳法索还与贝宁和多哥签署了类似的协议。

1995 年起科布铁路由私营西塔铁路公司管理。2017 年该铁路修复项目开工,全长 1260 千米（包括布基纳法索境内的 620 千米）,承担科特迪瓦和布基纳法索之间 20% ~ 30% 的货运。布基纳法索和西塔铁路公司之间的特许协议延长至 2030 年。货运量从 2011 年的 67.8 万吨增至 2015 年的 80 万吨。在雨季,布基纳法索的河流运输大多采用临时的运输工具——独木舟或者配备舷外发动机的小型货船,布基纳法索没有关于河流航行的任何具体规定。

布基纳法索在瓦加杜古和博博迪乌拉索各有一个国际机场。2010 年和 2011 年,瓦加杜古机场开展了重大工程建设项目,以改善安检和增加接待旅客能力,每周有 100 多个商业航班往来。2016 年,共有 13 家公司在机场服务,客运量每年大约 50 万人次,货运量每年大约 8000 吨,运输量相对较小,主要是将农产品运往欧洲。布基纳法索已与 26 个第三国签署了双边航空协定,政府鼓励航空业发展。布基纳法索航空公司飞机数量极少,是西非国家中最古老的航空运输公司,其 49% 的资本由国家持有。

三 布基纳法索经济发展的资源环境因素与地缘战略

(一) 资源环境因素对布基纳法索经济的影响

1. 气候变化

布基纳法索作为最不发达的国家之一,经济发展水平落后,其经济发展和经济结构深受资源环境因素的影响。作为介于撒哈拉沙漠与热带草原的国家,每年旱季与雨季交替,传统的畜牧业和耕作农业并存，是不同部族赖以生存的基础。自然环境不断恶化增加了农牧民冲突的风险。历史上，信仰伊斯兰教的富拉尼牧民与信仰基督教的定居农民关系比较和谐。牧民从农民那里购买粮食，农民则从牧民那里购买奶制品，牛粪可以用来给农田施肥，牧民以此换取放牧权。北边的富拉尼牧民在旱季向南部迁徙，为牛群寻找合适的牧场；到了雨季，则赶着牛群回到半干旱地带，以躲避舌蝇的侵扰。然而，人口的快速增长是布基纳法索经济发展面临的巨大挑战，布基纳法索的人口增长率为 3%，为世界之最；大约 50% 的人口年龄小于 15 周岁，人均寿命只有 50 岁，与邻近国家相似，但远低于世界人口寿命平均值。① 人口增加导致对粮食需求不断上升，耕地面积扩大，在荒漠化和气候变干的影响下，布基纳法索农牧业的直接矛盾加剧，传统的畜牧业空间格局正在变化。李文刚通过对与布基纳法索类似的尼日利亚北部农牧民的冲突研究认为，这种冲突背景复杂，气候变化、荒漠化是其中的重要因素。2018 年 1 月尼日利亚出现严重的流血冲突，政府不得不派出军队来维持秩序。② 耕作农业不断扩张，畜牧业萎缩，传统的畜产品出口国地位大幅度降低。③ 气候变暖影响下的撒哈拉以南非洲的畜牧业结构在变化，包括布基纳法索在内的很多非洲国家或者区域的畜牧业持续萎缩是

---

① Bukina Faso Population, https：//www.worldometers.info/world – population/burkina – faso – population/，访问日期：2019 年 8 月 3 日。

② 李文刚：《尼日利亚农牧民冲突：超越民族宗教因素的解读》，《西亚非洲》2018 年第 3 期，第 71 ~ 95 页；李文刚：《尼日利亚农牧民冲突：一场"国家灾难"》，《世界知识》2018 年第 13 期，第 38 ~ 40 页。

③ J. H. Sanders, J. G. Nagy, S. Ramaswamy, "Developing New Agricultural Technologies for the Sahelian Countries：The Burkina Faso Case", *Economic Development and Cultural Change*, 39 (1990)：1 – 22.

一个普遍的现象。①

气候变化加剧了人类活动对布基纳法索自然环境的影响，干旱和草场退化（或者开垦为农田），加剧了布基纳法索农民与牧民的矛盾，对经济社会可持续发展形成制约。

2. 矿产资源

布基纳法索矿产资源丰富，特别是金矿资源。在20世纪80年代中期国家鼓励海外投资和相关优惠政策的刺激下，西方发达国家对布基纳法索的矿产资源开发已经初具规模。布基纳法索大型矿区的开发主要由发达国家的矿业公司掌控。由于布基纳法索的地质构造处于西非重要的矿带上，黄金资源尤为丰富，因此，布基纳法索中西部、北部地区的小规模传统采金活动十分普遍，造成的环境破坏和社会负面影响显著。一些学龄儿童作为童工加入采金队伍，已经引起一些学者以及美国全球劳工报告的重视。

随着对矿产资源开发的重视，布基纳法索矿产资源开发在经济发展中的贡献日益突出。2018年布基纳法索与矿业有关的公司有22家。② 总体上看，在布基纳法索的国外矿业公司主要是加拿大、英国、澳大利亚的公司，其中加拿大的矿业公司有8家：Iamgold Corp.，Semafo Inc.，Channel Resources Ltd.，High River Gold Mines Ltd.，Goldrush Resources Ltd.，Orezone Gold Corp.，Volta Resources Inc.，Riverstone Resources Inc.。英国和澳大利亚分别有3家和5家矿业公司在布

---

① J. M. Rust, T. Rust, "Climate Change and Livestock Production: A Review with Emphasis on Africa", *South African Journal of Animal Science*, 43 (2013): 255–267.

② 布基纳法索的与矿业相关的公司从事开采的不多，其中贸易公司9家、批发零售5家、代理公司2家、出口公司2家、加工制造公司5家。参见 https://www.listcompany.org/Minerals_Metallurgy_In_Burkina_Faso/p2.html。

基纳法索从事矿业勘察和开发。[①]

2017 年布基纳法索的 GDP 为 129 亿美元，矿业对 GDP 的贡献在 2011 年为 14 亿美元，2012 年为 20 亿美元。[②] 预计近期布基纳法索矿业对 GDP 的贡献接近 40 亿美元，占 GDP 的四分之一以上。在布基纳法索，黄金和棉花是两个最主要的出口产品，也是主要的外汇收入来源。从长远看，矿业将成为布基纳法索最主要的产业。[③]

（二）布基纳法索的地缘战略

作为撒哈拉以南非洲的内陆国家，布基纳法索与多个非洲国家为邻，其中马里和尼日尔与其有比较长的国境线，而这两个国家是撒哈拉以南地区近年来恐怖势力抬头、最不安全的西非国家，这对布基纳法索的安全也构成极大的威胁。2018 年 1 月加拿大一家设在温哥华的矿业公司的副总（也是地质专家）被恐怖分子在布基纳法索北部矿区绑架并杀害，就是很好的例证。[④]

作为经济发展相对落后的国家，布基纳法索的人口出生率极高，青中年比重大，很多年轻人到邻近的科特迪瓦等国家打工，与

---

① G. P. Thomas, "Burkina Faso, Mining, Minerals and Fuel Resources", https://www. azomining. com/Article. aspx? ArticleID = 190.

② Kiprop Joseph, "What Are The Major Natural Resources Of Burkina Faso?" *Worldatlas*, December 18, 2018, https://www. worldatlas. com/articles/what – are – the – major – natural – resources – of – burkina – faso. html.

③ Kiprop Joseph, "What Are The Major Natural Resources Of Burkina Faso?" *Worldatlas*, December 18, 2018, https://www. worldatlas. com/articles/what – are – the – major – natural – resources – of – burkina – faso. html.

④ Scott Tibballs, "Canadian Miner Kidnapped, Killed in Burkina Faso", *Gold Investing News*, January 17, 2019, https://investingnews. com/daily/resource – investing/precious – metals – investing/gold – investing/canadian – miner – kidnapped – killed – burkina – faso/.

周边国家人员往来较多。无论是国内问题还是国际问题均会影响布基纳法索的政局和经济状况。历史上布基纳法索发生的动乱较多，政局不稳，多与外部势力的影响有关。

作为法国前殖民地的布基纳法索，在 1960 年取得独立后仍深受法国的影响。赤贫的经济和部族的矛盾，以及政府与军队之间的矛盾，演变为军事政变或者动乱。1980 年、1982 年、1983 年和 2011 年均发生了军事政变或者动乱。总体上看，自 1984 年桑卡拉任总统之后，国家政局趋于稳定，1984 年国家更名为"布基纳法索"（原名"上沃尔特"）。

总体上看，作为西非一个内陆国家，布基纳法索国内的矛盾或者冲突会转移到邻近国家；邻近国家的矛盾及冲突也会影响布基纳法索，尤其是其北部的马里、尼日尔地区有非洲恐怖分子的存在。在尼日利亚北部的"博科圣地"组织受到严重打击之后，尼日利亚的恐怖势力大大削弱。① 之后，部分流亡的恐怖分子向尼日尔、布基纳法索转移，被视为对布基纳法索国家安全的重要威胁。

四　中布合作潜力展望

2000 年中非合作论坛在北京举行，在中非发展合作论坛机制与交流对话平台下，中国发展模式和中国对非合作越来越受到非洲国家的重视和欢迎，中国在非洲的影响力不断提升。与此同时，也引起了西方国家的关注，产生了很多对中国的负面宣传和报道。布基

---

① I. Hassan and J. Tyvoll, "After Boko Haram: Prospects for Transitional Justice in North East Nigeria", 2018.

纳法索于 1973 年与中国建交，建交之后，中国在布基纳法索进行了大量的国际发展合作，也派出了 160 多人次的医疗队在布基纳法索工作；1994～2018 年断交，其间中布经济贸易并没有中断，中国向布基纳法索出口机电产品，从布基纳法索进口棉花。2018 年中布复交，开创了中布合作的新时代，这一事件在中非合作大家庭中有重要的意义和影响。

在综合分析布基纳法索资源环境、经济现状的基础上，作者认为中布合作潜力巨大，主要表现在以下几个方面。

第一，农业合作潜力巨大，前景可期。布基纳法索适宜种植农作物的土地面积大，对一个人口以每年大约 4% 的速度快速增长、就业率低下的国家而言，解决粮食问题是社会稳定发展的基础。当前，布基纳法索尚处于没有解决粮食安全问题的极度贫困状态，2017 年在 189 个国家人类发展指数中，布基纳法索排名第 183。[①]中国可帮助布基纳法索发展农业，提供农业技术指导，还可以从布基纳法索进口棉花，以及特殊的农林土特产。

第二，交通基础设施建设和供水合作。布基纳法索公路里程长，但质量不高，雨季的道路交通是一个很大的问题，有必要对其国内公路进行建设，并提升其等级。中国有非常专业和成熟的交通基础设施建设队伍，可以满足这方面的合作需求。矿产资源运输通道的改善和城市间道路升级的基础设施建设是未来中布合作的方向。

布基纳法索的农村人口多，居住分散，供水安全没有保障。整个撒哈拉以南非洲国家因为雨季和旱季交替，旱季的供水问题尤为突出，水资源不能满足需求的现象十分严重。然而，持续地开采地下水

---

① 参见 https://countryeconomy.com/countries/burkina-faso。

造成的地下水位下降，会加剧非洲国家的水资源短缺与可持续利用之间的矛盾。① 中国公司在非洲部分国家的小型供水方案和打井活动已经积累了很多的经验，为中布供水领域的合作奠定了基础。

第三，中布矿产资源开发领域具有合作潜力，同时也面临风险和国际竞争压力。布基纳法索矿产资源十分丰富，前期的地质勘查和矿产开发活动已经有较好的开发基础。国际主要矿产公司参与布基纳法索的矿产资源开发，提升了布基纳法索国内矿产行业的地位，使其成为非洲主要的矿产尤其是黄金生产国。该国的黄金产量目前在非洲名列第四。② 就矿产资源开发市场来看，布基纳法索已经基本饱和。作为矿产资源丰富的国家，布基纳法索也期待与中国矿产需求市场对接。中国地质矿产研究、勘探、开发的能力强、规模大，正在与非洲很多矿产资源丰富的国家进行合作或者独立开发，积累了丰富的在非洲国家合作开发矿产资源的经验。就布基纳法索的情况来看，政局不稳、腐败以及恐怖袭击等问题对中国企业走进布基纳法索开展矿业开发合作是重要的风险和挑战。同时，中国矿产开发企业进入布基纳法索之前，应注意到发达国家矿产企业已经在此勘探开发。因此，中布矿产资源领域的合作还面临来自西方发达国家的竞争。三方合作是出路，但相关的利益分配是中国公司关注的问题，中布两国需要在合作机制与平台、合作模式等方面进行创新性探索。

---

① R. D. Barker, C. C. White, J. F. T. Houston, "Borehole Siting in an African Accelerated Drought Relief Project", *Geological Society*, 66 (1992): 183 - 201; R. C. Carter, P. Howsam, "Sustainable Use of Groundwater for Smallscale Irrigation: With Special Reference to Sub - Saharan Africa", *Land Use Policy*, 11 (1994): 275 - 285.

② Minerals_Metallurgy_In_Burkina_Faso, https://www.listcompany.org/Minerals_Metallurgy_In_Burkina_Faso/p2.html.

Burkina Faso's Economic Situation, Geopolitics and Cooperation Potentials with China

Zhang Zhenke, Liu Litao, Ren Hang & Chu Weilin

Abstract: Burkina Faso is a landlocked country with a low plateau, a tropical grassland climate and landscape; Burkina Faso's economy is dominated by agriculture, with farming expanding and livestock farming in decline. Burkina Faso's economy is also rich in mineral resources with wide distribution of gold, manganese ore, copper, zinc ores. Developed countries mining companies more involved. As a landlocked country, it is adjacent to many countries, has an important geostrategic position, and domestic and neighboring conflicts will pose a threat to the economic and social development of Burkina Faso. As a large country outside Africa, China's cooperation with Burkina Faso is of great practical significance in the context of China – Africa development cooperation. Based on the comprehensive analysis of the current economic and geographical situation in Burkina Faso, this paper believes that China and Burkina Faso have great potential in agricultural development and have promising prospects. There is also strong demand for cooperation in transportation infrastructure and water supply. There is potential for cooperation in mineral resources development, but also risks and international competitive pressures should be concerned.

Keywords: China – Burkina Faso Cooperation; Geopolitics; Burkina Faso

图书在版编目（CIP）数据

非洲法语国家：发展与合作／张永宏，詹世明主编
. -- 北京：社会科学文献出版社，2020.3
ISBN 978 - 7 - 5201 - 5706 - 3

Ⅰ.①非…　Ⅱ.①张…　②詹…　Ⅲ.①法语 – 国家 –
研究 – 非洲　Ⅳ.①K94

中国版本图书馆 CIP 数据核字（2019）第 216331 号

非洲法语国家：发展与合作

主　　编／张永宏　詹世明
副 主 编／林泉喜　张佳梅

出 版 人／谢寿光
组稿编辑／高明秀
责任编辑／单远举
文稿编辑／单远举　许文文

出　　版／社会科学文献出版社·国别区域分社（010）59367189
　　　　　地址：北京市北三环中路甲 29 号院华龙大厦　邮编：100029
　　　　　网址：www.ssap.com.cn
发　　行／市场营销中心（010）59367081　59367083
印　　装／三河市东方印刷有限公司

规　　格／开　本：787mm × 1092mm　1/16
　　　　　印　张：16.5 字　数：196 千字
版　　次／2020 年 3 月第 1 版　2020 年 3 月第 1 次印刷
书　　号／ISBN 978 - 7 - 5201 - 5706 - 3
定　　价／89.00 元

本书如有印装质量问题，请与读者服务中心（010 - 59367028）联系